in Action!
使用的書

in Action!
使用的書

數位產品
設計
心理學

好介面做了什麼，
讓使用者的行為改變？

艾米・布秋 Amy Bucher ——著

張小蘋 ——譯

ENGAGED
Designing for
Behavior Change

「本書取材自最新的行為改變科學，以及利用非常令人信服的範例，教導設計專才們創造出能對使用者的生活造成巨大衝擊的世界級產品。有著非常清晰的文筆以及完整的研究，它是在任何設計師的工具組中的一個非常棒的附加工具。」

——史考特‧索南辛（Scott Soneshein），美國萊斯大學（Rice University）教授以及暢銷書《讓「少」變成「巧」：延展力：更自由、更成功的關鍵》與《怦然心動的工作整理魔法》作者

「這是對要設計出改變人們生活的產品與服務的一本極具理解性與智慧的工具書。」

——尼爾‧艾歐（Nir Eyal），暢銷書《鉤癮效應：創造習慣新商機》與《專注力協定》作者

「一本書只有在能改變行為時才是真正的好書，在這本實用的工具書中，作者艾米‧布秋著眼於以一種淺顯易懂的語調，並結合嚴謹的應用。超過十年的多元跨界產品經驗，本書有著獨一無二的貢獻，並對想要在世界裡創造改變，特別是在數位媒體裡的任何人，這是值得一讀的好書。」

——麥特‧瓦勒特（Matt Wallaert），《爆品設計法則：微軟行為科學家的產品思維與設計流程》一書作者

「艾米‧布秋的書非常實用，呈現設計出的行為在現實中所造成的衝擊，並提供清楚的小秘訣與方法讓你能立即採用並對工作有所助益。」

——艾莉莎‧波恩（Alyssa Boehm），使用者經驗執行工作者

「艾米‧布秋用這本按部就班的指南證明了行為改變設計在任何領域的設計中都是有用的。」

——利斯‧帕迪（Lis Pardi），Toast 經驗設計經理

「近幾年對行為經濟學的興趣突然爆發，如同產品團隊竭盡所能地讓人們能夠達到極富意義的目標。對於所有踏上這段旅程的人們，包括企業家、新創業者、產品經理、設計師、研究人員、工程師，這是一本將行為經濟學理論翻譯成實用、可操作的，以及合乎倫理的設計技巧的淺顯易懂遊戲書。」

——珍‧卡德洛（Jen Cardello），富達投資顧問公司副總裁暨 UX 研究與洞察部門負責人

「我曾經見證一大群人對艾米‧布秋的數位健康以及行為改變設計的簡報感到心醉神迷。她藉由將學術理論帶入生活，並透過相關範例與行動觀察分析來讓這個題目更容易親近。這本書證明了要成為數位健康創新的必要指南，就要移除掉酷炫的目標，去定義出什麼才是真正傳遞興趣以及經過證實的結果。」

——艾米‧海曼斯（Amy Heymans），Mad*Pow 共同創辦人暨經驗長

「這本書解開了在行為改變背後的心理學之謎，並提供實用方法與範例以應用於產品設計。是對想幫助使用者達到健康、財務與其他目標的任何人都非常有用的簡介。」

——金‧古德溫（Kim Goodwin），《數位時代設計》（Designing for the Digital Age）一書作者

目錄

01 **一種魔術**：心理學與設計是一體的 19

哪些類型的產品因行為改變而受益？

行為改變會在哪裡發生？

一些核心原則

專業術語

關於動機的一切

行為改變設計程序

結論：你可以做行為改變設計

觀點 海瑟‧柯爾-路易斯／建立前進價值

02 **成功的圖像**：測量與監控 39

寫下你的成果故事

為效益性做評估

為重複性做評估

注意你研究中的 P 和 Q

結論：測量指標會透露你的故事

觀點 辛西亞‧卡斯楚‧史維特／務實的科學嚴密性

03 **這是我的生命**：做出有意義的選擇 63

所有權是關鍵

真正重要的事物

無所謂……我做我想做的事

設計師的困難處

一條通往改變的透明道路

如何不去引誘使用者上鉤

◥ 如何使用本書

▌誰該讀這本書

這本書是給想應用行為改變科學去設計並研發數位產品的任何人。不論你是一名社會科學家，正透過應用程式、網站以及其他數位工具來改變人們的行為，或是一名想將行為科學注入到你的成果作品中的產品經理、研究人員或是設計師，那麼這是一本符合你需求的書。

▌這本書裡有什麼

第一章「一種魔術：心理學與設計是一體的」介紹了行為改變設計的概念與辨識應用在某些領域中。你將知道關於動機的自我決定論，它提供了整本書的基本架構。根據自我決定論，持續最久的動機來自於當人們需要自治、能力與關聯性都獲得支持的時候。

之後，在第二章「成功的圖像：測量與監控」中，你會知道關於測量與監控以確保你的產品是在往達到預期結果的軌道上。雖然大部分的人認為結果評估是會到階段後期才會發生的事，一個成功的測量策略的種子在行為改變設計計畫的起始階段就已播種。

本書的下一章是談論關於透過數位設計來支持自治的方法。第三章「這是我的生命：做出有意義的選擇」是關於當使用者在處理行為改變設計時提供他們有意義的選擇。而第四章「選擇的武器：較容易做出決定」則聚焦在讓人們能較容易做出決定，好讓他們能夠更快地在對的軌道上。

下面幾章則是專注在能力的支持上。第五章「有東西阻礙你：判斷能力阻礙」，你將會知道關於利用研究去判斷阻礙的事物，並強化使用者的能力以達到他們的目標。第六章「修理你：解決能力阻礙」，是關於連結那些發現並呈現能幫助使用者克服困難阻礙。以及在第七章「更努力、更好、更快、更堅強：為成

長而做的設計」，你將會知道關於建構目標、里程碑，以及反饋讓使用者能持續朝成功的方向前進。

關聯性可以透過連結來支持。在第八章「結合一致：為產生連結所做的設計」，我分享了數位產品如何能促進人們之間的關係。之後，在第九章「機器人先生：以科技連結」，你將會看到科技如何被利用來幫助人們感受到連結感。在第十章「信任問題：讓使用者有相信能力的設計」，我提到關於信任，這是在你的使用者與產品之間的健康關係中一個絕對必要的元素。

之後在第十一章「有朝一日永遠不會到來：為未來的自己所做的設計」，提供了在之前幾章所提的技巧如何被運用以支持一個主要行為改變挑戰的概述：也就是讓人們為了未來的自己能夠在當下去做困難的事情。最後，來到第十二章「沒有任何一事能阻止我們：往前邁進並樂在其中」，我分享了如何將行為改變設計延伸到你的工作單位與工作本身。

你將在整本書中遇到其他從事行為改變設計的專家，這部分我稱為「觀點」。這些人具備章名裡所提到的高度專業，並能提供深度觀點或專業看法讓你在學習過程中得到幫助。我也非常欣賞他們的研究，而且有他們之中有許多人影響了我實行計畫的方法。

▌這本書裡還有什麼呢？

本書附設一個網站www.rosenfeldmedia.com/books/engaged-designing-for-behavior-change/，這個網站包括了一個部落格與額外內容。本書的圖表與其它圖示在Creative Commons許可（如果情況允許）下，你可以下載並利用於你自己的簡報中。你可以在Flickr找到這些訊息，www.flickr.com/photos/rosenfeldmedia/sets/。

↖ 常見問題

■ **我具備行為科學背景，但沒有視覺設計的才能，我能從事行為改變設計嗎？**

當然可以！在我開始從事這個領域之前，我對於我認為的所有事情都很外行，因為它們全是設計（我到現在仍對許多事都不擅長）。我的強項在於研究、策略與評估，所以我和從事視覺與互動設計以及應用發展的人們合作。我有具備較強設計技能但較缺乏研究經驗的同事，於是他們組成團隊。這完全是建立一個能夠彼此互補的團隊。第十二章提供了將行為設計帶入到你的工作中，無論你的背景是什麼。

■ **行為改變設計真的有必要嗎？**

如果我不認為行為改變設計是重要的，那我一定是有很嚴重的毛病才會花這麼多時間與精力寫一本關於這個主題的書。行為改變設計讓產品更具吸引力，這意味著更多人會想使用它。這對生意是有好處的。並且如果你的產品是想嘗試改變人的行為，像在健康、教育以及永續產業的大多數產品都是如此，那麼行為改變設計將大大地增加成功的機會。你可以在第二章了解關於如何測量行為改變設計的影響力。

■ **社群媒體在行為改變設計中扮演何種角色？**

社會支持能夠在幫助人們改變他們的行為中扮演著重要角色，而社群媒體能夠以一種社交性質的方式來傳遞這樣的支持。但就像任何一種工具，社群媒體必須完全使用於製造出最佳結果。第八章與第九章涵蓋了如何在行為改變設計中促進社會支持，不論是直接或間接讓人們互相連結。

■ 這本書大部分是關於動機心理學，請問有任何其他類型的心理學事設計師應該要知道的嗎？

有的！認知心理學對設計師來說，就充滿有用的資訊，尤其是對視覺與互動設計師，以及創造內容的任何人。這個資訊包括人們如何理解資訊並能夠導向如何對你的商品的呈現方式與形式做出決定。行為經濟學是緊鄰著心理學，是許多人認為當他們考慮要改變行為。真的非常值得了解何謂行為經濟學，以及又有哪些不屬於這門學問。

除此之外，要經常並廣泛的閱讀。許多主題都涵蓋在流行心理學中，並沒有完全符合某個特定理論中，但卻在思考關於針對行為改變做設計有很大的幫助。你可以在第十二章找到更多持續你的行為改變設計學習的相關建議。

■ 我可以利用行為改變設計做壞事嗎？

可以啊！但我絕不饒恕這種人，並且當人們意識到發生了什麼事並不再信任你時，這一切將會反咬你一口。不要短線操作，要永遠利用你的行為改變設計。你可以在第十章學習關於如何建立並維持使用者的信任，以及在第六章與第十章從專家們得到合乎道德的設計實務的方法。

推薦序

行為科學現正大行其道。諾貝爾獎得主、暢銷書、受歡迎的專家、講師與顧問都在談論這門學問。來自各種背景地位的人們仔細審視這個領域時，會好奇它是否有可能為他們在個人、專業以及環境上的困難解套。這正說明了驅使人類做出決定的隱性力量正成為建立未來的重要工具。

作者艾米‧布秋在這個時刻以這本書躍上第一線，這是一本關於為了改變做出設計的實用、有趣又勵志的書。布秋博士知道行為科學並非一把能打開每一道門的萬能鑰匙，能一次解決我們的問題。所以她提供了一串能開各種不同門的鑰匙，並說明每一把的功能以及解決的原因，並示範其他人是如何用它們開門的，提供了一些道德指導，讓我們出發探索，就像去拯救他人的藍波。

好吧！是有一些讓人難以置信的過時參考資料。但重點是：我喜愛這本書以及書裡提供給我們的一切。

這是應該出現在每個設計師的床頭旁，容易取得、有相關性以及可用在真實世界的一本書。布秋博士不只為新手與老手專家們說明了這方面的科學，她把很嚇人、很厲害的文字變得輕描淡寫又平易近人；但她也用數百個特定範例將這些概念立刻從書本中化為具體。閱讀關於將這些想法化為執行的設計師們能夠幫助我們想像自己去做同一件事。她在每一個章節以來自重要專家們的觀點作結，這不僅將我們的挑戰與機會更加聚焦，也讓我好奇自己為什麼會被受邀寫序？到底為什麼，艾米？

除了這個微不足道的部分，我喜愛這本書的真正原因是它有深厚的科學基礎。布秋博士將科學擺在第一位，即使這會讓她損失一些簡單的「解決之道」。她知道行為科學會讓一些人推銷不存在的簡單方法，或是摒除一切，把它們視為在 IG 上的勵志小語。為了避免這兩種狀況，布秋博士號召我們要以科學方法和倫理來引導。我們可以堅守清楚的倫理、道德和以信任為基礎的原則，還有能改變生活的產品。

喔！這本書還有令人感冒的一點就是寫得太好！布秋博士在這本書中整理了許多想法，也對我們的認知技巧與限制提供了深度與理解。我認為她做到了，我們不只是把這些想法拋出來，我們還能理解完整、全方位以及相關方式，這些都將是未來的設計關鍵。是的，我們的鑰匙圈裡有許多把鑰匙，但是艾米是用愛心、理解以及目標將每支鑰匙放進鑰匙圈裡。

　　人們將會喜愛這本書的原因就像是80年代的脫口秀演員，她或他在扯領帶，然後我們提出「什麼是行為科學？」的問題，我們如何平衡樂觀主義、進步以及帶有實用主義的興奮感，還有少許的危機感？我們需要什麼樣的指導與知識確保我們在對的時刻朝對的方向前進？艾米・布秋的書解答了這些問題。

　　我希望是我自己寫出這本書，而且我等不及要和全世界的人分享！

傑夫・克萊斯勒（Jeff Kreisler）
PeopleScience.com 總編輯
《金錢心理學：打破你對金錢的迷思，學會聰明花費》一書共同作者

↖ 簡介

　　當我告訴別人我是個心理學家時，我會預期到一些反應。一個是人們會問我是否能讀他們的心（那是靈媒做的事）。另一個是人們會問我是否能夠根據我們的談話診斷他們（我不是臨床醫生，就算我是，我為什麼要提供免費諮詢呢？）還有就是人們經常問我是否能夠利用心理學的一些招數迫使其他人有些特定行為（答案還是否定的）。

　　不論結果如何，心理學不是魔術，而且也絕不是關於強迫別人去做什麼！也不保證使用心理學能在我們身處的時代，為百分之百的人們得到百分之百的預期結果。但心理學能做的是，利用它做為工具與見解，增加製造出產品的機率，這將對在使用這些產品的人們，在改變他們的特定行為上變得更具效益。心理學或許不是魔術，但當我是一個新科博士生時，第一次應用它的工具，設計出讓人們更健康的數位經驗時，真的有感覺到它的神奇。

　　心理學提供科學工具與方法能使用在理解何謂影響行為，以及以證據為基礎的技術去改變它們。我非常興奮地要和你分享，你要如何使用心理學製作出你設計的數位程式，以及為使用者建立更多關聯性。如果你的產品就是打算要改變人們的行為，那麼心理學就是你的設計工具中的必要元素。即使它們不是那樣的產品，一點策略性的科學仍將會幫助你創造出較好的產品。

　　除了對於使用心理學做為一種設計工具的真正狂熱外，我也想寫這本書幫助人們加入我的行列，從事這類型的工作。這幾年來，我遇到許多想成為行為改變設計師的人們，但他們不知該如何做。目前還沒有許多正式的訓練計畫，也沒有必要知識的課程。雖然有許多很棒的行為改變架構、工具以及書籍，但卻沒有許多特別應用動機方面的心理學到數位經驗的設計上。而它成為我的工作核心已超過十年之久。我曾做過許多咖啡會議、電話訪談與部落格貼文，但我想要一個更具持續性的資源，是能讓更多人利用的。我希望這本書能做到這點。

▎放輕鬆，慢慢來

雖然大部分的時間寫這本書是開心的，但仍經歷了幾個存在危機與超過一段時間的延誤。那是在這本書較後期的階段，我開始結合Spotify裡面的一些和書的內容相關的歌單。請你好好享受閱讀每篇章名並給我一些我應該放進書的非官方原聲帶的建議。

▎來自我朋友們的幫忙

每一章都是以和章節主題相關的專家人士訪談做總結。我想將除了我之外的其他意見包含進去，以呈現出行為改變設計能做的多元形式。在某些案例中，我知道一名專業的受訪者能夠提供一個具有深度的例子或特定的專業方法，這些是能豐富章節裡的主要內容。在其他方面，這些專家們提供一個較寬廣的視角能夠幫助讀者以較大的面向去看整篇章節。

這些訪談都有很大的價值，它們是我和老朋友敘舊以及結交新朋友的理由，並強調這些人的研究激勵鼓舞了我。我對他們每個人都充滿感激，我也希望你也和我一樣覺得他們非常棒。

▎現實總是殘酷的

在過去的十多年裡，心理學領域已經進入了「複製危機」。基本上，當研究者重複古典心理學研究時，他們會得到不同的結果，對最初的發現提出質疑。在一些不成功的案例中，原來的研究者們似乎捏造他們的結果。這樣的研究幾乎就是無用。

其他案例則是缺乏明確性，或許是因為統計分析沒有達到應有的說服力，所以影響力雖有，但比原來預期的要弱許多。在其他一些較久的學術論文中，原來採用的方法並沒有說明清楚，是否讓人能夠完全照做，或是因為科技與知識的不斷

進步已經不再適用。（試著針對網路新使用者的人們做研究 —— 這在現在幾乎是不可能了。）或者，有時候有些研究會重複同一主題，有些則沒有。在這些處於中間時期的案例中，需要更多研究來了解到底發生了什麼事。

我之所以提出這點，是因為在這本書裡的一些主題涉及了複製危機，像是意志力以及成長心態。我針對被納入且我覺得有效的研究中，小心翼翼地檢視目前所具備的證據。我也捨棄一些經典的研究，並沒有太多掙扎，因為從科學角度來看還是有所質疑。

複製危機意味著需要來自從事心理學研究的任何人在他們的研究上多一點額外的警覺性。將文獻探討納入你的行為改變設計程序做為早期階段，將能幫助你避免過度依賴過時的研究。

▊ 高牆裡的一塊塊磚頭，第二部

我常被問的一件事，或許是因為我具備這個條件，就是需要有博士學位才能從事行為改變設計嗎？答案是否定的。我認識的幾位非常具有才華的行為改變設計師就沒有博士學位，事實上，他們之中甚至在學校沒有修過心理學。工作經驗、閱讀以及在職訓練都能刺激人們隨著時間而形塑出行為改變設計。從另一面來看，人們喜歡我具備紮實的行為科學知識以及研究方法，因為這些可能需要相同類型的經驗主題訓練，以發展使用者經驗與設計實力。沒有人具備行為改變設計的完美形式。

不論你採用什麼樣的技術與背景到你的工作，我希望這本書將能增加一些新的行為改變設計工具到你的所有作品中。利用你所學到的東西，並測試它們，評估你所得到的結果，並不斷反覆直到你的設計達到你所預期。在這個過程中，你將注入你自己的風格並最終發展出屬於你自己的原汁原味行為改變設計。

我已經迫不及待要看到你的成果了！

01

一種魔術
心理學與設計是一體的

+ 哪些類型的產品因行為改變而受益？
+ 行為改變會在哪裡發生？
+ 一些核心原則
+ 專業術語
+ 關於動機的一切
+ 行為改變設計程序
+ 結論：你可以做行為改變設計

觀點 海瑟‧柯爾-路易斯／建立前進價值

2018年有一個研究團隊因為他們在關於提倡健康工作場所的研究中所得到的新發現而上了頭條，這篇報導之所以會引起我的注意是因為「研究發現在第一年裡，來自健康的工作場所計畫的幫助實際上是零」的標題。

這個標題就如同它所呈現的令人擔憂。健康的工作場所在美國是一個有著億萬商機的產業，如果這行不通，就是浪費了許多金錢與時間。我個人更擔心的是，過去十五年來我大部分的專業工作都是在這方面，難道我這段時間一直在處理不存在的問題嗎？

我的書呆子本能發出警戒，我下載了促使這個標題的原始研究報告。伊利諾州工作場所健康研究（The Illinois Workplace Wellness Study）是一個為伊利諾大學厄巴納-香檳分校員工們所做的健康計劃的多年調查。在研究的前兩年尾聲，研究者們發現雖然有更多人在這個計畫一實行的時候就做了健康評估，但似乎沒有在醫療花費、健康行為、工作產值或健康狀況上發揮了任何影響。不幸的是，那些無病識感（non-outcomes），覺得自己沒有問題的人就是大部分工作場所健康計畫應該要加強的地方，所以這些結果真的對健康的工作場所沒有任何助益。

但重點是當我閱讀伊利諾大學的工作場所健康計畫的實質內容時，就很清楚地看到這份計畫當然不會有它預期的效果。這個名為iThrive的計畫是由年度計量生物學篩選、一個名為健康風險評估（Health Risk Assessment，簡稱HRA）的年度調查，以及每週健康活動。員工們每年完成篩檢與健康風險評估就能得到獎金，並可以獲得休假從事每週健康活動，大部分都是要本人親自參與的課程。也有「線上、依照自己的步調的健康挑戰」課程，但是卻沒有提供關於它是如何設計出來，或是它包含了什麼的敘述。員工們被鼓勵去選擇和他們的HRA結果相關的活動。這些所有活動對工作場所健康計畫都蠻一般的，基於所提供的資訊，它們沒有一個是為了持續習慣而設計的。

如果計畫設計師採用了行為改變設計觀點，這和本書所呈現的過程相似，那麼iThrive或許看到的就會有些許不同。以初學者來說，大多數的HRA並沒有提供會幫助人們選擇正確的行為改變計畫的反饋；一個建立在行為改變上的計畫能提供更多具體的指導以符合人們想達成的目標。此外計劃裡提供的內容缺乏多元性，因為過於重視團體課程。不喜歡團體活動人們就極度有可能不會報名，即使有很好的獎勵。關於那些獎勵：研究指出與重複行為相關，像是新的健康習慣，金錢獎勵是一個確保人們不會在從事這些活動時發展出自身興趣的一個好方法。另

外，參與 iThrive 計畫也和工作場所綁在一起，這讓不想和同事一起，想保有健康隱私的人們自在地參與變得十分困難。最後我甚至無法知道計畫的數位內容裡有什麼，但有可能是它呈現出許多在健康過程中的使用者們為了持續習慣而失去的機會。

並不是工作場所健康計畫無法改變行為，是工作場所健康計畫沒有在一個以心理學為堅固基礎下去設計並實行，所以它們對人類的實際行為表現沒有效益。

將行為改變設計視為一種紀律，能幫助預防像關於伊利諾工作場所健康計畫的頭條，藉由幫助設計師創造出更具持續性以及效益的計畫。行為改變設計提供一個打造真正有用產品的工具，並提供證據證明其有用之處。具體來說，行為改變設計包括：

- 一個結合研究與證據所設計並打造產品的一個**過程**。

- 接觸**架構與理論**以提升產品裡的經過證明的技術。

- 定義與追蹤產品成功程度的**工具**。

在紀律中運作，如行為改變設計，能幫助防止在計畫中投入過多使用者無法持續或是為顧客製造結果的投資。它所提供的普遍語言與程序為潛在投資人與買家設定了能夠幫助他們接觸到是否值得關注的產品的期望值。它也幫助產品團隊以嚴格、覺察以及在早期就點出問題，並收集證據證明它們是否具有價值還是退回到產品發想階段。它不是萬靈丹，但有一個定義清楚的方法確實會讓人們誠實以對。

所以，這個方法是什麼？行為改變設計是心理學方法的應用以及去研究產品、服務或經驗的發展。設計師做出來的幾乎每一樣東西都會內建一些行為改變。任何時間你期望一個人能夠與你的產品互動，你正在要求他們從如果產品不存在的假設，那會在什麼樣的情形下去改變他們的行為。那些行為的複雜性、壽命以及意義可以是非常多元又廣泛的。當它們的面向增加時，在你的設計裡所要包含正式的行為改變考量的需求也會是如此。

那些類型的產品因行為改變而受益？

有一些產品、服務或體驗是想改變在真實世界裡的人們的行為。行為改變設計師稱那些產品為介入。這聽起來非常科學，但其實介入的解釋並不會枯燥無趣或是複雜難懂。你可能聽過的有些行為改變介入包括MyFitnessPal、Runkeeper以及Duolingo，它們沒有一個會給人有沉重經驗的感覺。但它們三個都刻意地會讓人們去做不一樣的事情：MyFitnessPal鼓勵使用者要注意他們自身的飲食與活動，Runkeeper幫助人們經過訓練能跑得更久更快；Duolingo則是傳授溝通的新方法。

行為改變介入在某些特定主題領域中更為普遍。在這本書中你將發現許多健康範例，因為那是我在職業生涯中最熟悉的領域，而行為改變也包含在其中。健康介入可以幫助人們改善各種功能問題 —— 從解決急性疾病或控制長期病症的傷害、支援健康或是從事運動與達成目標。並且它們能鎖定一系列的行為，包含飲食、運動、服藥、去醫師的門診，或是在有壓力的情況下做深呼吸。

行為改變介入在財務服務上會以主要的生命目標為中心，像是上大學、買房子，或存退休金。一些成功的財務行為改變介入包括收到繳稅通知能準時繳交，以及改變401(k)登記程序好讓更多人登記。

教育是一個行為改變的自然途徑，如果人們在培養一種專業知識或新技能，他們會需要投入練習。有些類型的教育是透過行為而表現出來，例如說一種新語言、編寫密碼，或是維修汽車。大公司習慣採用的成果管理工具來評估員工與進行內部管理就是一種行為改變介入。

環境科學組織也會實行行為改變，不論是要人們減少使用塑膠製品或是選擇能夠永續生存的魚類進食，都會採用行為改變。當人們意識到他們的個別行為可能會造成全球氣候的巨大影響時，就有更多數位介入工具被研發出來以支援人們在努力的方式上做改變。

行為改變設計也可用於讓消費者對產品與體驗能夠更投入 —— 有時是會有幫助人們發展新習性或技能的正面副作用。手機抓寶遊戲 PokemonGo! 就是一個例子，這是一款遊戲，但在使用者的報告中會看到他們所增加的每日步行數，就為了要抓到更多寶可夢。甚至沒有具備太多能夠正向改變人們行為潛能的產品，像是購物網站或是音樂應用程式，你都有可能藉由從這本書中所學到的策略方法，把它們做的更具黏著性。事實上，許多令人極度沉迷、上癮的數位體驗是在它們的設計裡大量地引用心理學。

但你能做的事情並不表示你應該就去做，很容易不知不覺地就出現陰暗模式以及試圖控制他人的設計選項，如果你在心理學應用上的目的是要某人在產品對他沒有任何幫助的情況下，仍盡可能地有越長的使用時間。[1]行為改變設計是有關幫助他人達成「他們的」目標，而不是你的。

在這本書裡我所關注的是數位產品 —— 應用程式、網站、連結設備，以及讓它們有趣的方法。現今許多行為改變的努力包括一個數位零件或是完全數位化；科技讓介入工具變的可擴增，所以它們能以經濟又快速的方式傳送給一大群人，不論他們身在何處。而且數位科技提供機會在人們採取重要行動的當下或即將發生的時候，打動他們。它是一個為了達到有效結果而具有高度承諾的途徑。

不管你喜不喜歡，人們將使用來自心理學的策略方法去讓他們的數位產品能更令人投入，或許同時也能學到如何做好。

1　最好的例子就是博弈產業巧妙地運用陰暗模式讓人們完全地黏在吃角子老虎機台前，無法離開。

行為改變會在哪裡發生？

　　行為改變設計會在兩個層面上發生作用，針對企圖改變人們行為的產品，在產品本身通常都會內建一個規範。這些規範是按部就班的程序，能夠勾勒出正確的方法以改變以之前研究為基礎的行為。舉例來說，關於戒菸的研究很明顯地表示事前設定戒菸日期會讓人們更能成功地戒菸，所以大部分的戒菸程式會包含關於設定戒菸日期的步驟。行為改變設計師或許是負責研發產品裡的規範，而且通常是和相關主題的專家們合作，例如醫師或是研究學者。或是他們會需要翻譯一個存在於非數位形式的規範，你將會在這本書中看到許多例子，像是感知行為療法（cognitive behavioral therapy，簡稱CBT）的技術，會典型地利用於諮商，就會被帶進數位體驗中。創造或詮釋這些類型的規範需要了解它們的活性成分，以及能夠做出關於如何透過數位體驗正確如實地呈現它們的聲音判斷。

　　行為改變設計作用的第二個層面是讓數位產品本身藉由與人們的動機需求結合而讓人更加投入。就是這個行為改變設計能應用在非行為改變產品中，也是這本書裡所關注的大部分題材。

　　雖然我將主要討論關於在一個數位產品的內部所使用的行為改變讓產品能更令人投入，有效的持續投入也需要你去留意所使用產品的背景；這包含了你的產品是如何行銷，使用者從產品中可能接收到的任何提醒或訊息，以及如何收集關於使用者的經驗的資料。有些數位產品包括一個有自然世界構成要素的管理體驗，舉例來說，如果有需要設定的連接性設備。其他產品則是設計成幫助現實世界裡的對話，試想一個健康出狀況的人在去醫師門診期間從應用程式上分享他們的醫療資訊。考量到要如何呈現那些經驗的設計將能加強在數位產品本身的持續投入性。

　　想當然爾，因為大部分的行為改變都是發生在現實生活中，行為改變設計師除了在使用者使用產品本身外，還必須要從使用者的現實生活情境中去了解他們。那些關於了解使用者以及他們的需求幾乎都會延伸到類比世界，當目標成為將某個事物改成離線模式，數位產品這時就成為一種工具，而非是產品自身的結束。

了解行為如何呈現在真實世界裡，對要設計成輔助或是將其改成數位形式都非常關鍵。在為了寫這本書而探討的有包含行為改變元素的應用程式中，我曾經(或許很天真地)因為使用族群經常被賦予刻板印象而感到訝異。我發現有兩件事情會一再地發生：減重會受到祝賀，甚至連產品都無法得知這樣的減重是刻意的還是想要的結果；以及詢問關於性生活的產品也會直接認定伴侶是男性和女性。這些假設對不適用於某些潛在使用者來說是非常令人不悅的。有許多在你的產品裡創造出彈性的方法是能夠避免這些尷尬失禮。事先做出好研究將幫助你辨識你需要它們的地方是什麼。

也就是說，行為改變設計是一個事業。大部分的產品包括企業目標，都是和行為改變目標共同存在。產品會有訂購費，是要求使用者為取得優質影片而付費，或是鼓勵他們購買昂貴的連接設備來提升功能性。行為改變設計可以是一個讓人們投入於數位產品的極佳工具，但也有許多關於它被誤用的警示性啟示。部分是因為使用行為改變設計去打造產品，在其成功與否的判斷階段中，在非常初期就已經十分清楚。不然的話，你是冒著風險參與一個「多數時間在銀幕上」的軍備競賽。

一些核心原則

本書中的行為改變設計是結合了多種不同的行為改變理論。準備好囉：這是你的旋風之旅。如果你修過心理學課程，那你將會認出幾位老朋友：他們是自我效能（self-efficacy）、社會學習（social learning）、思維方式（mindsets）…等等。架構出本書的最重要理論是動機的自我決定論，這個理論能建構並延伸行為學的舊理論，最後能輕易地應用在產品設計。[2]我在這個稱為「關於動機的一切」的段落中會講述更多細節。

2　即使是以四十多年前的證據為基礎也無所謂。

除了特定的基礎理論或方法外，在行為改變的設計中有三個重點需要牢記：

- **每個人都是不同的。**沒有一個單一固定的方法能解決所有問題，要清楚地知道你所設計的對象以及他們的需求是非常重要。調查研究是勾勒出你的使用者的輪廓非常必要的因素；因為每個人都不同，很有可能會出現以你的自身經驗或是和你非常親近的人們的體驗所做的假設對其他人是不真實的。

- **情境很重要。**完全不互動交流是行不通的。人們對你的產品的反應以及他們的執行能力取決於他們的狀況。了解人們在什麼樣的環境使用你的產品，同時了解在什麼樣的情形下他們會要改變行為，都會告訴你要如何設計產品。

- **所有事物都會變化。**行為改變的重點就是往前進 (progress)。隨著時間的推移，人們的需求與狀況可能會進化改變。你的產品讓他們覺得有效的方式也會改變 —— 這正好是你的使用者們甚至能從你的產品「畢業」，因為再也不需要了。要對你的使用者的需求會隨著時間改變的這個想法抱持著開放的態度，並能夠適應。

內建於行為改變設計過程的研究活動能在你的工作核心中幫助保有這三大重點。

專業術語

當你正從事行為改變設計時，有些詞彙是要使用的非常精準。我知道專業術語並不會典型地燃起讀者們的求知慾，但充分了解這些術語的意思真的非常重要，因為我在這本書中提到它們之中的每一個大概有六千次吧。

所謂的「鎖定使用者」是你的產品的設計對象。鎖定使用者族群應該盡可能有清楚的定義；這將會讓你的研究、設計與行銷更清晰。舉例來說，應用程式 Runkeeper 的鎖定使用者是對能符合他們的行程與健身程度的客製化常態訓練有興趣的忙碌人士。這和 Couch to 5k 的鎖定使用者族群不同，這是一個為人們設計藉由逐漸建立他們的運動習慣，並緩慢地轉移到跑步這個行為上。這兩個產品都是支持跑步的行為，但做法也十分不同，因為它們是為不同的使用者設計。一些團隊以表面形象與性格來表現他們的鎖定使用者，這會將關鍵特徵壓縮進一個

虛構的使用者形象。表面形象與性格能在設計過程中提供一種讓鎖定使用者保持在高度專注狀態的快速方法。

大致來說，行為指的是人們會做的事情。[3] 行為改變，如同字面上所敘述的，就是聚焦在行為。對於你要設計做改變的行為做精確的掌握是非常重要的，因為會非常容易被相關的無行為模式而分心。設計師會特別考量情緒或感知做為改變目標，例如：

- 增加某人執行某事的信心

- 說服某人擁有一個新信仰

- 讓人們覺得更快樂

這些是有價值的目標，但它們不是行為。

為什麼行為的重要性會超過情緒與感知？畢竟人們想到的與感覺到的會對他們所做的造成影響。但人們的行為最終會影響有意義的結果。從一個務實的觀點來看，結果就是當人們雇用行為改變設計師時所付出的代價，而不是使用者獲得信心與擁有正向信念的感覺良好的中間過程。行為改變設計在有省到錢或是改善一種疾病的症狀，又或是讓一個程序變得更有效率的情況下可以視為是成功的；並且做這些事情時需要在行為上對症下藥。

小秘訣：你可以看見行為

如果你無法確定某個事物是否為行為時，你可以提出一個很好的問題，那就是「我看的出來嗎？」。行為是顯著的，情緒與感知則非如此。

行為改變介入可能是鎖定情緒或感知做為影響行為的一種方法手段。以信心為例，通常人們必須感受到一些信心才能首次去嘗試一個新行為。如果進行的順利，他們的信心就會增加，並有可能再次嘗試新行為。介入或干預會加強人們嘗

3　一些更複雜的行為改變計畫可能會聚焦在所謂「隱藏行為」的想法與感覺；生物回饋療法技術就是一個例子。對大多數的行為改變設計計畫而言，越容易定義的顯著行為能夠將困惑混淆極小化。

試行為的信心，這或許是一種讓行為更頻繁地發生的一種極佳方法。但設計師必須要將行為視為一種目標，以確定信心是得到結果的正確工具與手段。

每一個行為改變介入會有一個或更多目標行為（target behaviors）。所謂目標行為指的是設計師嘗試要影響的特定行為 —— 不論他們想要人們做的更多、更少，或是和人們已經在做的行為有所不同。設計一款行為改變產品最初步驟之一就是要理解目標行為將會是什麼。因為幾乎每一個其他設計決定都是從目標行為串聯出來，也就是從你收集到的數據資料化為你將納入的特色。

有一些行為改變計畫會把重點放在讓人們在有限的次數裡做出一種行為。付停車費就是一個例子；即使如果某人拿到許多張停車繳費單，去繳交這些停車單費用是一種一次性的行為，並不需要任何持續的注意力與努力。行為改變更常是一種更複雜的努力，是需要人們在他們的生命中做出持續且持久的改變。像是管理複雜的健康狀況或是存足夠的退休金這類可能是需要畢生努力的事情。而這類持續性的改變需要人們具備積極性。

積極性可以被定義成**具有速度的慾望**。我們大部分的人在日常生活中使用這個字的方式不盡正確；人們可能會說出像是「我是受到刺激才變得有錢。」這類的話，但他們並非如此。他們是想要變得有錢，而這純粹是慾望。你可以受到刺激在每個月多存一些錢，找到一支好基金並做投資，或是找到一個薪水較高的新工作，這些才是具有速度的慾望。

如果有像是「一個能永遠改變行為的簡單技巧」這樣的東西，它就會把人們與他們的積極性連結在一起。幸運的是，心理學就是提供設計師一個工具組去做這樣的事情。

關於動機的一切

心理學提供了許多理論以了解何謂動機以及動機是如何作用的。如同我之前所提，在這些眾多理論中，我個人的最愛是自我決定論（self-determination theory，簡稱SDT）。自我決定論是建立在像是馬斯洛的需求層次理論（Maslow's hierarchy of needs）這種古典動機理論，並且它和像是自我效能

（self-efficacy）以及習慣形成（habit formation）這類的概念十分契合。它也是心理學領域中具有大量證據的研究，有超過四十年涵蓋健康、教育、金融、運動，以及眾多其他行為領域的研究價值。並且它會和人們的生活經驗產生共鳴。當我和人們談論關於自我決定論時，我能夠看出他們是從自身生活中去認識這個概念。這些所有因素對要設計出能讓人投入的數位體驗來說，是絕佳的起點。

動機的條件

除了從一般正常對話中，人們使用這個名詞的方式讓動機有了不同定義外，自我決定論量化動機的方式也不同。人們談論動機就好像在談有數量的某種東西，這種方式是非常典型的。當某人具有更強烈的動機，他就有更高的可能性去執行某事。動機的自我決定論又更進一步去考量**動機的條件**，它並不僅是關於某人具有多少動機，還有讓他產生動機的原因。

根據自我決定論，有六種類型的動機是能從被控制的到自主的一種連續狀態中被安排養成（見圖1.1）。從最受控制到最自主狀態依序排列，這六種動機類型分別是：

- 無動機目的（Amotivated）

- 外部影響（External）

- 吸收內化（Introjected）

- 認同想法（Identified）

- 結合行為（Integrated）

- 形成本能（Intrinsic）

簡單地說，越受控制的動機類型就越會從外部資源去強加在某人身上；而自主性越高就越是從當事者內心去產生。

第一種類型的動機其實根本沒有動機可言；**無動機目的**指的是一個人完全沒有動機的時候。處在這個階段的人們有極高的機率不會跨出行為改變的第一步，像這樣的人，基本上你不太可能會看到他們註冊並使用你的程式。

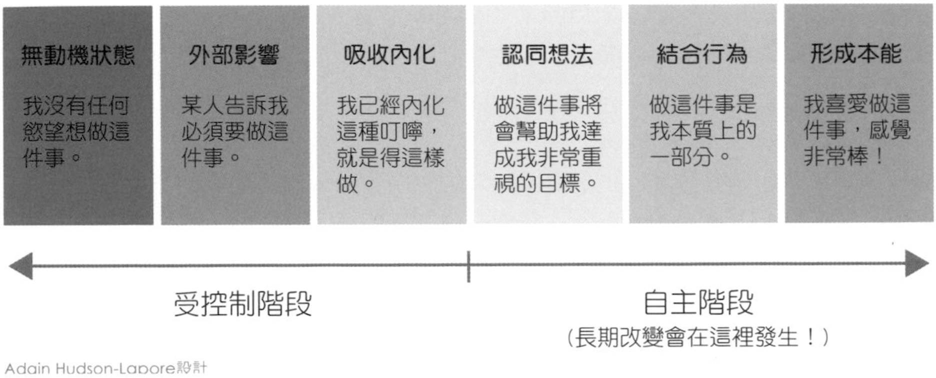

無動機狀態	外部影響	吸收內化	認同想法	結合行為	形成本能
我沒有任何慾望想做這件事。	某人告訴我必須要做這件事。	我已經內化這種叮嚀，就是得這樣做。	做這件事將會幫助我達成我非常重視的目標。	做這件事是我本質上的一部分。	我喜愛做這件事，感覺非常棒！

受控制階段　　　　　　　　　自主階段
（長期改變會在這裡發生！）

Adain Hudson-Lapore設計

圖1.1　受控形式的動機是最不堪一擊的，但當人們找到去做某事所具有的個人意義理由時，他們的動機就會以更強烈的自主形式存在。

有時人們會被他們控制之外的外部力量推進行為改變的領域中，最常見的就是，這些力量會以不斷叮嚀某人或是用獎勵金的方式來製造改變。完全因為外在理由而被刺激去嘗試一種行為的人可以說他具有**表面動機**（external motivation）。

人們會隨著時間去內化其他人對他們的期望。「應該」（should）一詞是這個行為有可能發生的一個線索：「我應該要減重」、「我應該要讀書準備考試」。當外部力量形成已內化的動機，就是人們在經歷**吸收內化**的階段。

但如果一個人是具有想要做這個行為的個人理由呢？在自主端的第一種動機類型稱為**認同動機**（identified motivation），也就是一個人將行為視為他們所重視的將目標達成的一種手段工具。他們或許並沒有對行為本身有高度興趣，但能夠把它當成到其他地方的跳板。

一個人有可能將行為視為能夠加強一個重要的價值或是他們的部分個性。或許他們覺得自己是一個很好的人，並且每周兩小時的志工行程會讓他們活在那樣的價值裡。當一個行為會如此重要是因為它支持著某人的身分或價值，這個人就具有**整合動機**（integrated motivation）。

最後也是最具自主形式的動機，我們稱為**本能動機**（intrinsic motivation）。這個動機是發生於行為完全是因為自身關係而充滿樂趣時，這在行為改變計畫中非常罕見，雖然某些目標行為是能夠令人快樂的，但通常是要花些時間並經過訓練

才能變得如此。試想運動，它對具有合適訓練計畫的某人來說，是能感受到其美妙之處，但對許多新手來說，卻是痛苦不堪的地獄。從另一方面來看，許多「介入干預」想要破除的「壞」習慣對人們來說或許是有樂趣的，所以會很難屏除。

較具自主形式的動機對長期持續的行為改變來說是優於受控形式的動機。行為改變對人們來說是傾向困難的；如果他們嘗試去改變的理由是非常私人且極度有效的話，那麼這些理由就更有可能幫助他們度過難熬的時刻。受控形式動機就比較容易遇到阻礙，所以行為改變設計的目標是耐心逐步地讓人們在動機持續狀態中從動機的受控形式移動到更自主的選擇。這要由為了能夠滿足人們基本心理需求所設計出的體驗項目來完成。

基本心理需求

是的，每個人彼此都不同，但在一些基礎條件下又都一樣。其中之一的基礎條件就是所有人都具有三種普遍基本的心理需求，當這些需求越被一種體驗所支持時，人們就會越想投入。基本上，支持這些需求就是讓這個經驗充滿樂趣、趣味與滿足的原因。因為人們會本能地去滿足基本心理需求，他們對處在支持或反對他們的環境是極度敏感的。

第一個基本的心理需求是**自主**（autonomy）。自主意味著具有控制能力，以及能做出具意義的選擇。有意義的選擇包括要追求什麼樣的目標，以及廣義的說，要採取何種方法去追求目標。主導使用者目標的計畫有可能感受到較少的自主支援，類似的情形還有提供使用者許多選擇的計畫其實並不具意義性，例如儀錶板的顏色就無法滿足這個需求。

第二個基本心理需求是**能力**（competence）。能力是當人們能夠看到他們透過時間與活動學到或有所成長時所具備的條件。人們是因為進步而成功，定期、清楚的反饋能幫助人們看到他們做了什麼。並且設計師能幫忙確認人們藉由辨識出阻止他們成功的障礙得到進步，並為他們創造出能克服那些障礙的方法。

第三個基本心理需求是**相關性**（relatedness）。相關性會在人們感受到某件事情的部分比感受到自己更多時得到確認。相關性經常是來自一對一或是小團體類型的關係，但人們也能從成為團體的一部分、感覺與更高權力有所連結，或是和

寵物有情感連結，而修正他們的相關性。人們非常擅長創造關聯性，甚至和無生命物體也能創造連結，所以有可能僅透過科技就能幫助補滿他們的相關性需求。[4]

附註：可教育時機

部分設計過程涉及了解某人可能使用你的產品所處的環境條件下，這取決於你的產品打算要做什麼，你可能會辨識出使用者更能接受一個特定行為改變想法的機會。一個可教育時機的範例是在健康發生問題之後；一個剛心臟病發作的人可能會準備要考慮一個在診斷前似乎不必要的運動計畫。正面來看，某人剛被升遷加薪，有可能能夠更積極地還學生貸款。了解這些可教育時機能夠告訴你行銷與新採用的策略，也會告訴你在產品裡建構出的目標設定方法。

跨文化關聯性

全世界都有將自我決定論應用於研究上。大多數情況下，這個理論支持跨國與種族文化，也支持跨社經階級。有一些關於人們如何在他們的基本心理需求中尋求支持的文化差異，但那些需求本身是在全世界都看的到。實質訊息是將自我決定論當成你產品研發的透鏡是保險的，但要確定是在目標情境下去研究目標使用者的特性。

行為改變設計程序

行為改變計畫的階段看起來很像任何計畫的階段。我在Mad*Pow服務時，其行為改變設計團隊將這樣的程序分成四個階段：

- **診斷（Diagnosis）**：這是一個研究與發現的階段，以更了解問題空間、鎖

4　這並不代表人們應該要與機器人合作，那是我完全不想身處的反烏托邦未來。

定的使用者，以及他們所身處並做出目標行為的情境。這個階段包括了像是訪談與觀察鎖定的使用者的主要研究，還有其他像是文獻探討或是從之前的計畫去回顧重點的次要研究。

- **秘訣（Prescription）**：是一個具生產力的階段，也就是探索出可能的解決方式以及創造出產品條件。文獻探討在這裡也很有用，它們提供了辨識出可能有效的捷徑，尤其是和像是將行為改變障礙與介入連結在一起的行為改變輪（Behavior Change Wheel）[5] 的架構配成對時。

- **執行（Execution）**：是一個打造產品的階段，不論是以視覺設計、編碼、服務開發等形式。行為改變設計師可能是積極主要的製造者，或者他們可能和其他團隊成員密切合作以確保想法能如實地被傳達。

- **評估（Evaluation）**：指的是測量產品的有效性，雖然這是四道程序中的最後階段，理想的評估應該是一個貫穿整個設計過程的持續活動，以將產品的成功極大化。舉例來說，如果可以的話，找使用者來測試初期的原型一直是個好主意，而不是在得到回覆反饋之前就投資一切。一旦產品上市，測量評估提供了持續重複與改進的工具。

不管你的團隊如何稱呼這些階段，你使用的程序可能和這非常類似。比起你在每個階段期間做了什麼，這些稱號與標籤並不那麼重要。行完改變設計師一定會執行一個特定系列的活動以達到這些階段的目標。有時這些活動會和其他設計專業人士所使用的活動十分相似，像是研究訪談或是原型草圖。其他時候，這些活動會更緊密地和行為改變連結在一起，像是對之前發表過的介入工具做文獻探討，或創造一個結果推理圖。重要的是你正在做能了解你的鎖定消費者以及他們需求的紮實基本功，得到一個關於如何改變目標行為的合理假設，以及測試你的設計的有效性。

這本書中的方法與活動是出現在貫穿整個產品研發的過程。你將會知道關於研究與了解鎖定使用者的方法；辨識產品特質以幫助他們完成目標並克服阻礙；具體指出讓產品研發時能完全納入的需求；以及調查產品是否有效，還有如何達到支持使用者的效果。

5　這並不代表人們應該要與機器人合作，那是我完全不想身處的反烏托邦未來。

結論：你可以做行為改變設計

　　行為改變設計是心理科學的應用，藉由創造產品或體驗以影響使用者的特定行為。行為改變設計師在介入工具中的核心功能裡結合了科學以對目標使用者產生的效果極大化，也就是他們想要使用者去做的事。心理學同時能藉由支持使用者的自主、能力以及相關性三大基本心理需求讓數位產品能夠更具吸引力與投入性。行為改變設計師採用的是一個包含研究、解讀發現並將其化為產品特色，以及評估結果的程序。

　　在這本書裡我使用的是一個叫做動機的自我決定論的特定心理學理論，來討論關於如何讓使用者能對一個數位產品投入。自我決定論的主要前提是最強類型的動機來自於人們強烈地抱持的目標與價值。相關經歷的投入會將人們的行為與他們最在乎的事情做連結。設計師能夠藉由支持使用者的做出有意義選擇（自主性），學習與成長（能力），以及找出比他們自身還重要的東西（相關性）的需求創造那些連結。

海瑟・柯爾-路易斯／建立前進價值

海瑟・柯爾-路易斯具有結合流行病學、生物醫學資訊學,以及公共衛
生的學術背景,也是我所認識當提到用產品設計整合行為科學時,最嚴
謹的思想家。海瑟的專長在健康,但關於和專長相關的主題,她的建議
都能準確地適用在所有領域的實行應用上。

▌要做些什麼才能從事行為改變設計?

我非常喜歡這個領域,因為總是會有機會讓我學到更多。我們身處在許多不
同世界的交口,有一個人可能具備所有這些不同領域的訓練;然而在工作需要被
完成的前提下去將它完成時,我們就需要共同合作。所以我們可以聚集在一起利
用我們既有的知識以及技能,並取得必須要結合其他條件才能讓我們做出具投入
性、成功並具成本效益的解決方案的共識。你必須要願意傳授,並樂意從在其他
特定領域裡有著豐富經驗的人身上學習。

▌人們對行為改變的誤解是什麼?

我們都是人,並且我們會有行為表現,所以許多行為科學感覺上是直覺性的。
但當談到理解行為時,就有真正的科學存在;藉由將行為放在不同的情境中思
考,找出要如何處置它們的方法,以及在最後去評估效果的方式。這就是行為科
學家所具備的技能。許多時候人們期望行為科學能立即出現,但困難的地方在於
要讓人們了解這門學問是要經過許多嚴格考驗才能得到一個絕佳解決方案。健康
行為的結果經常是要花一段時間才能見證,但一名優秀的行為科學家是能夠在設
計過程中結合創新的研究方法去幫助團隊快速往前並節省成本。

關於健康行為,有幾個不同的投入程度[6]。必須要發生的第一件事就是某人必須
要使用你提供的解決之道。接下來,一旦你讓他們知道並使用時,按下訂購鍵並

6　關於投入性,可以參考海瑟的更多著作,http://formative.jmir.org/2019/4/e14052/

刷卡付費的動作應該是會導到一個非常特別的結果 —— 那就是顯示出能夠指出健康行為的障礙與便利設施的技術。最後，你必須要提問「他們的健康行為是否有改善或改變？」一旦人們對以科技創造投入感和以健康行為創造投入感兩者之間比較有概念時，他們就開始對有著由科學內建出的投入性科技所能帶來的較好結果抱持更多希望。

此外，人們必須理解健康行為科學是關於選擇，不是玩弄人們去做他們不想做的事情。

▌你的行為改變設計程序是什麼？

是從建立一個改變理論或推理模式開始。[7]當你為了行為改變去建立時，你是從需要被滿足的需求的這項挑戰開始，之後行為才會和它產生關聯性。你要往後退到實際行為需要出現的地方，然後你把為什麼一個人會去做或不去做這個行為的原因與行為的決定因素做分類，並審視哪些類型對這個特定族群來說是最重要的。一旦你勾勒出行為決定因素，就能幫助你知道要使用哪些行為改變技術。

推理模式將會幫助你知道每一個你加到這個介入工具的東西，它所呈現的一種行為改變技術是如何再進一步成為最終能改變行為的決定因素。只要你在推理模式中設計你的假設，你也建立了你的解決方案是否有效的理解性。為了要打造出一個很棒的介入工具，你必須要思考關於你要如何在一開始就能測量評估。否則，你最後會無法分析它是如何作用的。

▌行為改變設計的商業價值是什麼？

你在前端建立一個推理模式的理由是因為你能在一開始就知道你的預算花到哪裡。一名行為科學家能幫助你評估並以一種互動性的方式架構出你的解決方案，

7　更多資訊可到http://bit.ly/35aAGOu查看海瑟的論文

以了解在建構出整個解決方案之前，你是否往正確的方向前進。他們也能夠確認這個產品是否是數位的，你建立出的數據資料架構將會幫助你做出評估。

　　有一些行為科學家仍在學習如何用商業術語來清楚地表述行為科學。那樣的溝通應該要考量到價值，或不論最後的終點是什麼。如果你是在營利事業中服務，為什麼這樣的行為科學如此重要？難道是因為你讓人們能長期地改善他們的健康狀況？簡單來說，難道這是關於建立起對健康議題的關注，以及表現出品牌非常關切消費者在這個健康議題上的經歷嗎？單靠科學是不夠的，這必須是科學與商業雙管齊下。

 海瑟‧柯爾-路易斯（Heather Cole-Lewis, Ph.D., MPH）是嬌生公司（Johnson & Johnson）的健康解決方案部門的行為科學總監。她擁有耶魯大學的流行病學博士學位，哥倫比亞大學的生物醫學資訊學碩士學位，以及埃默里大學（Emory University）的行為科學與衛生教育碩士學位。海瑟所發表的意見看法純屬她的個人意見，並不代表嬌生公司。

02

成功的圖像
測量與監控

+ 寫下你的成果故事
+ 為效益性做評估
+ 為重複性做評估
+ 注意你研究中的P和Q
+ 結論:測量指標會透露你的故事

觀點 辛西亞·卡斯楚·史維特/務實的科學嚴密性

你要如何知道你的產品是否有效呢？直接評估測量就對了！評估測量對任何一種設計都是至關重要，甚至對行為改變設計更具重要性。測量評估的過程是一種前期投資，這也是為什麼我把它放在本書的前面來談。在產品研發階段，它必須具備詳細、及早的縝密規劃；這可能會讓人覺得要花很多時間——或許是花太多時間。但如果你規劃的很好，那麼就會避免過程中的各種缺失；你將在過程中能及早做出較佳的設計選擇，之後就不需浪費時間與金錢再重做。並且當你在實際收集成果數據資料時會省下許多時間。本章會聚焦在討論測量評估的準備工作，以及檢視一個數位產品的表現效益。

行為改變設計必須思考不僅只是關於和數位產品有關連的典型公制度量單位（例如登記註冊以及收益），而且還有讓人們隨著時間，以不同的方式去做某件事之後所帶出的長期性結果。到底需要花多久的時間才會發生行為改變這樣的必然結果？行為改變就是需要花上一段時間——有時是幾週、幾個月，或甚至是幾年——才能夠測量出最具意義的結果，並把這些結果化為具體以分享出去。但永遠不要因此畏懼，因為在早期階段就有許多指標顯示，這能幫助你去預測評估一個產品的成功機率。

評估測量不光是要證明你的產品的有效性，它也能幫助你知道如何隨著時間去進步加強。藉由觀察監控正確的數據資料，你能夠辨識並創造出幫助使用者達成他們的行為改變目標的新特質或內容的大好機會。你也可以檢查你的產品裡是否有任何毫無功能、沒有價值的東西——指的是不討喜的、沒有使用的，或是不需要的特質。

寫下你的成果故事

一個具有強烈結果故事的基礎是從結尾開始。[1]在階段的最初期，坐下與寫出一個你能夠告訴別人一旦你的產品上市，以及數以千計的人正在使用它的故事。這會是個厲害的故事——一個有幫助的方式能夠寫出一篇想像中的新聞稿，或是

1　麥特‧瓦勒特的同名書《爆品設計法則：微軟行為科學家的產品思維與設計流程》涵蓋了為行為改變做出的設計，某種程度上來說，並不只是因為他的書名，這本書也以創造一個有結果的故事開始談。這種做法是有道理的，因為這是做行為改變的正確方法。

關於你的成功產品以及所達到的厲害功效的雜誌文章。如果你想要更有畫面，就做一個故事板或是說明一個會隨著時間使用你的產品所產生的理想使用者體驗的心智圖，包括了證明產品有效的指標。邀請其他人加入你的團隊，或是邀請你的客戶參與這個故事，才能掌握所有最關鍵的成功要素。

到了某個程度後，這個故事就能正式成為一個成果計畫。呈現這個計畫的一個方式就是將它視為一個成果推理地圖，是一份呈現出你的產品可能隨著時間製作，而呈現出不同類型結果的文件。成果推理地圖是一個使用於制定評估研究的工具，它對數位產品有如此大的影響的原因是它考量到一個產品是如何被利用與使用，並不只有個別地去看產品是否有效。像是點擊率、跳出率，以及衰退率等數據資料，並不只有呈現使用狀況；它們也能幫助設計師了解他們的產品是如何被使用，並能做出改善結果的調整改變。

圖2.1呈現的是一個一般性成果推理圖，沒有任何填入資訊。「推理」（logic）一詞指的是每一次的測量都應該在結果中與他人有合邏輯的連結。在心理學裡有一個概念稱為**行動機制**（mechanism of action），指的是能幫助產生結果的任何事情。舉例來說，如果結果是要減重，行動機制就可能會包括體能運動以及改變飲食習慣。你會想要辨識你的故事結果中的行動機制，測量這些行動機制將會提供你一個方法去測試你的產品是否如你預期的方式運作，並在沒有如預期運作的情形下做調整。你將把包含你的成果推理圖的行動機制視為使用你的產品的人們之間的連結，以及他們最終會達到的結果。

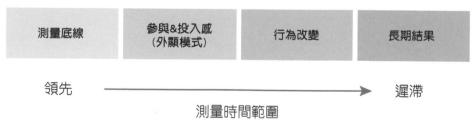

圖2.1　在高階部分的成果推理圖說明了在產品效期間應該會具備的數據資料，以了解產品是否有達到它的預期效果。

這張圖提供了一個何種類型事物會在不同時間點被測量的視覺指標。如果你在這些項目的測量中指涉這個產品不符合你的目標，那就是繼續探討並了解為何不

符合的機會。從時間範圍去策畫結果也能幫助設定關於何時對產品有效與否做出決定的期望值。如果使用者在經過三周的使用後，無法流利地說希臘語，就說這個語言學習程式是失敗的，是完全沒道理的。但是來自學了三年的人的相同資料數據，可能會更具意義。

你在成果推理圖的第一次嘗試不會是完美的。這是可接受的。重點是要仔細推敲演練，讓你的設計步驟是非常有組織且明確。你可以在得知關於你的使用者以及他們的需求時，就更新你的成果推理圖，這個行為可以在你的設計過程期間以及你的產品上市後發生。但一開始沒有在適當的位置有一個基本輪廓，就很難知道要問什麼問題，以及要設定何種主要成果指標。

以下是設計成果推理圖的方法。

定義長期成功公式

看一下你在產品成功故事裡所寫的結局，你的產品如果成功地以一種持續的方式改變人們的行為，那達成的關鍵要素是什麼？思考一下，這些成果有可能要花上好幾個月，甚至好幾年才能達成；是那種會讓人們看到你的產品並發出 哇！的讚嘆聲。把它們寫下來。

如果你正在做一個和醫療相關的行為改變產品，你的長期成功關鍵可能包含了計量生物學資料，或是能夠透過醫學檢測測量出的任何東西；像是某人的體重、血壓，或是血液裡的尼古丁含量。有些健康狀況，特別是在心理健康方面，是沒有實際檢測的；所以成果有可能是人們在憂鬱清單上的分數所呈現的變化。健康成果可能也包含了成效指標，像是某人五公里可以跑多快，或是他們是否能夠在經過腦部訓練後，成功地完成一項記憶測驗。

如果你的介入工具和健康沒有關係呢？如果你的介入工具是聚焦在財務行為，長期結果可能包含了某人的存款戶頭餘額，或是有開退休帳戶員工的比例。從教育來看，長期結果有可能是標準測試的完成程度或是能夠成功完成一項應用工作的學習者的人數比例。從持續性來看，它可以是每周所攝取的無肉餐次數，或是將好幾公斤的垃圾轉為回收或堆肥。你現在應該明白了。

財務結果經常包含了較少使用醫療系統，或對醫療系統做較好利用所省下的

錢。舉例來說，一個成功的介入工具會讓人們不那麼頻繁地使用急診室，但會較常去藥局，原因是他們會依照處方籤服藥。有時候財務結果會包含增加的收益，因為更多顧客在買這項產品，這也是產品成功的地方。在數位計畫中，一個普遍的成功公式是讓顧客選擇去使用數位管道以完成任務，而不是去使用更多像是客戶服務中心這種昂貴資源。對一個要賦予產品何種條件來說，準確地定義出何謂財務成功公式，你必須要非常了解你的產業以及你的客戶。

當你寫下長期成功是什麼的時候，盡量越具體越好。不要只寫出「血壓」；而是要寫出「降低血壓」或是「多少比例的人的血壓從高轉變為正常」。只要你寫的越具體，你就越有可能得到正確數據資料來訴說你的故事。

秘訣：少可以是多

特別是對較新的產品，一個簡單的成果故事或許比像廚房水槽那種又大又深的故事要來的更有力量。亞馬遜購物網曾經只有賣書；谷歌曾幾何時也只是一個搜尋引擎。它們令人讚嘆的早期成功給了它們一個擴展視野的平台。就像一個極小機率能成功的產品會聚焦在最關鍵必要的特性，你的第一個成果推理圖應該只專注於一小撮真正重要的結果。

辨識必要的行為改變

你的長期結果不會奇蹟般地出現，它們是藉由你的使用者們部分的行為改變所產生。大致上，他們的行為改變需要隨著時間持續進行。以降低血壓為例，為了要看出測試上的重要差異，人們可能需要吃的和平常不一樣，開始固定走路，並且持續幾周、幾個月，甚至更長時期的每天服藥。這不是一次就完成的事情。

要聚焦在你的成果推理圖裡在行為方面的公式，你的產品才能如合理預期般地有影響力。如果你的產品是針對有高血壓的人們所設計的服藥管理應用程式，你的成果計畫應該更聚焦在服藥相關行為，而不是運動或飲食上的管理。你可能還是會了解一下那些行為，但只是去探討你的使用者是否也做出那些行為改變 —— 有時候人們的一個行為改變會對其他行為有一個正面超出預期的結果 —— 但也別太過依賴這些其他行為，畢竟你的產品並不是設計要來管理這些行為的。

你會要對關於如何仔細地測量行為做出判斷。舉例來說，如果服藥是一個達到結果的重要部分，你**可以**以行為的利害關係單純列出「按照處方籤服藥」的清單。但如果你知道你的使用者可能還沒服藥，你就會再把「和醫生預約門診」以及「在藥局買處方用藥」等額外步驟都包含進去。這會提醒你要在產品中透過這些步驟去訓練使用者，並幫助你辨識如果人們最後還是沒有服藥時的困難在哪裡。

你的產品很有可能無法直接測量出會導致結果的行為改變。沒關係的！這很正常，事實上，自從大部分的行為改變是在實體世界，而不是在數位產品裡的線上世界，你就會發現有其他方法能夠測量出人們是否在從事這些行為。重要的是要辨識出能讓你的成功故事成真所需產生的行為，所以你能夠設計你的產品去影響這些行為。

決定要如何測量行為外顯

「外顯」一詞在這裡是一個浮誇的表現來詢問人們是否真的有使用你的介入工具。當我在對醫療保健的聽眾講解關於這個主題時，我經常使用前美國醫務總監 C. Everett Koop 說過的一句話：「藥物對不吃藥的病人來說是沒有效的。」套入現代的情境就可以說：「介入工具對不使用它的人是沒有作用的。」你會至少有三個原因要去測量使用方法。首先，理論上來說，你的產品如果人們沒有在使用的話是不會有任何作用。再來是你需要能夠呈現出人們使用你的產品是他們的行為改變過程中的一部分，才能說出關於產品成功的精采故事。如果你在全世界推出產品，並且從現在開始的一年後，你的長期成功模式化為真實。但表現出那些改變的人們從未使用你的產品，你就很難說服任何人你的產品和這些改變有關。最後，使用情形是一個「領導指標」；在將你的產品在全世界推出後，你幾乎能立即測量出使用情形。領導指標是你產品成功與否的最初期的證據。

有一些常見的測量評估方式是你可能會含括為領導指標：

- 下載或是裝設的應用程式
- 創立使用者帳號
- 開始登入或活動
- 在程式裡所做的活動（例如閱讀文章、觀看影片、從清單上核對行動步驟）
- 回訪

附註：別在這兒停下來

產品團隊會犯的常見錯誤是太過關注主要模式。[2] 會發生這個狀況的原因什麼都有，主要模式相對地容易測量，並能夠快速地回報到領導階層，如果他們想追蹤產品的表現。有時人們會無法理解較具意義的行為改變成果的複雜性，但大部分的人能很快地了解使用者數量或是使用頻率的重要性。將你的主要模式當成成功指標來使用是沒有問題的，特別是在你的產品使用年限的初期時，但不要忽略了有更多重要的衰退模式，它們會告訴你更多更具說服力的故事。

從另一個模式計畫工具中，也就是圖2.2的改變漏斗，你可能對部分這些模式感到熟悉。如果你的團隊是使用改變漏斗圖追蹤行銷與購買，你可以把它加進較大的成果推理圖。你的漏斗就不會有那麼明顯的漏斗形狀，但它會幫助你在產品使用期限中追蹤出正確的模式。

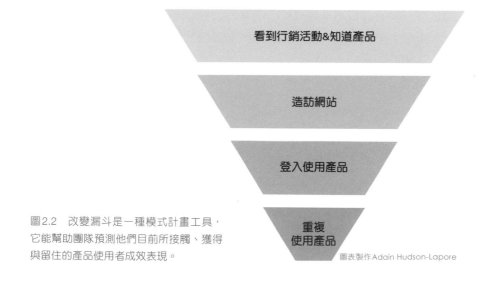

圖2.2　改變漏斗是一種模式計畫工具，它能幫助團隊預測他們目前所接觸、獲得與留住的產品使用者成效表現。

圖表製作 Adain Hudson-Lapore

2　蘿拉・克萊（Laura Klein）在她的著作《打造較佳產品》（Build Better Products，暫譯）中針對人們陷入測量主要模式的一些問題提出一個非常好的論述。其中包括可能沒有注意到他們預測的衰退模式，並試著在主要模式上做賭注的問題。

同時要注意的是，在外顯模式裡的「較多」並不表示「較佳」，大部分的行為改變介入是需要一段時間作用，過多會有過度的殺傷力。如果你知道你的介入產品對你的使用者來說，要達成他們的目標的正確「劑量」是多少，那就把目標訂在一個階段內就能完成。如果你不知道應該要設多少，那就根據知識與經驗去判斷、做一些測試，並不斷重複。

填入必要的特定數據資料

完成成果推理圖的最後一個步驟是填入你將需要收集以確定你是否完成每一個結果的具體數據資料。「具體」在這兒是關鍵字：「血壓數字」比不上「使用設在藥局的觸控面板自我回報血壓數字」。

在列出你需要的數據資料的過程中，你將能夠辨識你能透過產品本身收集到的資訊，以及你將需要從產品以外才能取得的訊息。任何在產品裡所發生的事必須要在設計要求中能夠說明；舉例來說，如果你需要使用者每兩週回答一些問題，你將需要確認那些問題是涵蓋在產品裡的，並附上行事曆提醒，這樣人們才會在對的時間去回答這些問題。任何發生在產品以外的事，會需要以其他方式去說明。我會在這章後段的「為效益性做評估」的部分說明這點。

設下基準線

成果故事其實就是關於改變的故事，會有「一開始的時候」，也就是所謂的改造前的日子，然後會出現現在成果的完美結局。為了要將故事說的動聽，你需要知道「一開始的時候」是什麼樣子，這就是為什麼一旦你知道為了結果所要收集的模式為何，你應該在一開始就測量它們以設好你的基準線。

如果你從未使用過以一長串問卷開始的應用程式或是程式，這個問卷所做的其中一件事就是創造關於這個應用程式或程式的消費者的基準線。如果你消費者成為你的使用者之前（或是成為使用者後立即），就擁有關於你的特定使用者的資料，你可以做所謂的「主要對象中」的分析，你就能從中看到同一群人隨著時間所做的改變。如果你看不出來，你可以和不是你的使用者的相似族群接觸，並拿他們和你的使用者做比較。這樣的方式稱為「主要對象之間」的分析。這章的後

面（「為效益性做評估」的部分），你將會了解這兩種形式的分析都能拿來做為訴說部份成果故事之用。

規劃你的分析

你應該在收集任何數據資料前就做出一個針對數據分析的計畫。具備一個提前分析計畫會幫助你收集到正確的數據資料，能在一個足夠龐大數量中測量出具意義的結果，並以一個對你而言是有用且可用的形式，才能精準到位地說出你的故事。

舉例來說：假設你正在使用那個我已經在這章用來做為例子的血壓管理應用程式。你想要你的使用者能夠更頻繁地服藥，好讓他們最終的血壓數字能在正常範圍。所以，想當然爾，你會去測量他們的服藥頻率。你現在知道人們可能會疏忽行為改變，尤其是在他們剛開始的時候；所以你會想要你的測量是夠敏感到能呈現小幅進步，即使你的使用者還沒有完全養成服藥習慣。知道這點後，你應該如何測量他們的用藥行為呢？

你應該要讓他們在月底時去數藥瓶裡還有幾顆藥，然後從原來數量減去剩餘顆數。你會得到每位使用者所呈現的服藥天數；又或者你可以在月底時要求人們回答一個問題：「你這個月有吃完所有的醫師處方用藥嗎？是或否。」你就會從每一個使用者中得到是或否的答案。

你現在已經知道你想要呈現的是小幅進步而不只是整體成功，那麼第一個選項會好很多。它能讓你看出你的使用者們一個月內平均服藥天數的改變。假設服藥天數從21天增加為23天，你的數據資料是可以偵測出這樣的微幅成長。如果你問的是一個答案只有是與否的問題，那麼對在服藥行為上已有部分進展，但尚未完全做到的人們來說，還是只能回答否這個等同行為改變失敗的答案。而事實上，他們正有著非常正向的進步。擁有更精細的數據資料也會讓你和正在進步的人們距離更近，並了解什麼對他們是有效的，以及你可能可以改變產品的那些地方讓他們得到更多幫助。

你收集數據資料的方式對於你能說出何種成果故事有著很大的影響。先寫下故事並了解你需要什麼樣的分析去說這個故事將會幫助你問出導向正確成果的問題。

但你極有可能不是數字天才，並且你會有關於如何處理你的分析資料的一些問題。這取決於整個計畫的複雜度以及你將收集的數據資料類型，你會想要和一位具有很強的量化技術，或甚至是有數據科學專業的同事共事。針對較單純的計畫，你可以找到如何針對不同線上主題去分析不同種類的數據資料的極佳資源。

一旦你明確地說明你的數據資料，你會有一個針對你的計劃的完整成果推理圖。圖2.3呈現一個專注於幫助人們能更定期服藥的假設性高血壓產品可能的樣貌。

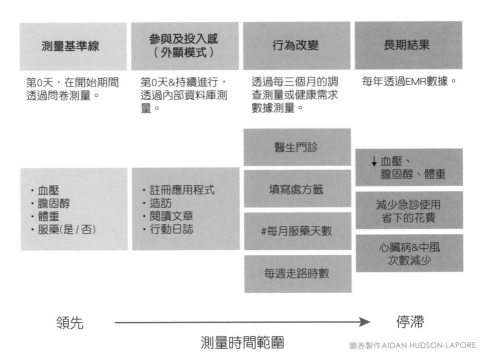

圖2.3　一個完整的成果推理圖包含特定數據資料以及基準線、外顯、行為改變，與長期結果測量。越複雜的產品，推理圖也會越複雜。

拿這份文件和你的團隊其他成員交流，特別是和製做或行銷產品的任何人。在你的產品開始成長後，不要怕去調整它，並且你會對你的使用者更了解。當你產品在全世界嶄露頭角時，你可以開始將實際數據資料和你的成果推理圖聯繫在一起。如果這些數據無法支持你想訴說的故事，你就知道是時候要好好審視你的產品並做出一些改變。但首先，我們先來談你可以從哪裡得到數據資料來說故事。

在情感上很難去消化點出你的產品沒有那麼適合你的使用者的數據資料，但是一個產品的改變調整是設計過程中很正常的一部分。在早期就知道一項產品功能無法實際幫助到使用者，你就可以停止繼續並重複相同功能，並停止繼續投資時間、金錢以及資源在無用的事物上。早期研究能啟發製造產品的新特性。你知道第一支 iPhone 是沒有連接到應用程式商店嗎？

為效益性做評估

一個產品是否有效的關鍵測量指標就是它產生了在使用者的行為裡應有的轉變。效益性是一種較為花俏的方式說出「這個產品有用嗎？」的問題。行為改變介入工具和其他種類的數位產品不同，在行為改變工具中的最終預期效果幾乎在所有情況下都是在現實生活中發生。對數位產品本身限制你的測量訓練，意味著你無法偵測出有可能是你的部分成果的真實世界成效。

幸運的是，有幾種可以在產品本身以外收集到數據的方法，這將能幫助你了解產品的效果。在這個章節中並沒有全面詳盡地涵蓋它們，但我有指出可以知道產品是否有效，或是如何產生效果的幾個最常見並且是最有效的方法。我也聚焦在使用者經驗與設計中較不普遍的研究方法，了解有許多深入的方法是為了更典型的研究工具而存在。這些方法是需要比實質產品研發與顧客購買成本投資更多時間與資源，但它們會提供很大的回收效益，如果你的產品能夠用這些方法的結果吸引投資人或使用者。

不把有效性研究想成一次性的交易也很有幫助，在你的產品的有效期限中，你會做許多會告訴你每一個不同故事的研究。在這章結束前會有與數位健康管理 Omada Health 的辛西亞・卡斯楚・史維特（Cynthia Castro Sweet）的訪談，討論關於如何隨著時間去累積研究，這是一個不被要設計出完美研究的想法而感到不知所措的很好提示。

黃金準則：隨機對照試驗

隨機對照試驗（randomized control trails，簡稱RCTs）是成果測試的黃金標準。現實狀況是，大部分的公司沒有資源去對它們的產品做隨機對照試驗，但了解它們如何運作，能夠規劃出鎖定類似理解方式的更實際與較小規模的研究。隨機對照試驗在某種意義上是最科學的方式去了解一個針對人們行為的介入工具會有的效果。隨機對照試驗是一個能夠同時看主要對象中與主要對象之間的改變的方法，是藉由觀察使用產品的人的改變，並和沒有使用產品的人做比較。它們包含了三個元素，分別是：隨機研究參與者、一個控制條件，以及清楚的試驗期。

隨機化的意思是參與研究的人們都是隨機被指派去使用介入工具或是其他東西。隨機化之所以重要的原因是研究中有夠大的樣本數，理論上會排除導致這個人會出現如此結果的某種解釋。在現實世界裡，人們經常自己選擇體驗或選購產品；他們會選擇喜歡的事物，並避免去選到他們不喜愛的。但如果這個東西真的對他們是有效的，你就無法確認是不是因為產品的關係。有可能是這個人喜歡一個很爛的程式，並投入夠久而得到結果。所以在一個隨機對照試驗，人們是隨機去選擇他們所使用的產品。

對照指的是排除任何結果的其他解釋。在控制條件裡的人們是不使用產品，但隨機去使用其他相當類似的東西。研究顯示，變得更能夠意識到一項行為能改變控制條件。為了要排除一個介入工具有效性的解釋，只是因為人們開始注意，控制條件也會做一些增加他們注意力的事情。在我從事睡眠訓練程式設計的時候，隨機對照試驗裡的對照組會完成睡眠日誌以及問卷，而實驗組則是使用我們的程式。因為兩組每週都大概花一樣的時間去思考並記錄他們的睡眠，但要說進步的原因不是因為對睡眠習慣的注意，而是我們程式的關係總是比較容易。

最後，試驗單純表示研究是發生於受控制的一段時間；通常在做一項隨機對照試驗的研究者會招募一群人參與一定長度時間，是因為時間要夠長才能偵測出最終興趣成果。在研究的初期，研究者會從所有參與者中採取基礎測量，不論他們是在實驗組或對照組。在研究過程中，額外的數據資料可能是來自產品(或是相同等級的對照產品)，也會來自研究者所做的額外調查或觀察。最後在結論的部分，研究者從基準線上重新測量，為的就是要知道發生了什麼改變。

設計、進行，與分析一個真正的隨機對照試驗是一項你在大部份的產品組織裡找不到的特殊技能。如果你想要這類的研究，可以考慮雇用一名約聘研究機構，或是和大學裡的研究學者合作。

隨機對照試驗是行為改變世界中最接近證明某樣東西是有效的，它們可能很貴，而且很花時間，但當它們成功的時候，它們能夠讓產品在其他競爭品中勝出。

現實世界裡的對比

現實世界裡的對比使用的是一個既存的對照組，而不是一群隨機使用產品的人們做為使用其他產品人們的對照組。不像隨機對照試驗，如果有任何對照組使用的程式出現，你是不去控制它的。你會嘗試著整理出實驗組與對照組之間的相似性；舉例來說，你可能會在使用你的新健走程式的人們與擁有FitBit的人們之間做比較。在現實世界中的對比，對公司來說經常是比做一個隨機對照試驗來的更具可行性，也更合適。它們提供了對產品有利的證據，只要研究團隊採取行動排除對結果的其他解釋。

我在這裡提供一個我自己工作上的例子，一個大型健康計畫的會員們能接觸到數位健康管理程式，去鎖定數個像是高血壓或糖尿病等長期性健康問題。某些會員會使用這些程式，其他會員則不使用。健康計畫是想要了解是否和程式有關係，所以程式能夠辨識數千名使用者的數據資料，並把他們分出來。之後程式也會辨識出相同人數的非使用者的數據資料，這些數據資料和剛開始使用的使用者蠻類似的，類似的男女混合比例、平均年齡，以及疾病症狀的程度。最後，這些程式會在不同的時間點比較兩個群組的數據資料，以觀察是否它們的結果會以相同的方式前進，或者其中一組是否看起來和另一組有所不同。結果發現，在收集基準數據資料數年之後，使用程式的人們最後會有較少嚴重的病症（並且所花醫療費用也較少）。因為對照組的選擇條件是盡可能和使用組相似，健康計畫非常有信心地認為使用這個程式會對人們的成果有影響。

在健康計畫研究範例中，我的公司利用了由我們的客戶所提供的第三方數據資料：他們的理賠數據。第三方可以是成果數據資料的一個極佳資源，這取決於你的產品作用是什麼。如果你沒有辦法透過客戶或是合作夥伴取得數據資料，許多公司會銷售第三方數據資料的取得管道。這種數據資料在填補關於人們行為的一些缺口特別有用：藥局數據資料能夠呈現是誰依照處方籤買藥，顧客資料可以呈現出是誰在購買營養補給品，以及財務數據資料可以看出是誰在省錢。你只要注意在使用第三方數據資料時要尊重你的使用者對你的信任，這很容易越界，從好奇演變成怪異可怕。如果你在你的研究中使用人體試驗（關於它們更多資訊，可以參閱本章「注意你研究中的Ｐ與Ｑ」的部分），第三方數據會幫助你分辨那條界線。

你不需要有非常健全的數據資料去做一個現實世界對照組，雖然很明顯地，越豐富的數據意味著更精采的故事。你還是可以藉由使用公開的資訊讓你的產品令人信服。就行為被改變來說，你的使用者與和他們相似的非使用者要如何分辨出不同之處呢？

個案研究

個案研究指的是關於使用產品的具體故事，它們可以是追蹤單一使用者或是一群使用者，只要他們和產品有互動。個案研究並不需要證明產品是否有效，但它們能給一個這個產品可能提供了使用者的大概輪廓。個案研究中的數據資料經常是以使用前與使用後的形式去看相同一組人隨著時間呈現在使用產品後的興趣可變因素的改變。

雖然個案研究的科學價值有限，但它們具備一些優點；就是提供團隊一個很好的機會去以一個具體、能釐清的方式去強調設計出的產品，而這是有可能幫助潛在顧客把自己想像成使用者。它們也可以呈現產品的面向，像產品是如何運作以及推出，這些可能在隨機對照試驗或是其他單純聚焦在成果的研究是無法檢驗出來的。並且對於使用者覺得信服的標準回應與社會對照的許多相同理由，個案研

究在建立你的事業上可以是極度有效的。客戶眼中的一個好的個案研究是想要一個嶄新的玩具。

調查

身為一名科技使用者，你或許曾收到邀請去完成一個關於你正在使用的產品的調查。這些調查對公司而言是當無法從產品本身去偵測到一些關於它們的使用者的事情時，所使用的一種方式。它們可以是一個非常有幫助的工具，因為它們是不需要花大錢去研發與散布，所以你可能可以很快又很經濟地接觸到一大群使用者。調查也是一個能詢問人們關於他們在你的產品之外的行為的機會，因為這些行為也影響著他們的結果。務必要抗拒的誘惑是去問許多想要對方回答的但卻無明確理由的問題；過多負荷的調查更有可能會讓人無法完成，並且你會困在一個過度膨脹、不是很有用的數據資料。

調查的缺點包括回覆率會偏低（平均是小於20%），並且你會需要回覆人的回報數據是誠實且正確的。即使人們是好意的，但他們有可能記錯了關於他們的行為的細節，[3]而也有其他人會被激勵要讓提供自己看起來很厲害的回答。因為有這些潛在的正確性與誠實性的問題，調查的最佳利用方式之一就是要評定出使用者的滿意程度。人們通常都會有他們如何享受使用產品的絕佳觀點，而且他們都會樂於分享這點。

調查經常會和像是隨機對照試驗等其他研究方法合併，但是它們也可以當成獨立的研究使用。它們是一個能用在我們下一個段落會介紹的揭露產品功效，以及知道如何改善產品的實用彈性工具。

為重複性做評估

測量並不只是為了成果，它也能幫助你去決定如何在產品效期間去演化加強你

3　生態即時分析或是日記研究工具都是設計要克服這個障礙，這些方法會通知人們提供關於當下的行為、想法，或感受的資料。這些方法在背景因素是關鍵的時候，能夠提供極佳的觀點，但有可能非常昂貴，或因為太複雜而很難使用。

的產品。如果你的使用者沒有達到你期望的結果，或是他們沒有做出你期望他們會去做的行為，這就是你要去深入探討的機會，並了解你的產品要如何調整到能夠符合他們的需求。

當你的產品偏離了你所發展出的成果推理圖時，就是做更進一步研究的機會。你可以做一個調查去了解使用者認為他們的體驗是什麼，或是藉由單獨訪談去接觸少數使用者。一個來自內部團隊成員或是外界主題專家的聚焦產品檢討報告也可以幫助辨識需要改進的區域，以達到期待的成果。回到我之前所舉的血壓的例子，如果你告訴人們要服藥，但卻沒有提供他們任何關於如何得到藥物的資訊，他們就可能沒有辦法完全貫徹執行。要去辨識你的產品中尚未解決的障礙，並去了解你能做些什麼。

謹慎地建立測試並認識在你的產品研發階段中的整個過程一直是個很好的想法，對於數位產品來說，首次推出的很少會是完整的產品呈現。重複有助於數位發展，不論你將首次推出的產品定位在試驗品或是一張發展中的公路圖的里程碑，你要具備要從使用者中學到一些會導致產品出現改變的事情的態度。

有許多類型的測量是符合在「為重複性做評估」的標題下，但是這本書以外的領域，所以無法細談。這些包括欲求性與實用性研究，是調查一個產品是否能吸引使用者並滿足他們的需求。可用性研究是聚焦在人們是否能從產品使用裡完成任務；以及 A/B 兩種測試是要了解哪種版本的設計對使用者更具效果。不論你的工具包裹有什麼研究方法，它們或許能和成果推理圖一起使用以持續改良你的產品。

注意你的研究中的 P 與 Q

你如何確認你的研究做得很好且合乎倫理道德呢？一般來說，學術研究與產品研究是遵循著兩條不同但平行的檢討與監督程序的公路車道。你會想要清楚地知道那些車道中的哪幾條是由你的產品研發過程的一部分，也就是你正在進行的研究所佔據。你一路上會碰到的檢查站將幫助你確認你的研究是以正確又合乎倫理的方式完成，並且會減少你因為過失而失去使用者信任的機率。

我用「學術研究」一詞去描述任何以增加科學知識為目的，沒有直接的產品指涉的研究。這種類型的調查經常是由大學或是研究機構的人們所做，但有時候有些公司也會做。學術研究經常透過同儕審查的期刊著作發表在世界上立足，這些著作發表文章理論上來說是任何人都可以讀的。[4] 你的成果研究可能就屬於這一類；但你的產品重複性研究就可能不是。

秘訣：只要問，你就會得到

如果你對學術研究論文有興趣，但卻無法從網路上找到完整內容，你可以直接和作者聯絡。推特就是做這件事的一個好方法，或者你可以從作者的工作機構網站得到他們的電郵。如果被詢問到的話，大部分的研究者都很樂於分享他們的著作。

重要的是，當一個團隊開始計畫一個學術型研究的程序，他們會有一個叫做「研究倫理審查委員會」（Institutional Review Board，簡稱IRB）的團體，去審視他們的規則與素材。大部分的研究機構，包括大學，都有它們自己的IRB，是可以免費讓隸屬機構提交；當然也有收取少許費用審視研究計畫的獨立IRB。IRB的存在目的是確保加入研究的任何人都能被以合乎倫理道德的方式對待。IRB關注的是像人們花在研究的時間上是否得到公平的補償，不論參與者是否收到他們需要理解他們正被詢問的問題，以及決定是否要加入的資訊，以及是否他們得到訊息後，如果他們想要的話，可以提出問題等這類細節。

這裡有一個我曾被要求去為一個研究做部分IRB審視工作，我要給一群剛完成拼圖的人們一些反饋。有一半的參與者被告知他們會輕鬆完成拼圖，而另一半的人則被告知他們證明自己是全世界最糟的拼圖遊戲者。這樣的回應和他們的實際表現沒有任何關係。IRB指出得到負面回應的人們之後可能會心情不好。我被要求要在研究中納入某個東西，讓他們心情能夠好一點。他們提出什麼解決方案呢？在得到假的回應後，每個人都在看小貓與小狗的影片。他們都對這個唐突的安排感到困惑，但都被小狗小貓的可愛萌感逗樂了。

4　我說「理論上」是因為取得同儕審查期刊有可能很困難。因為它們通常不是免費的，單一一篇文章可能要以30美元以上的代價向出版商購買。大學圖書館通常都有訂閱，但如果你沒有和學校有任何關係的話，就只能說祝你好運了！

相對於學術研究的產品研究，必須做的相當明確，以為了證明一個產品或一項服務。這種類型的研究要在一般人都能讀到的某處發表是很不尋常的，它的受眾通常是產品團隊或是其他機構決策者，會利用這些資訊去對產品特性、規劃藍圖或投資去做決定。

通常是沒有IRB監督的產品調查研究，有可能是內部團隊審視提出的研究規範，以確保符合組織需求與遵循倫理道德規範，但這不是常態。[5]如果沒有建立正式審查程序，對一個內部團隊來說，要考量到可能的缺失，這仍是最佳執行方式。具體來說，這個團隊需要考量屬於研究一部分的使用者，是否會因為參與而暴露在風險中。該如何處理他們的隱私？他們會經歷任何讓他們不開心的事情，或是讓他們感覺被占便宜的事情嗎？

如果一個產品團隊決定要做一個可能會在期刊上發表的研究，對他們來說，最好的方法是在研究之前，同時進行學術與產品研究的方式。他們的內部團隊仍會審查研究規範，以確保這些規範能幫助達成目標，但是IRB將會做另外關於道德倫理的審查。

所以如果你正計畫一個會在你的產品之外，增加一般知識的研究，就要有一個制度檢討委員會在你開始收集數據資料前去審視你的規範。如果你的研究純粹是為了產品研發，你就可能不需要IRB。如果你在考慮在期刊上發表你的研究結果，這強烈意味著你應該要和IRB談。

結論：測量指標會透露你的故事

有一個測量計畫對你的產品成功來說非常關鍵，你想要說一個為什麼你的產品這麼棒的令人讚嘆的故事，以及你利用測量計畫所收集到的數據資料將會幫助你說出極具說服力的故事。測量指標能讓你決定你的產品是否有效，受到多少人喜愛，以及改善產品的最有效方式是什麼。如果你的產品是有一個企業對企業的模式，測量指標會幫助你推銷你自己給這些想要得到你能提供給它們的人員正面

5　就我的經驗來說，最有可能有一個健全的內部審查程序公司都是大規模並且屬於高風險產業，像是製藥公司或是金融服務公司。

結果的公司。並且不論你是透過企業對企業或是企業對消費者的方式銷售你的產品，成功的故事會吸引人們變成你的使用者。

　　或許和預期相反的是，最有效的測量指標在產品發展的最初期就已規劃。做這件事是確保你能在產品中做出正確的投入因子，並收集到你需要的數據資料，這包括對的內容與特質去達成你想要的結果。一個像是成果推理圖的工具能夠幫助你分配會讓你的產品具備有效的所有必需步驟。它會指引你在效益研究上去決定你的產品要如何運作，也去研究調查你的下一個重複運作應該是什麼樣子。一個事先規畫將會幫助你和制度檢討委員會或其他檢討單位有效益地工作，以確保你的所有研究都是在尊重使用者與維持他們的信任的條件下完成。

辛西亞‧卡斯楚‧史維特／務實的科學嚴密性

在數位健康世界裡，有一間公司因為其成果故事的強項而有著超然地位，它就是Omada Health。就在我寫這本書的同時，它們已經發表了11項研究成果在同儕審查期刊上（真的很多產！），並且已經在它們的預防糖尿病產品上進行一個大型隨機對照試驗。它們所從事的創造成果故事已轉化成商業上的成功，Omada號稱是數位健康事業中最高的總募捐資金企業之一，並擁有第一流的客戶。驅使Omada持續進行研究計畫的動力就是辛西亞‧卡斯楚‧史維特博士，我對於要和辛西亞談話充滿興趣，很想知道Omada是如何利用數據資料說出它們的故事，並成為業界領導者。其他團隊可以從辛西亞在Omada的經驗中學到什麼？

▋ 你如何讓既有證據產生重要功效呢？

關於預防糖尿病計畫有非常龐大的文獻探討，但我們需要呈現的是我們特定的產品會做什麼。你可以從最初的糖尿病預防計畫形式中劃出一道界線，到Omada實行這個計畫並呈現在世人面前。藉由製作我們自己的證據，我們逐漸灌輸我們一直具備誠實條件的保證，以及對於讓產品或服務以一種較古老傳統的形式運作的必要元素非常有信心。

產品具備好的設計與完備科學研究是必要的，你或許能用一個非常酷又厲害的產品闖進市場，但你無法有更大的突破，除非你遵循一些保健的傳統規則。如果你用的是具有更傳統形式的東西，並且你將科技革命帶進來時，你仍需要證明你自己，並呈現你的產品能做什麼。

▋ 你如何以產品開發去平衡研究？

我經常用「務實的科學嚴密性」一詞，我的目標是盡可能找到最佳的科學，去

了解不論產品處在哪個階段的所有其他適當的條件。有時候在大家有興趣的時候推出產品是有必要的，即使你還沒對它做要花上好幾年的確認性研究。有許多的行為科學家為了要讓他們的科學一直是最新的，而抑制他們真正的想法，並試著在產品開發時在其他迫切的狀況下混合好的科學方法。

了解我們的產品視野是我工作的一部分，這包括了我們的目標，以及我們的程式鎖定在傳統醫學的基準水平是什麼，還有這些要素會排在何時實行。就產生證據這方面來說，之後我就會知道我能在什麼時候做到什麼事情。

▎ 你如何利用使用者數據資料進行研究？

我們設定的標準讓我們能夠為了產品改良去使用參與者的數據資料，所以我們看的是要去了解他們如何回應不同的產品特性，以及他們用了什麼，還有什麼地方是無法幫助我們改良產品。當我們想要利用他們的數據資料做公開研究或提供證據，我們需要獲得每個層面的同意、允許、數據資料使用，以及分享。我需要呈現我已經完成我的應負責任並獲得許可，以及非常負責任並合乎倫利道德的使用數據資料。為了使用我自己公司的數據資料，我經常使用IRB。我們必須要非常注意有關於我們何時得到許可，以及為了什麼要去使用數據資料。

▎ 科學訊息如何為不同的受眾改變？

我們事實上是為不同的受眾書寫相同的故事，它比較像是為受眾精選並量身打造正確訊息的程序。我們傾向說出我們稱為有力的言論，以及沒有爭議的事實。然後我們的公關、行銷、品牌與創意團隊將會把它們打造成給不同受眾的訊息。之後我們會有另一組團隊成員從每個角度去審視，以確保我們所說的是真的、正確的、適當的，並禁得起仔細審查。

但並不總是只有證據，還有使用者體驗、實行程序、市場行銷 —— 有許多其他

部分是你必須把它們串在一起去說出正確的故事。我們往什麼是最顯著的，以及什麼資訊是我們認為對受眾以及他們所做的決定來說是最容易取得並且是最重要的方向去形塑訊息。

辛西亞‧卡斯楚‧史維特（Cynthia Castro Sweet）是一名健康心理學家以及行為科學家，在加州大學聖地牙哥醫學院取得臨床心理學博士學位後，她專注於從事在人口分散地區改善健康習慣的一系列研究。在2015年加入Omada之前，辛西亞在史丹佛預防研究中心(Stanford Prevention Research Center)服務。她目前是Omada的臨床研究與政策的資深總監。辛西亞在Omada所做的研究聚焦在外界證實他們的程式功效，特別是在他們的旗艦數位程式，糖尿病預防計畫。

03

這是我的生命
做出有意義的選擇

觀點 維克・史崔特／生命的意義

動機是成功的行為改變關鍵。真正重要的不是人們有多少動機，而是什麼樣的動機質量。在行為改變上表現出最高效益，並能隨著時間持續保持的人們，就具備這類的自發性動機，也就是他們產生行為的理由和他們的價值、目標或是特性有所連結。

身為行為改變設計師，你能夠創造為人們帶來價值、目標與特性能夠外顯的產品，才能較容易將他們的行為連結到產品上。你也可以提供人們機會去選擇關於他們要如何去追求行為改變。越多人因為他們的自由意志去選擇一條路徑，他們的完成決心就會越強大。也就是如果開始變得困難的時候，但他知道做出的某個選擇將會讓他更有意願堅持下去。最後是要從一開始就清楚地讓你的使用者知道你的行為改變設計程式將關係到幫助他們做出有根據的選擇，並確保他們的體驗與期望是一致的。

所有權是關鍵

做出富意義的決定的能力是人們能具備的最重要的激發性因子 —— 它支持著自主性的基本心理需求。意義性的決定是從最重要的目標開始，像是選擇去試著在第一時間去改變行為，並以滲透的方式去支持目標，像是如何做到讓改變發生。有一條通則是人們比較可能堅持他們為自己所做的選擇，而不是加諸在他們身上的那種選擇，特別是在這件事相當困難的時候，會非常明顯。

這是為什麼呢？如果某人正試著朝向行為改變的方向前進，並遇到困難，他會需要一個堅持下去的好理由。一個具有個人意義理由的目標將能夠讓他繼續下去。「我的減重應用程式告訴我必須要這麼做」將無法加強人們去克服困難的誘惑。

你可以讓人們藉由加諸一個目標在自己身上去開始做出行為改變，這樣的情況隨時都在發生。有多少人將展開節食或運動計畫做為新年新希望，難道是因為這是他們應該要做的嗎？但如果你想要人們堅持這項改變，他們最終必須要為自己找出做這件事的理由。

讓人們自己做出關於要達到什麼目標的決定是長久持續行為改變的第一步。來

自減壓應用程式Pacifica所提供的範例（見圖3.1），新使用者被要求要說出他們想從使用這個應用程式中達到什麼。一個戒菸的應用程式EasyQuit甚至更加簡化，並邀請使用者為戒菸去整合他們自己的動機清單（見圖3.2）。你或許不需要任何比這些類型的問題更複雜的東西去讓你的使用者思考他們的目標是什麼。

並非所有的選擇都是有意義的，使用者或許理解能夠選擇他們的程式儀表板的顏色，或是他們使用的虛擬化身人物，這些美學類型的選擇並無法獲得任何較深層意義。就行為改變來說，它們就是可有可無。Medisafe所提供的範例（見圖3.3）對使用者來說不是一個讓他想付錢做升級體驗的充滿說服力的理由。更具意義的理由會是讓使用者去選擇如何將服藥行為傳達到照護提供者身上。

圖3.1　Pacifica的使用者被要求敘述使用這個程式想要達到的目標，這是開始使用的程序的一部分。

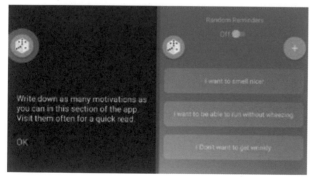

圖3.2　EasyQuit要求使用者為戒菸去整合他們自己的動機清單，並在之後提供隨機將這些理由寄出去給使用者做為提醒功能的選擇。

Happify的新使用者被給予他們的帳戶可設為「個人模式」（Private Mode）或是「共用模式」（Community Mode）的選擇就很有意義（見圖3.4）。有些人認為行為改變是很個人的，並偏向只對核心人士分享他們的活動，而其他人則擅長在社會支持下進行活動。讓使用者在他們的一開始體驗就以Happify的標示表達他們的偏好，讓他們在使用產品時，同時也擁有自主性。

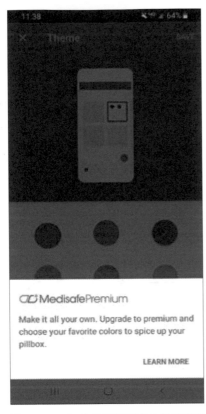

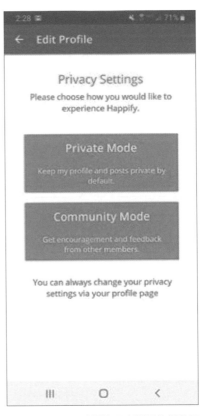

圖3.3　Medisafe給使用者去升級的價值提議方案是能夠將應用程式的外觀個人化。

圖3.4　Happify讓新使用者選擇他們是要讓他們的活動情形讓其他人看到，做為支持與鼓勵，或是他們想要維持個人模式。

真正重要的是……

有意義的選擇經常是從人們的核心價值與優先考慮的事情；身為產品設計師，你可以幫助人們思考什麼是對他們真正重要的，並將他們的價值與行為改變兩者之間連接在一起。因為不是每個人都能深度反映出他們所在乎的事，你也要以經過思考的問題、提醒或是活動去挖出他們認為重要的事。

產品經理有時候會使用一種所謂的「階梯式問題」（Question Laddering）技巧

去了解真正重要的產品特性是什麼。這個概念是不要只有接受某一個必要特性，產品經理要問「為什麼它是必要的？」。他們要一直問「為什麼」，直到再也沒有其他方式去破解答案。這讓他們能夠找出需要的產品特性的真正根本目的，所以他們能夠有創意地思考出關於達到目標的正確方式，而不是草率地實行只被要求要做的東西。

你可以使用相同的階梯式問題技巧去幫助你的使用者思考關於他們的目標為什麼對他們如此重要。使用者對關於他們的目標的第一個回答可能是非常策略性的。對你來說，聽到他們為了要減重而正在使用減重應用程式並沒有用。你真正在意的是「為什麼」他們要減重，是為了要加強自尊嗎？還是為了要增加體力好去應付吵鬧的小孩？或是要擊退自己的健康危機呢？

關於對你的使用者來說真正重要的事的對話，可能看起來會像Noom這個應用程式幫助新使用者建立他們的目標，見圖3.5。

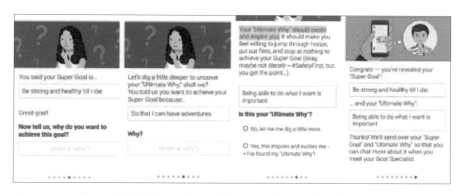

圖3.5　Noom的使用者敘述關於他們的目標之後，這個應用程式會要求他們更往下挖掘，直到他們找到為什麼這個目標對他們如此重要的根本理由。

無所謂……我做我想做的事

人們體驗他們「想要」做的事和他們「必須要」做的事情是截然不同的，即使這兩者的體驗活動還蠻類似的。還記得臉書遊戲Farmville在2010年風靡全國嗎？在它的最顛峰時期，每天幾乎有8400萬人登入去犁他們的田地。他們做的是執行

基本的農業維持工作，像是收成作物讓玩家賺到經驗值點數，以及讓他們能夠擴充農地的遊戲貨幣（見圖3.6）。要得到這些的代價當然是要做更多的農務。

圖3.6　Farmville玩家樂於每天登入遊戲去清理他們田地的垃圾，並讓他們的金庫裡裝滿農業幣（Farm Bucks）。

對照一個每天早上去辦公室的上班族，並開機電腦檢查試算表，執行像是更新收入規劃的基本會計維持工作，也會讓這名員工賺取他的薪水。雖然這名上班族可能每天都會進公司，但他並不會對工作內容特別感到興奮，而且會在大部分的上班日不斷地看是否到了可以下班回家的時間。

Farmville遊戲和工作有許多共同點，它們都需要每天付出，去完成冗長乏味且有時極度無趣的工作，並且它們是沒有辦法讓你「獲勝」的遊戲，一直都會有其他事情要做。但是人們對Farmville異常的投入，並從玩這個遊戲中獲得樂趣，有許多廣泛的證據顯示許多美國的工作者是被指派去做他們的工作。如果是由人們以自己的原因理由去選擇做什麼事情，是不是更有趣呢？

附註：綠花菜或菠菜？

挑食者計畫（The Picky Eater Project）是一個六星期的程式，幫助父母能夠讓挑食的孩子接觸到更多健康食物。這個程式裡的其中一個策略是讓

孩子參與購買食材以及備料，這個程式的創造者發現孩子如果參與將食材化為餐桌料理的過程會更樂意嘗試食物；即使食物的選擇是有限制的 —— 像是孩子們是在小農市集買菜，不是在糖果店 —— 這提供了導致更具影響性的行為表現選擇。

設計師的困境

這裡有一個本身就存在的問題，就是把使用者的自主權設為優先。設計師在對關於他們的使用者決定要做什麼時，很少人真的是不可知論者。他們具有被賦予不須經過他人就可做出一套特殊選擇。他們產品的成功與否取決於使用者所做的某些事，不論是花自己的錢在產品上，或是達成一個會讓第三方花錢的行為成果。

把使用者的自主性放在第一順位去做設計，真的非常不簡單，因為這意味著能接受使用者不會照著設計師想的去做，或是需要使用者們去做的可能性。這感覺很可怕，但沒有關係。

為使用者自主性做設計是玩一場漫長的遊戲，如果你讓使用者透過你產品中的支配力量或欺騙手段而做出「正確」選擇，你是可以達到短期的成果。大部分的公式規則不會即時告訴你是否已經失去使用者對你的信任。這樣的課題在未來會出現，到那時，浮現的問題或許已無法解決；你將發現你已經激怒了之前的使用者，而他們已經只想叫他們的朋友不要使用你的產品。有可能更糟的是，你會碰到試著做出行為改變，但卻無法堅持下去的人們，他們有可能不會再次嘗試。

可以考慮自動訂閱更新功能，這是仰賴人們對細節的健忘與粗心，而能夠從中持續獲得收益的作法。想當然耳，你可以將更新資訊完全掩埋在小字體印刷品中，好讓你能夠持續幾個月，甚至是幾年，都收到款項，直到某人真的完全停用你的產品。但當某人真的仔細審視他的信用卡帳單時，發現自己付了多少錢給你，相對於自己從中獲得多少價值時，會有什麼感覺？

這感覺十分糟糕。

這並不表示這些類型的自動更新通常都是不好的，它們對像保險或是網路計畫這樣的產品來說，可以是極度便利的。但是關鍵在於使用者應該要清楚他們的費用會循環，並明確地同意這麼做。如果他們改變心意，提供更新對他們來說應該也要相對簡單。

為使用者的自主權做設計是很可怕的，但如果因為你對他們的自主權不尊重而讓他們永遠不碰你的產品則更恐怖。

一條通往改變的透明道路

自由地做出有意義的決定，部分是要了解那個決定涉及了什麼，讓人們能夠認同不好的事情，如果他們相信這將會幫助他們達成他們所重視的某件事情。去思考關於要如何做到減重，人們會願意去做以下幾件事：

- 站在體重計上，並對所呈現的數字感覺很糟
- 忽視肚子咕嚕叫的聲音，並超想來個美味的杯子蛋糕的念頭
- 一直運動他們的身體，直到汗水濕透整件衣服，需要沖澡，並且隔天痠痛一整天
- 放棄酒吧的歡樂時光，改去汗臭味瀰漫的健身房

我們從某個面向來看，減重的機制真的都很不愉快；但人們還是會去做，甚至最後會從中獲得樂趣，原因就是他們相信這些行為將會帶到他們重視的成果。

如何不去引誘使用者上鉤

假設你想減重，並上網搜尋「最佳減重應用程式」，頁面最上方出現的結果是一個你從沒聽過的程式：尼克醫師的魔法減重（Dr. Nick's Magic Diet）。這位尼克醫生看起來有點不老實，但他保證只要一個簡單步驟就會有成效；然後你就加入了。

你填入報名「尼克醫師的魔法減重」的所有必需資料：你的生日、地址、身高、體重、你的健康目標、健康狀況背景，以及最後、也是最重要的：你的信用卡號。在每一個步驟的過程中，程式會鼓勵你：你幾乎要達成了！只要再幾步，你就會收到你需要減重的一個簡單步驟了！

你終於來到登入步驟的終點，並看到銀幕上有一個又大又閃的按鍵顯示「尼克醫生的一個簡單步驟」；你超興奮的，心想「這就是了！」，一個達到你夢寐以求身形的簡單秘密步驟。你按下去，按鍵逐漸從銀幕消失，步驟出現了：

> 你已經藉由加入「尼克醫師的魔法減重」完成一個減重的簡單步驟。現在我們將開始改變你的飲食，並讓你參與一項運動計畫，還有審視其他你能改變的習慣。

等等！你保證的一個簡單步驟，怎麼變成其實有十六個沒那麼簡單的步驟躲在後面。你氣壞了，覺得這個程式是個笑話，你要如何把錢拿回來？

這個例子是杜撰的，但在數位產品的通則裡則是出乎意料地雷同。設計師並沒有在前面就對使用者說明清楚他們藉由登錄一個程式，或使用一個產品所投入的東西是什麼。這意味著使用者沒有機會去衡量參與的優缺點，他們沒有辦法做出一個關於他們願意忍受阻礙以獲得產品的優點的清楚決定。這也表示他們不太可能會堅持到底。

說出全部實情

行為改變是很困難的，而且大部分的人都知道。如果目標對他們來說很重要，他們通常願意承受一些困難。身為一名設計師，你的工作就是要誠實面對關於你所建立的體驗裡的困難障礙是什麼樣子；這會讓不願意做出特定犧牲的使用者有機會先行離開，而覺得這個交易是合理的其他人將會繼續往前進。

身為設計師，你或許不會總是知道你的行為改變設計面向對一名特定使用者來說，哪些是正面，又哪些是負面的。使用者會有自己的偏好與優先順位，有些使用者可能喜歡說戒就戒的戒菸方式，而也有其他人偏好使用尼古丁替代療法。有些人或許討厭一個有社交功能的程式，而其他人則樂於分享他們的進步。當你描述你的行為改變程式涉及了什麼時，一定要保持真實性。你的使用者能夠為自己

圖3.7　Sweatcoin會因為你的外出步數
而付你錢，要注意的是它不會告訴你它付
你的是何種貨幣。

圖3.8　銀幕中央顯示你今天與目前為止
賺了多少錢，兩種數字。

決定你所描述的體驗是否就是他們想嘗試
的。

　　當設計師無法完整明確地表達事實時，他
們往往不會說太多關於他們的程式所包含的
內容。以應用程式Sweatcoin為例，它是一
個身體運動程式，藉由計算外出步數並將這
些步數轉化成貨幣。這個解說和它們在官網
上所敘述的內容差不多（見圖3.7）。

　　在你開始使用Sweatcoin後，你會在首頁
銀幕的中央看到你當日賺到多少錢，而你的
結餘則是在銀幕底部（見圖3.8）。

　　對我而言，不明顯的地方是直到我使用
Sweatcoin的第二天或第三天我才知道它付
我的錢不是美金，而是Sweatcoin自己的貨
幣。這種貨幣可以在應用程式裡的市場區中
兌換物品，甚至在你通過收入門檻後能夠換
取真正的金錢，但它們在當地購物中心是完
全無法使用的。

　　說白了，Sweatcoin從來沒說過會付你
美金。如果你在產品首頁往下拉，就在主
要訊息下方，它們很清楚地告訴你關於
Sweatcoin貨幣。但就像許多使用者，我並
沒有在一開始在銀幕上方顯示的巨大「立即
行動」標示後繼續往下拉。並且你可能會像
我一樣，因為只瞥過一眼，或沒仔細看，而
把它的貨幣標誌錯認成設計過的美金標誌。
這個對我來說應該是很明顯的重要訊息，但
它用了狡猾的方式告知，讓我忽略它，但我
是靠研究這種類型的程式過活維生的啊！

要對你的使用者（或是未來的潛在使用者）開誠布公你的產品是什麼，以及使用起來的感覺是什麼。你會發現有少數人會開始使用，但這些會使用的少數人是有可能隨著時間過去，仍會繼續和你堅持下去的人。

按照規則走

一旦使用者登錄你的程式，提供一個和他們的期望一致的體驗是非常重要的。如果你承諾他們會一帆風順，但卻讓他們立刻面臨挑戰與困難，他們會有被背叛的感受。他們不僅會對進行這些挑戰感到質疑，也會對你的產品產生負面觀感，覺得如果知道要加入的條件是這樣，就不會在這裡了。

設計師經常會因為要讓產品看起來對使用者是更愉快的而捏造事實。他們可能會有以下的根本原因：

圖3.9 應用程式Stash說它們會問你五個問題，為你提供一個投資組合，但實際上有十個問題。

- 如果人們是用這個程式，他們會非常喜歡並願意升級成付費版本，是可以直到他們上鉤後才告訴他們這是要收費的。

- 我知道這對使用者是最好的，我也知道如果我告訴他們需要做什麼時，他們是不會做的。如果我能讓他們在正確的軌道上開始，我就能說服他們。

- 這真的是一個很簡短的調查，我會說這裡有五個問題，即使實際上有十個；但五個聽起來比較好，因為它還是非常簡短，所以沒有人會在意。（見圖3.9，這個程式完全就是如法炮製）

這個產品的設計師決定以更愉悅的經驗呈現給他們的使用者，所以他們實際傳達的內容也不會令人討厭。他們就是試著要讓人們使用他們的產品，並期望有效。但這沒有效益，請不要這樣做。

給人們一個出口

　　如果你在一個沒有蒸氣閥的受壓容器中將水加熱，它最後會爆炸。同樣地，如果你反覆地將你的使用者逼到他們沒有機會說不行，他們最終會離開你的產品（並且還可能會向所有的朋友們說產品的壞話）。不同於電影《教父》裡的柯里昂老爺，行為改變設計師不應該提出人們無法拒絕的提議。當使用者無法退出時，他們的自主權就無法獲得支持；當沒有一個方法能讓他們退出不想做的決定時，人們將會做出最終結束：他們會完全停止使用你的產品。

　　就大部分來說，行為改變設計師需要和他們的使用者建立一種持續的關係，以達成他們產品的目標。藉由一個動作去關注使用者，導致他們不開心是適得其反的，如果使用者無法在這之後持續使用產品。如果有一種行動並不是真的有必要存在於讓行為改變程式作用，就從少數選項中去做選擇，或者就如他們所願完全去除。

　　讓人們退出或許會覺得很可怕，但根據臨床證據顯示，這可以為之後的行動播下希望種子。有一個來自動機面談的名為「用阻力前進」（rolling with resistance）的技巧，這和認同人們的負面言論有關。「或許你是對的，戒菸根本一點意義也沒有。」人類大腦傳送要去對抗這些類型的言論，所以有時候會讓人們有不同的想法。「等等！如果我想戒我就能戒掉！」

或許稍後再說

　　有時候人們並沒有準備要做出特定的行為改變步驟，一般好的做法是尊重人們的預備程度。行為改變通常涉及數個步驟，如果你的使用者準備好做第三步驟，那就提供第三步驟給他，並給他一些第四步驟的資訊，讓他能夠思考關於整個過程的下個部分。談論關於第八步驟有可能會太過，並不會有幫助。

　　你不會一直知道你的使用者們準備好要嘗試什麼，所以考慮提供他們一個機會，讓一個行動延後執行，而不是單純地讓他們退出。如果他們退出，就可能會錯過去嘗試他們之後準備好去做的一個行為。一個「或許稍後再說」的選項也會

幫助你的設計團隊了解使用者並沒有真的拒絕那個選項,而是這個選項對他們而言或許出現在不對的時間點。

一個在使用程式23andMe出現的「或許稍後再說」的範例,是看到一些遺傳報告,這有可能會讓使用者很不高興(見圖3.10)。這些報告涉及嚴重疾病的遺傳傾向,不做只呈現使用者在這些面向上的結果,以及採用相同方法揭露關於使用者的髮質與耳屎類型的資訊,23andMe要他們選擇現在、過一陣子,或是永遠不看這些報告。如果使用者選擇要看報告,在能看報告前,他們得要完成一個關於如何解讀結果的快速學習模式。這個設計是要呈現對使用者來說,有可能是困難的資訊,只有在他們準備好,並對他們需要了解的訊息做準備時會使用。

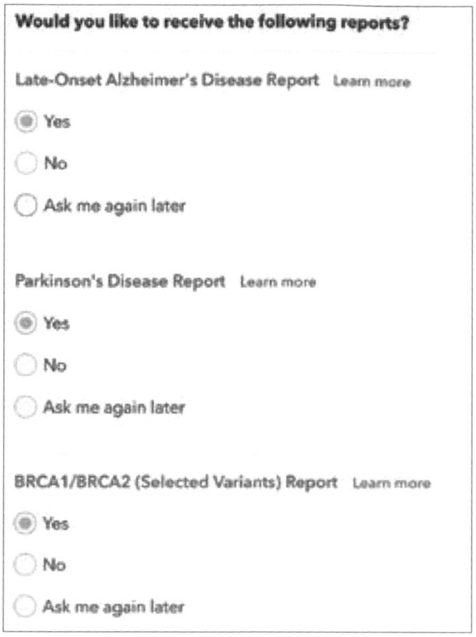

Would you like to receive the following reports?

Late-Onset Alzheimer's Disease Report Learn more
- ◉ Yes
- ○ No
- ○ Ask me again later

Parkinson's Disease Report Learn more
- ◉ Yes
- ○ No
- ○ Ask me again later

BRCA1/BRCA2 (Selected Variants) Report Learn more
- ◉ Yes
- ○ No
- ○ Ask me again later

圖3.10 23andMe的使用者可以選擇延後看到某些遺傳分析結果,如果他們現在覺得沒有準備好,或是沒興趣。

請開三號門

另一個提供人們出口的方式是給他們選項。任何時間某人從數個選項中挑出一個時,他們很明確地對他們沒有選的選項說不。多重選項結構讓人們在不用說不的方式中說不。

可以將應用程式Noom做為範例,Noom具備生活教練功能,也是程

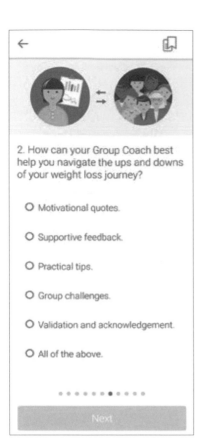

圖3.11　Noom使用者能夠藉由選擇不同選項而明確地拒絕來自教練的某種形式的鼓勵。

式的一部分。在開始使用期間，應用程式要求使用者指出他們較喜歡的教練類型來鼓勵他們（見圖3.11）。如果一名使用者只選擇「確認與回覆」選項，表示他很明確地告訴教練不要寄激勵話語。

當真的沒有選擇的時候

如果某件事情真的是一個程式的成功關鍵，提供對使用者而言是容易達成的根本原因。有一些範例包括：

- 一個教授編預算行為的程式會要求使用者在一開始的策略出現之前輸入財務細節。

- 一個遺傳風險的健康評估需要使用者在能提供任何資訊之前呈交唾液樣本。

- 一個提供給從重大傷害中康復的人們的運動程式，需要使用者的醫師許可，以確定它是合適的，在能開始使用之前。

有些行為改變程式需要使用者具備除了電腦、平板或電話以外的特殊硬體設備。Garmin Connect只有在你使用至少一項Garmin設備的條件下才會有作用；Shapa則需要你踏上Shapa的體重計；以及ICAROS Home的「個人行動虛擬實境系統」則需要一付耳機、大的健身架，並且願意讓自己看起來非常蠢（見圖3.12）。

圖3.12 The Verge 網站稱用 ICARO Home 健身是「一種介於虛擬實境跳傘與棒式撐舉的動作」。如果你想嘗試這個應用程式，你就要有心理準備會噴好幾千美元在硬體設備上。

和真正重要的東西一致的選擇

另一個幫助人們做出決定的策略是強調選項是如何和人們的價值與目標一致與否。一般來說，人們將發現一個更具吸引力的選項是能反映出他們所在意的事。

你可能記得在 Psychological 101 中知道關於認知失調，當人們做出特定行為或是出現一種態度是和他們的價值不一致，並且他們也知道時，就覺得很糟。這種感覺就像抓不到癢處，完全無法處理。**我明明就是個誠實的人……但為何會說出這樣的謊話？**人們在自己的態度、信念，以及行為能夠和自己的目標與價值和諧共存時覺得舒服自在。

大部分的人不喜歡經歷情緒不適，當情緒、信念、行為、目標與價值之間出現不一致時，他們就會改變其中一個元素以恢復原本的和諧狀態。

> ### 秘訣：價值是固定的錨
>
> 改變態度、信仰或行為要比改變價值或極富意義的個人目標要容易許多。
> 這意味著你可以使用那些價值與目標作為行動點數，以激勵行為改變。

讓人們了解他們的行為是如何無法支持他們的價值或目標是需要熟練的能力，如果你很直接地告訴某人他們的行為沒有和價值一致，他們有可能會生氣。如果你很幸運，他們就只會停止聽你說，而不是公然的勃然大怒。除非你和某人有一個親密又私人的關係，不然你是無法大步走向他們，並指著他們的鼻子說你真虛偽。

以下是處理這種情形的幾個好方法。

動機面談

動機面談提供我們一個能夠溫和地指出在人們的信仰、態度、行為，以及他們重視的事物之間的不一致性的對話工具。這是一個臨床技術，但能很有效地應用在各種情況。最棒的是，你可以在數位產品中取得它的語言，就如同面對面的互動。[1]

我想將動機面談當成「對話柔道」來提，在武術中，你不會像利用另一個人的力量那樣讓自己花太多力氣。同樣地，動機面談是關於讓一個人的價值發聲，以及他們經歷的任何不一致性，並讓另一個人去做回應。見圖3.13，來自應用程式 Change Talk，是教授醫療專業人員動機面談技巧。

當你使用動機面談時，你不會去和某人爭論，或試著對他說服關於你的看法。你就只要提出這個不一致性並要求他做出回應，以下是使用動機面談的範例對話，可能看起來像在一個戒菸程式裡（是的，有些較新的對話媒介科技能夠處理這類對話！）。

程式：凱文，謝謝你完成你的個人資料輸入，我們能夠利用這個資訊去幫助開發出一個適合你的戒菸計畫。要特別提出來的一件事是你有三個孩子，並且你說陪伴他們是你的優先考量之一。能夠請你思考關於要如何在抽菸與有體力去關注你的孩子間取得平衡呢？

現在凱文可能讀到這裡，並告訴這個程式走開，而這是會發生的。但也有可能

1　研究指出，動機面談是面對面指導的最有效方式，但在數位介入工具中使用這些方法是能夠立即從參與者中改變談話。在數位形式中，你是從動機面談中借用工具，而不是大規模地去實做。

圖3.13　Change Talk教授醫療專業人士能夠激勵病人的談話技巧，是藉由反映他們的價值與讓他們的行為裡的不一致性共存。這個銀幕裡所呈現的範例是一名母親不願意限制她的過重兒子喝汽水的量。

發生的是這個念頭會開始逐漸進入凱文的腦子裡，成為他搔不到的癢處。這個問題已經在凱文的心中產生質疑，並逐漸地讓他覺得越來越不舒服。

那麼接下來會如何呢？凱文會試著減少他的不適感，會將身為一名父親的重要性輕描淡寫帶過的一個選項是他的共同監護人與他的孩子們都希望他不要做。另一個則是嚴格認真地戒菸，雖然真的非常困難，卻比拋棄他的價值來的容易許多。

你能做些什麼去把動機面談的對話柔道注入到你的數位程式裡呢？以下是幾個方法：

- **運用浮誇的問題**：因為動機面談不是爭論，因此你讓人們在做好準備的情況下所做出的回應就不是很重要。說出不一致性並提出像是「你如何解釋這兩件事情都是真的？」的問題就成立。

- **避免強制性的語言**：當你和人對抗時，他們經常是以加倍奉還的方式回應。這是對威脅的自然反應，所以不要告訴他們「應該」或「需要」做什麼。

- **不要告訴人們他們是錯的，或是針對他們妄下評斷**：不要告訴凱文他是一名

很糟糕的父親，因為你根本就沒有做出這樣評論的基礎，而這只會讓他整個封閉起來，拒絕做出任何嘗試。

- **在你了解你的使用者是什麼樣的人的過程中，要求他們告訴你關於他們的價值與個人目標：** 即使是一個極不清楚的訊息，都能給你一些可用的東西。一旦你得到一些反饋，你可以反射給人們，關於他們的價值你了解到了什麼，特別是你要一起去做改變，處於並列位置的行為。

- **號召人類普世價值：** 研究顯示，跨文化、年齡，以及其他族群，有著人們極度重視的核心事物。這些核心事物包括了社會、家庭，以及自然世界。如果你並不熟悉關於你的每一位使用者，那就尋找他們可能投射出的價值，並一併思考他們的行為。即使凱文未曾告訴過你當父親的感覺，但他想當一名好爸爸是一個蠻聰明合理的猜測。

動機面談的終極目標之一是改變的談話是來自於想要做出改變的人，而不是顧問或專家。所以要克制自己對使用者說謊的念頭與行為，而是要去思考如何創造對話式的線索，並能沿路帶著他們抵達他們所要的結果。

帶有選擇的價值套組

複雜的選擇可以藉由人們所支持的價值去描述它們而簡化，這和電子商務網站告訴你「買了這個東西的其他人也買了這三個商品」很類似，價值並列套組說：「特別在意這個的人們藉由做出這個決定而得到支持。」

有一個範例是來自Stash，它是會做這件事的產品，這個應用程式的目的是要藉由讓人們不排斥，甚至喜愛上投資，去改變人們的金錢管理行為。現在使用者能夠完成一個小測試以看出在他們的投資中，他們最重視的是什麼（見圖3.14）。混著像是「社會責任」以及「環境」的個人價值的選項，和其他像是「股息」這種較為傳統的投資特質。然後Stash建議投資資金需和選擇出的價值一致（見圖3.15）。

或者使用者可以藉由他們支持這些價值的原因去瀏覽投資商品（見圖3.16）。所謂以價值為基礎的決定就是去重新整理那些對完全沒有投資背景的人來說，是十分複雜的選擇，Stash簡化了這些決定過程，並去除投資障礙。

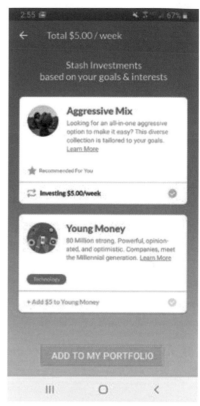

圖3.14　Stash 在推薦特定投資商品前，會讓使用者指出哪些對他們是重要的。

圖3.15　在 Stash 知道使用者重視的是什麼之後，它會推薦幾個和這些價值一致的基金選項。

圖3.16　使用者也可以瀏覽Stash的基金推薦，並去選擇支持他們的核心價值的投資項目。

利用選擇去反映價值

　　有時候人們喜歡投入在一個稱為「虛擬信號」的情境裡。這個是他們公然的做出會讓自己看起來加分的事情，像是到家後就立刻在社群媒體中放了自己跑步細節的貼文，這可以說是關於自己健康的虛擬信號。

　　「虛擬信號」一詞指的是一種表演元素，或是缺乏真誠性，但人們會想宣傳自己的正面特質是有原因的；因為會想向他人呈現自己的價值。他們相信自己所珍視的東西是好的，而當他們做出會表現出他們的價值的事情時，他們也會期待他人將會以正面的眼光去看他們。所以分享和價值相符的證明會讓人們覺得有所獲得。讓使用者分享和他們的價值相關成果的行為改變程式會強化他們的決定。

　　有一個來自NOAA星球管理人員教育計畫（Planet Stewards Education Project，簡稱PSEP），培訓教授關於永續性，以及鼓勵學生做環保的老師。其中一個訓練計畫是客製化學習遊戲，在這裡使用者可以專注在特定領域，像是氣候、海洋、乾淨水，以及海岸。當學習者完成活動時，他們能夠獲得數位徽章去增加他們的線上資歷，這是會顯示出他們的成果（見圖3.17）。這些徽章具有提供資格以及呈現那個人所重視的東西兩種用途。

圖3.17　NOAA的PSEP徽章反映的不只是學習者的成果，還有他們所重視的東西。

不要過分投入

　　要成功地讓使用者同時去思考他們的價值以及行為是需要熟練的技巧，如果你一下子用的力道太強，人們會感到憤怒或是覺得被操控。

你曾在一個網站上瀏覽時，結果因為突然跳出一個畫面問你的電子信箱而被打斷嗎？越來越多的這些跳出畫面包含了一種價值提議，是要讓註冊網站的電郵名單更吸引人。

這裡有一個案例是設計師誤用了一個根植於行為改變原則中的策略，這些跳出畫面試著要做的是讓使用者了解註冊電郵名單是和他們所重視的東西一致，所以他們應該要去做。他們漏掉的是一個罕見的情形，那就是一個有意義的價值是完全由包含在行銷數據資料裡。思考

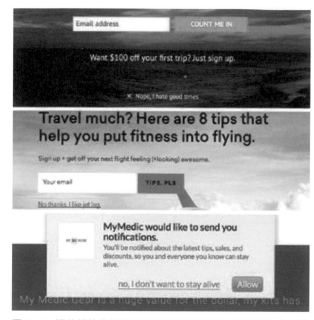

圖3.18　這些網站的註冊紀錄分別提供了旅遊交易即時訊息、旅遊小妙招，以及消費者急救組。我真的認為它們提供的所有東西都很好，但這個畫面真的太超過了。

圖3.18的範例，這些價值提議中有幾個會真正讓你考慮分享你的電郵地址，讓你覺得因為如此做，能幫助你達到一個充滿意義的個人目標呢？

對價值一致性過分壓制的話會產生反效果，你的使用者都是聰明人；你可以省略那些關於生活目的與個人目標的沉重話題，直到真正需要的時刻再談。

結論：讓事物化為選擇

這章大部分都聚焦在如何提供使用者有意義的選擇，特別的是，使用者必須能在行為改變的旅程中，有能力表達他們的個人價值與目標。當機會來臨時，行為改變設計師應該要審視和那些價值與目標一致的行為，或強調這些行為、價值，以及目標是如何彼此環環相扣。在使用者的行為與他們最重視的事物間維持一個

強健的連結，將能讓行為改變隨著時間仍能持續。

　　將選項放在使用者面前並看著奇蹟發生當然不是一件容易的事，人們經常需要幫助與支援為自己的目標做出正確的選擇。你將在下一章學習到關於如何設計出一種體驗，是幫助人們能做出支持他們所重視的價值的好選擇。

維克‧史崔特／生命的意義

如果沒有維克‧史崔特，你現在或許就沒辦法讀到這本書；我的第一份行為改變設計工作就是在維克所創立的公司，名為 HealthMedia。我發現我生來就是要做 HealthMedia 的數位醫療訓練產品，我也知道關於生命目標可以是一條通往改變的道路，這也是維克的專業與他個人專注的主題。

當維克的 19 歲女兒茉莉亞因罕見心臟病去世時，他了解在一場悲劇發生之後的目標價值。在他經過悲傷尋找前進的方向，他了解目標具有變化的力量，但這在醫療行為改變的對話中卻完全被忽略。在 2015 年，維克創立 Kumanu，是為了要幫助人們能夠真正地和他們的目標做連結，並利用它在他們的生命中做出充滿力量的正向改變。

█ 你是如何讓一個複雜的想法變得像是一個可達成的目標？

在這之前會先有一個較簡單的問題，可以先從像是「當你在最好狀態時是什麼樣子呢？」、「哪些事情是最重要的呢？」、「誰在依賴你？」這些問題開始。你看你的手機桌面有什麼，通常我們會在那裏展示對我們來說非常重要的東西。或者你也可以試試「墓誌銘測試」：你會想刻什麼在你的墓碑上？你會想要人們記住你什麼？或是說那些關於你的事？

這是一個隨著時間經過的過程，過一段日子就提出存在的，並富思考性的問題，並在 8-10 天後開始詢問關於人們的目標，並讓他們去精進這些目標。你可以持續用這種方式建立出一個更真切的目標。

█ 一旦人們有了目標，會如何反應在行為上呢？

如果充滿目標意味著將你的最佳狀態應用在最重要的事物上，那麼你會怎麼活呢？你要如何成為最好的自己呢？

這會成為我們開始影響一個人的基礎，尼采曾說：「如果你存在一個疑問，你就能做到任何事情。」

我要求人們去思考當他們在最佳狀態時是什麼樣子，我自己的最佳狀態就是沉穩鎮定，而我的部分目標就是我要對我的員工表現出沉著穩重。就這件事來說，沉著穩重成為我的活動目標。Kumanu公司的Purposeful應用程式就會集結這些建議，讓我養成一些能幫助我達成這個目標的小習慣，有可能是透過靜坐冥想以及正念訓練、體能活動，或是吃一整天的東西。Purposeful能做許多事情去幫助一個人日復一日，持續地變成最好的自己。我們利用機器學習開始辨識似乎能在人們身上產生作用，並持續變得更聰明的事情。電影串流平台Netflix就使用機器去了解你喜歡什麼樣的電影。Purposeful使用機器去了解如何幫助你成為一個更好的人。

▌目標是如何改變大腦呢？

具備目標性的想法能刺激大腦中的腹內側前額葉皮質(ventral medial prefrontal cortex)，這個部位和認知有關。杏仁體(amygdala)是我們大腦的怪異部位，因為它和恐懼與攻擊有關。當我們沒有透過的目標性思考中自我肯定去試著幫助人們在他們的生活中做出改變時，他們經常會出現防禦性的反應。杏仁體經常會跳出來，然後你就會困在恐懼與攻擊的情緒裡。然而杏仁體是由腹內側前額葉皮質所控制，所以目標性思考是一個開始減少對改變的防禦性的極佳演練，並且對於你所要變成的人有著很深的關係。

我們最近做的一個研究也呈現出有著很強目標性的人們，他們的背側前扣帶迴(dorsal anterior cingulate cortex)的活動力較少，大腦的這個部位和衝突有關。它會在你有「我的老天！我應該和孩子們一起玩，還是這是非常老派的行為？」這樣的想法時變得更活躍。如果你有較強的目標，你就比較不會覺得衝突。你就知道要做什麼了。

▌人們需要多久時間訓練自己活得有目標呢？

去思考關於自助，以及自助的真正意義是什麼。如果他們真的非常投入一個自助計畫，那他們就能夠離開你的應用程式。他們在離開你的應用程式時應該已經轉變成一個進步的個體，成為一名有著自我決心的問題解決者，並能夠自我管理，不再需要你的幫助。這就是絕佳的自助！

我真的認為一個理想的程式是一個人使用後感覺到進步，並有「哇！這個應用程式真不錯，但我是完全靠自己做到的。」所以改變的屬性事實上是內部的，而不是外在的。我認為有一些最佳的自助程式，你甚至不需要將你的成功歸因在它們身上。有些人偶爾才使用我們的應用程式，但卻收穫滿滿。而證據就在體驗過程中出現。人們在他們的生命中做過有意義的改變嗎？不論這些改變是否歸因於你，但這很重要嗎？

維克·史崔特（Vic Strecher, Ph.D., M.P.H.）是密西根大學的公衛學院教授，以及Kumanu的創辦人與執行長。在這之前，他創辦了HealthMedia，並在2008年被嬌生集團收購。Vic有數本著作，包括*Life On Purpose: How living for What Matters Most Changes Everything*，以及*On Purpose: Lessons in Life and Health from the Frog, the Dung Beetle and Julia*。

04

選擇的武器

較容易做出決定

+ 為什麼選擇如此困難
+ 較容易做選擇
+ 選擇不是一種武器
+ 結論：保持簡單

在上一章你學到在使用者的行為改變旅程中，提供他們有意義的選擇是很重要的。你將在這章學到如何建構那些選擇，好讓人們較容易做出最終能支持他們的目標的好選擇。

事實是人們在現實生活中並不擅長做決定，他們的有限智慧以及短暫的專注持續力都讓他們在過濾資訊，並將它們變得有邏輯性十分困難。大腦所建立起處理這類議題的捷徑並不完美，並且會把人們帶到一個會做錯誤判斷的可預測模式。人們也會覺得自己常在理智與情感間糾結，當他們最想做的事並不是他們為了要達到目標所應該做的事。決定並不只是邏輯上的必然結果，它們也會影響感覺。

更糟的是，有一些設計師刻意地會對這個人類做決定上的瑕疵佔便宜，逼迫人們去採取特定的行動步驟。不論是提供一個好到不可思議的成功率，但卻用極小字體告訴你昂貴的每月訂購價格；或是刻意地用許多正向語言堆疊出一個選項，但卻讓做決定者產生偏見。設計師有各種技巧去刺激他們的使用者走到一個選項的特定道路，對有效的行為改變來說，這個情形在人們使用你的產品後甚至會更強烈明顯，所以欺騙絕對不是好方法！

相反地，你可以設計出一種體驗，是能夠同時提供人們關於他們選擇的正確資訊，並幫助他們從中選擇出和他們的目標一致的選項。你一旦了解為什麼選擇對人們來說如此困難，你就能夠利用你的設計讓做決定這個行為容易一些。

在這個過程中，你將會做出對你的使用者有益的事，引導人們做出較佳決定會讓他們開心許多。研究顯示，快樂至少有部分是由人們所關注的事情中所決定。如果他們關注在生命的正向性，他們就越有可能覺得快樂。設計師能夠建立一個聚焦在好的事情上面的選擇架構，這個架構是他們用來打造在行為改變中注入多一點快樂，同時帶領人們朝向他們的行為改變目標。

為什麼選擇如此困難

你知道提供人們選擇會幫助他們做出長期行為改變，但只是提供他們一堆選項有可能會達到反效果。人們需要一些導引以及架構才能做出一個好決定。設計出一個提供人們機會去選擇並讓他們較容易做出好決定的體驗，是需要了解人們為

什麼在第一時間對決定的反應處理如此糟糕的原因。

秘訣：何謂「好的決定」？

當我用「好的決定」一詞時，我指的是三件事情。一個好的決定是：

- 幫助一個人離他們的目標越來越近
- 是由最相關的可得資訊所組成
- 是以當事人最在乎的優先順位為基礎

一個好的決定可以不需要去考量100%相關資訊組成內容，如果這個人有取得資訊的正確子集的管道去滿足他們的優先順位。一個好的決定可能是以合理性為基礎，或者是本能直覺的結果。重要的是這個人做出決定時，對背後的理由感到滿意。然而，有可能會發生的是，一個好的決定並不一定是你會為你的使用者或你自己所做的那個選擇。

優柔寡斷

多樣性是生活的調劑，對吧？其實並不是一直都是如此。太多選項會讓人們很難做出決定。更多決定選項意味著心理上要消化更多資訊，以及選擇錯誤選項的更高風險。所以人們會愣住，這個在面臨許多選項而無法做出決定的狀態，有時候我們稱為「優柔寡斷」，或是「選擇的矛盾」。

在許多研究中，研究者曾看過提供選擇的許多選項，而人們無法做出任何決定。一個數位版本的選項超載的類似範例是網路串流平台——網飛（Netflix）（見圖4.1）。有時候是要花較長時間去找要看的某個影片，而不是去找出已決定要看的影片。

雖然這可能看起來正好相反，但當使用者被要求要在他們的行為改變過程中做出決定時，這卻能幫助他們有「較少」選項，而不是更多。過多選項可能會讓人們受不了，他們會覺得自己沒有控制權，或是他們覺得自己「一定」要從幾千個選項裡選出一個最完美的。這些感覺都是自主性支持的相對阻力。設計師的工作是要幫助人們將這些複雜的決定破解成為有意義的選擇。

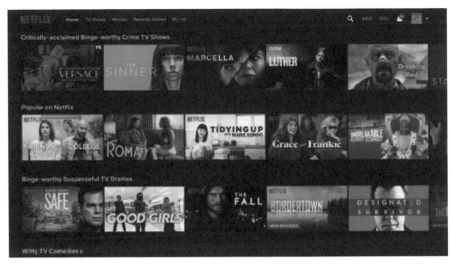

圖4.1　Netflix的線上收看選項似乎無窮無盡，這實際上會更難選出要看的影片。

混亂的資料

　　人們擅於做決定的時候是他們擁有幾個選項的對等資料，舉例來說，在這三個選項中選出一個並不困難：

- 訂閱一個月是10美元
- 訂閱三個月是28美元
- 訂閱六個月是50美元

　　這裡只有兩個變項，就是持續時間以及訂閱價格。人們可以思考他們想使用這個產品多久，以及能夠負擔的價格，並利用這兩個變項做出決定。這簡單！但你也知道，大部分在現實世界裡的決定並不會如此簡單。你可以把決定想成購買一台聰明的體重計，某人可能會對於購買一台集結所有她最喜歡的健身應用程式的體重計感興趣；另一個人真正想要的是除了顯示體重外，還能夠顯示體脂以及水分重量。每一種類型的人可能願意付出他認為合適的價錢，去擁有一些他們想要的特性，或如果有其他很具吸引力的特性，是他們未曾想到的。

　　這兩種人都到Amazon網站去看是否能找到他們的夢幻智慧體重計，並且他們看下方出現的比較表所出現的最佳推薦選項（見圖4.2）。想要使用應用程式的

人可以看到有兩種體重計是結合「一個」應用程式，但不是她用的應用程式，或是有多種應用程式選項。所以她最後四個產品的敘述都點進去看，並尋找她要的資訊。第二個人也需要做一些調查去判斷哪個體重計對他有效，哪一個是沒有用的。RENPHO的身體組成有包含水分重量顯示功能嗎？以及第一個Eteckcity體重計看起來蠻高科技的 —— 它也有身體組成顯示功能嗎？

圖4.2　Amazon將其有限的一些資訊利用比較表的形式去呈現體重計的外型尺寸，但每個體重計都沒有提供結合特殊科技的功能。

尋找這種資訊非常花時間，這讓做出決定更加困難，並且反而會阻止人們做出任何決定。有時混亂的資料是設計師刻意使出的招數，藉此影響人們選出獲利最高的選項。這個設計有可能是策略性地強調或保留資訊，好讓某一個選項看起來是優於其他選項。又或者這個訊息可能刻意地以非常混淆的方式呈現，好讓人們無法選擇類似的選項。

利用設計去刺激人們往好的選項靠攏會是一個有用的策略，而不要從自私的出發點去做是非常重要的，要試著不去刻意地讓人們覺得選項之間的比較非常困難。有一些設計會保留關於一些選項的資訊去讓另一個選項看起來比較好，或是把資訊整理過，讓你很難正確地比較選項，我現在指出的這些是陰暗面。

以圖4.3的Lifesum應用程式為例，建議生酮飲食卻遺漏一個會幫助使用者決定

他們是否應該要遵從那項建議的關鍵訊息。它強調效益並賣弄一個充滿吸引力的低體脂比例以及精力充沛的新陳代謝的結果，但卻沒有評估這樣的減肥方式是否適合特定的使用者。更糟的是，它沒有提供使用者任何能夠即時為自己做評估的機會。

令人困惑的複雜性

有時候問題不是出在惡劣的設計師，而是要做的決定真的太複雜。試想某人正在尋找治療他的疾病的醫療選項，除非這個人也是位醫生，不然會出現不熟悉的用語，誤解要做的取捨，以及可能對於哪個選項是最好的充滿不確定性。許多人會經歷的狀況是選擇醫療保險給付範圍，或是退休金，但誰能真正了解每個選項所涉及的所有變項的一切細節？許多消費者與行為改變經驗都要求人們用影響深遠的結果去做決定，而沒有用能幫助他們能真正優化選項的深度了解方法。

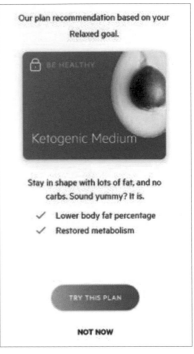

圖4.3　藉由僅提供沒有缺點的好處或是選擇標準，Lifesum 可能增加接受生酮飲食的使用人數，但選擇不接受的人會有什麼結果呢？

這些複雜性的問題是由知識組成的，健康知識是人們取得、處理，以及理解健康相關資訊的能力。美國國家衛生院（The National Institutes of Health）估計大約有九千萬名美國成人的健康知識極為貧乏，然後是基本計算能力，也就是應用簡單的數學概念，並理解定量資訊的能力；美國的基本計算能力的統計數據甚至比健康知識更糟。如果人們不具備理解健康資訊或數字的基本能力，那麼他們在做出會影響他們生命的複雜決定上會處於極度劣勢。

複雜性對行為改變領域的影響是超越健康的，從決定如何準備退休到評估職業訓練選項，一些人們選擇的最具意義的行為改變歷程是要求他們從複雜的選項中做出選擇。常見的是，人們並不具有做出好選擇的能力或自信。

背後的科學

大部分的我們都知道意志力是我們都想擁有更多的東西，意志力被描述成一種束手無策的特質，如果擁有的話，會讓人們成為「厲害的實踐者」；而沒有的話，則會變成「糟糕的空談者」。但意志力並不像幽默感是一種個人特質，科學證據顯示它比較像肌肉。

要成功地練出肌肉是需要不斷健身，讓肌肉疲勞，並在之後休息，讓肌肉能自我修復。肌肉會隨著時間，並從健身與休息的循環中變得越來越強壯；同樣地，意志力會因為過度使用而耗盡，但透過一段時間的休息，它會再補充。如果有策略性地去做，一個人所儲存的意志力會隨著時間變得越來越強大，就像得到越來越強健的肌肉一樣。

什麼樣的事情是鍛鍊意志力呢？就是做選擇！在多個選項間做出選擇是一種在情感與心理上備感壓力的狀況。給某人太多選擇，他們最後會沒有辦法聚焦去做出好的選擇，人們會有「決定疲勞」心理狀態。

去思考關於正在減肥，但又必須在每餐拒絕不健康美食的誘惑；早餐與午餐時間還好，但到了傍晚，這些選擇變的非常困難。即使是在一次性的試驗中都會產生倦怠，這就是為什麼先提問困難的調查性問題是一個好主意，因為當人們具備更強的意志力去處理這些問題，或是在人們完成選擇一個產品的困難任務之後去簡化訂購付款程序。

當你為你的使用者提供較容易的選擇時，你是在幫助他們儲存他們的意志力，以便在他們最需要的時候能夠用上。

機會成本

人們很不擅長將機會成本與他們所做出的選擇聯想在一起，每一個行動步驟要求人們用盡資源：通常是時間、精力，以及金錢，花在一個行動上的資源，就無法花在別的地方。即使是幾秒鐘，都會讓人們注意到讓他們從其他任務上轉移注意力的提示。

幾乎一直都是如此，決定採取行動意味著「沒有」替代方案；人們可能沒有完全想透他們所做的選擇意指的是什麼，所以對於存錢付頭期款會讓自己沒有現金在星期五晚上泡酒吧感到訝異。

你的大腦是有偏見的

不幸的是，人類大腦不是一個完美的合理機器，它會預先裝入認知偏差軟體，讓做決定程序變短，但這麼做會出現一系列可預期的錯誤。一些數據顯示，有超過180種認知偏差會混淆人們解讀訊息以及做決定的過程。[1]

不是每一種認知偏差都會對你的使用者與產品起作用，所以你不需要把這180種都試過。圖4.4摘要出一些較普遍的偏差，讓你能夠更清楚地知道。

不做選擇是一種選擇

在圖4.4認知偏差的其中之一是現狀偏差，也就是人們會主動去偏好現狀，而不是一個未知選項。有些人會堅持相同的選擇，不是因為他們想要這麼做，而是因為他們在逃避去做另一種選擇。

人們可能完全不做任何選擇的原因有很多，他們會避免做出困難或是令人困惑的選擇，尤其是在看不見採取行動背後的清楚目的動機時。如果實際上的選擇過程看起來是很花時間或是很麻煩，他們就有可能放棄。不幸的是，「不做選擇」經常是一個維持現狀的選擇，不論這個現狀是不是他們想要的。

1　巴斯特・班森（Buster Benson）/ Better Humans以及約翰・曼努吉恩三世（John Manoogian III）創造了一個稱為「認知偏差法典」（Cognitive Bias Codex）的視覺圖表，是對設計師非常有幫助的參考資料。

認知偏差	敘述	範例
錨定效應 Anchoring	一個人所見的「第一個」選項會確定他們的選擇	莎拉報名了較少名額的志工活動，當不參加的建議指數是1，而事實上是4。
可得性偏差 Availability bias	人們認為他們更容易記得的事情要比實際上更普遍	喬記得有一位名人因為果汁節食法瘦下來，所以認為果汁節食法很健康而且正常。
確認偏差 Confirmation bias	人們會尋求他們已經深信不疑的資訊	崔很確定他的BMI值很高，因為他的肌肉很發達，所以他不會去看智慧體重計上顯示的體脂指數。
損失厭惡 Loss aversion	比起得到不曾擁有的某樣東西，人們對於失去已經擁有的東西更敏感	瑪莉亞還是保留她的健身房會員資格，雖然她從不去，但是她知道自己再也找不到像這間這麼划算的健身房。
即時回饋偏差 Present bias	相較於過去發生過的與將來會發生的事情，人們更能調適現在正在發生的事情	拉蒙決定現在就花掉他的獎金，而不是去投資一個三年後到期的獲利基金
現狀偏差 Status quo bias	人們會堅持他們所知道的選項，不會去觸碰不熟悉的選項	泰瑞莎不喜歡她的工作，但她也沒有去找新工作；因為她不知道新工作是不是真的比較好。
單純曝光效應 Mere exposure effect	一旦人們在某處看到資訊，當他們再看到一次時，就更有可能會相信這個資訊是真的	凱爾在社群媒體上看過反疫苗的貼文後，他發誓有一項研究是和MMR疫苗會導致癌症有關(並沒有這項研究)。
沉沒成本謬誤 Sunk cost fallacy	人們很難放棄一個不成功的策略，如果他們已經投入大量的時間、精力與金錢在上面	潘妮洛普非常討厭她的學位學程，但因為她只剩下幾個學期就完成，她還是付了下一期的學費。
結果偏差 Outcome bias	人們會去評斷一個過程是好的，如果知道結果是有利的	大衛非常推薦讓他的膝蓋康復的醫生，完全忘記在每次痛苦的復健療程後，他是如何的咒罵他。
近因效應 Recency effect	人們較有可能記得最近發生的事情，並賦予這些事情不成比例的重要性	麥克斯不認識派對上的任何人，所以大部分的時間他都想要離開，但最後還是遇到他喜歡的人；麥克斯就只記得在派對很開心。

圖4.4　這是一些你的使用者在面對處理行為改變時，會經歷的一些普遍偏差。

當「好的」選擇是不好的

人們對於告訴他們做的非常好的訊息都很敏感，這帶出來的結果是人們非常容易受到所謂的「社會期望偏差」（social desirability bias）影響。人們知道什麼可能是「對的」或是「好的」行為，並且有時候會去做這些行為，而不是去做真正想做的事，好讓其他人對自己有更高的評價。

人們最容易受到社會期望偏差影響，尤其是處在一個會指使他們應該要如何做的高度需求特性（demand characteristics）情況時。舉例來說，如果人們知道他們的資料正被監控，他們較有可能會做他們認為其他人想要做的事情，而不是他們自己想要做的事情。

人們會因為錯誤的理由而選擇好的行為，這或許不成問題，但直到你想起來一個決定會影響所有權時，這對接受挑戰來說，是非常關鍵的。當你提到行為改變是需要一段時間才會發生時，那麼人們選擇做這件事的個人意義的理由就十分重要。不然的話，他們會在第一時間知道新的行為很困難時，就更有可能故態復萌，重新回到自己原本的舒適圈。

較容易做選擇

設計師能夠讓使用者在做選擇時更容易，可以藉由創造「選擇架構」（choice architecture）來和人們的大腦在處理決定時共同作用，而不是互相排斥；設計師可以幫助他們的使用者具備所有權、賦權（empowerment），以及能力的感知。以下是設計出有效的選擇架構的一些方法：

限制選擇

行為改變設計師也是一名管理者，每一個目標行為都會有一個大範圍選項能幫助某人執行。設計師應該從那個大範圍選項中選擇出一個非常吻合的子集，並呈現給他們的使用者。

管理選項的秘訣是「只提供好的選擇」，如果一個選擇是會讓使用者偏離他們的目標，那又為什麼要誘導他們走這條路呢？利用你在目標行為的主題重要性專長去辨識少數讓使用者去考慮的好選項──也就是最實際、最有希望，或是最能投入的選項。

應用程式Roobrik是一個可以幫助人們做決定的輔助工具，讓他們為自己或是最愛的家人們考量輔助維生選項。使用者提供關於個人需求照護的資訊後，Roobrik會整理出這個人的需求，並提供在一定範圍內的幾個可進行的選項（見圖4.5）。藉由為使用者管理選項，並提供一個清楚的基本理由去解釋為何這些選項是首選，Roobrik幫助簡化選擇長照選項的複雜性與其伴隨的各種情緒。

圖4.5　Roobrik基於使用者所分享的資訊，選擇了幾個照護選項，之後引導使用者去研究每一個選項。

圖4.6　Fabulous使用者在開始後做了一個簡單的決定，就是持續三天增加水分攝取。一旦他們達成這個簡單目標，他們就會被要求去做較實質的決定。

另一個限制選擇的方式是排序選項，不叫使用者在第一天展開他們所有的行為改變計畫，而是要求他們做初步選擇，並採取行動。在他們進步的同時，你可以提供他們額外的選擇去做決定。在應用程式Fabulous裡的「健康習慣」中，第一個決定就只是要不要在前三天多喝一點水（見圖4.6）。設計師利用第一個簡單選項去建立自信，並介紹計畫架構，好讓使用者覺得之後的選項是更合乎邏輯道理。

建立對稱性

請拿相同的東西做比較！組織資訊讓人們在最重要的事物上能較容易比較其中選項，精選出人們需要知道的必要元素去做決定，並只專注於這些必要元素。針對所有選項提供相同資訊，讓人們可以對等的比較；清楚並一致的標記能幫助人們確定他們的選項，並比較相同項目，特別是如果呈現的訊息有好幾頁時。

在Aflac的網站，主要是幫助人們藉由比較在重要標準上的四個選項，去選擇一個醫療保險計畫；像是擁有這個計畫要花多少錢（見圖4.7）。很明顯地，他們還沒有在比較結構中去涵蓋這些計畫的所有特性。相反地，Aflac聚焦在人們考慮選擇一個計劃的一些關鍵要素。有興趣的買家可以進一步探討額外細節。

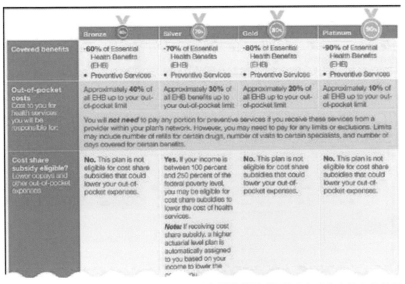

圖4.7　Aflac用表格呈現保險選項，並允許在特殊購買者可能會在意的事物上做簡單的比較。

呈現夠用的訊息就好

　　去思考每一個選項裡包含了多少程度的細節，如果人們特別擅長某個主題，或非常重視細節，那麼大量的訊息會很有幫助。如果他們無法過濾這些細節，就會感覺不知所措，而不是覺得有自主權。試想你需要一項醫療步驟，你會想要選你的外科醫生，並指出切口處會在哪，但很少人會在意使用的縫合線是什麼牌子的。

　　關於數位體驗的美妙之處是你可以個人化資訊細節的程度高低，讓較進階或是較有經驗的使用者得到更多較複雜的選擇，而新手可以去看簡化過的選擇。如果你沒有正確複雜程度的數據資料能夠呈現給使用者，那就詢問他們是對基礎的、中階的，或高階的體驗感興趣。你也可以設計一個對幾乎不具備任何知識的人們的有效體驗，並提供較資深的使用者一些機會去挖掘更深的體驗。舉例來說，聰明的投資人會看由上一章所提到的應用程式Stash所提供的個人價值投資基金下的實際情況，如圖4.8所示，但新手會在沒有了解細節的情形下，就把錢投進這些基金中。

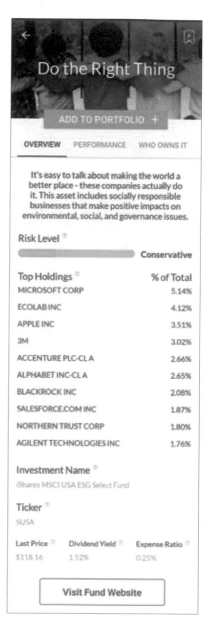

圖4.8 Stash可以讓新手投資人以幾個高階特徵為基礎去選購基金，而更多有經驗的投資人可以爬梳所有細節。

你也可以把許多選擇結合成一個或兩個關鍵決定，這樣做可以讓使用者可以在不需要一次又一次重複過程的情形下，就能決定主題或是他們想要的選擇所具備的首要條件。應用程式Weight Watchers就用這種方式計算卡路里，它們的點數系統（見圖4.9）讓使用者可以只追蹤一個簡化的數值（點數），而不用去看許多數字。

提供架構

你建構任務與決定的方法，好讓你的使用者能夠投入，是能夠幫助你成功地引導他們。簡單又具有組織性的工具，像是檢查清單或是提綱要點，能完全有效地帶著人們走過多個複雜步驟。所有步驟的檢查清單包含了像是手術或飛機降落在航空母艦上等複雜任務，檢查清單的呈現是要在一個大範圍裡去增加可靠性與減少失誤。提供你的使用者一系列清楚的步驟去執行是一條引領他們進行行為改變的漫長道路。

圖4.9 Weight Watchers點數系統讓使用者追蹤食物品項的點數，去對照他們每天的可用點數。這比計算卡路里或其他營養成分要容易許多。

檢查清單或其他架構可以幫助做出決定，因為它會將決定分配到一個特定的時間點，用已經完成的活動，以及很明確指出要去完成的活動做辨識。檢查清單提供「情境背景」以及「期望設定」去幫助使用者做出較佳的選擇。

分享採取決定的工具是一種修改過的檢查清單類型，它會使用於醫療照護方面，去引導醫生與病人之間關於治療選項的討論。來自圖4.10應用程式Healthwise的範例，它幫助病人決定是否他們在必要情況下想要接受心肺復甦術或是維生系統。病人完成一個循序漸進的程序後，這個工具就會整理出重點，之後會應用在與他們的醫師的談話上，並做出他們最想要的安排。

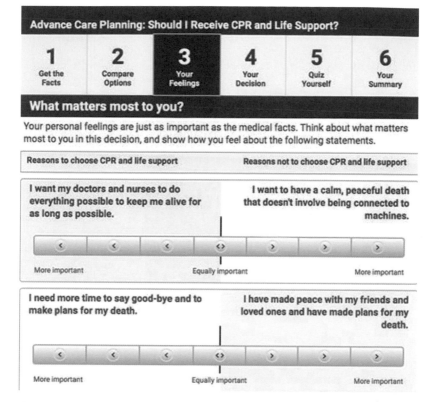

圖4.10　使用Healthwise決定工具的病人會經歷一個步驟性的檢查清單以做出選擇。
這個工具提供病人重點資訊，讓病人能夠分享給他們的醫療專業人士。

　　在上一章你了解到個人有意義的選擇是更有可能導向長期改變，研究顯示當人
們在做關於自身醫療決定時，使用這些採取決定的工具，他們最終會選擇較支持
他們的價值的選項。讓選擇變容易也可以讓選項變的有意義。

關於妥協的討論

　　人們不擅長理解和他們的決定相關的妥協，你的設計能夠讓一些要做的妥協非
常清楚，讓使用者比較容易在選擇過程中將這些妥協讓步納入。試想這個範例是
來自一個戒菸程式BecomeAnEx，這是由真實基金會（The Truth Foundation）所
研發（見圖4.11）。他們創作了關於不同尼古丁替代療程的短片，討論每一個療

Quitting Medications: Nicotine Nasal Spray

Nicotine spray gets nicotine into your system faster than other medications. It can be a little more difficult to use, but some tobacco users like to start off with it because it helps fight those cravings more quickly. The spray also requires a prescription.

圖4.11 BecomeAnEx提供資訊去幫助使用者做出關於要使用何種戒除工具的決定，這個決定是以分析它們的優缺點為基礎。

Name	Balance	Interest Rate	Monthly Payment	Old Balance	New payment	New Balance	Sort Order
Credit Card #1	905.00	12.99%	65.00	0.00	107.62	0.00	4
Credit Card #2	967.00	18.99%	25.00	0.00	102.46	0.00	2
Credit Card #3	1,099.00	14.49%	25.00	0.00	42.16	0.00	3
Credit Card #4	2,500.00	21.30%	35.00	0.00	98.31	0.00	1
Car Loan	7,500.00	6.49%	250.00	0.00	205.67	0.00	5

圖4.12 使用者可以在整合負債計算表格中用不同的付費方式試算，去決定他們最想要的債務解決方式。

程的優缺點。使用者可以為自己決定要嘗試哪一個療程，並完全知道他們可能會經歷的讓步妥協。

另一個把要做的讓步妥協非常清楚呈現的方法是幫助使用者看到他們的選項所呈現的「如果、然後」的結果。從未來結果的方面來限定選擇，可以克服各種怪異的技術細節，去幫助人們專注在他們最在意的事物上。「整合負債」（debt snowball）是一個償清多個債務的有效益的方式（那麼學生貸款呢！）。有一些可下載的表格（見圖4.12）可以幫助使用者進入他們的債務中的每一項細節，包括利率以及最低付費額度，之後試著用不同方式分配他們的每個月預算，並看哪一個方法是預期能得到最好的結果。有些人偏好先付清最大筆或是最高利息的債務，其他人則在去除幾個較小金額的債務，並有較少要付的總金額這樣的做法，有較高的成功率。能夠看到每一個選項是如何影響需支付款項的可付總額，並知道償清債務的時間點，這些能幫助人們做決定。

將電池再充電

人們在他們的身體與心理的需求得到滿足時能做出較佳的選擇，疲勞、飢餓或是焦躁不安會讓行為改變的工作難以進行。這也是為什麼一些行為改變應用程式會鼓勵使用者沉浸在像是規律飲食，或是持續與優質的睡眠等自我照護工作，即使正在談論的這個行為並沒有和那些活動特別相關。

也有一些應用程式只聚焦在自我照護，這樣才能讓其他行為改變的努力持續下去。Aloe Bud是一個致力於讓人們照顧好自己的應用程式，讓他們能夠在處理專業或是創意計畫上有較好的準備（見圖4.13）。

與偏見共事

人們具有一套可預測的認知偏見，是會混淆他們的決定；你可以強調那些模式去增加可能性，讓使用者做出較接近他們的行為改變目標的選擇。

舉例來說，你可以使用錨定效應去鼓勵做出更多寬厚慈悲的行為，當紐約市計程車開始提供乘客以信用卡支付車資時，平均小費金額大幅上升。這並不表示人們的慷慨大方是無上限的，研究顯示這和在信用卡支付過程中，銀幕上所呈現的

建議小費金額有關。建議的最小金額都比現金支付時期的小費平均金額要多，即使人們有能力輸入任何小費金額數字，但建議金額誘發了錨定效應，並且人們用建議金額做為他們給小費的參考標準。Lyft、優步（Uber）以及其他共乘服務應用程式都藉由這個設計去增加它們駕駛的小費（見圖4.14）。[2]

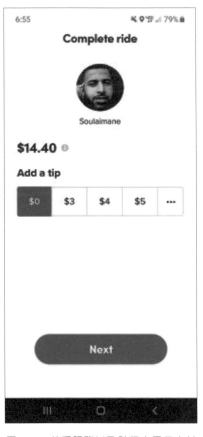

圖4.13　Aloe Bud會提醒將自我照護視為一種會分散注意力的使用者，事實上這是一個會誘發做出優良表現的方法。

圖4.14　共乘服務以及計程車電子支付系統會將使用者的對足夠小費的期望值固定地設在較高點，這也比人們用現金支付小費的平均金額要高。

2　通常會較容易習慣的小費金額是比錨定效應的金額要低，並且像是Lyft以及優步司機這類打零工的人並不會得到很好的報酬；所以我認為這種刺激在這樣的條件背景下是良性的。也就是說，這是一種可以用來控制人們，並且應該要徹底執行的策略。

一個使用損失厭惡與沉沒成本謬誤兩種偏見的設計技巧是對「習性」（streaks）或是隨著時間產生的正向行為模式的確認。獎勵一個習性形成的方式是在使用者的帳戶資料中授予一枚徽章，如果使用者沒有繼續這項行為，徽章就會開始消失，或是對它的消失開始進行倒數，這就是我們所知的「嚴厲收回」。又或是藉由呈現持續時間去獎勵一種習性（見圖4.15），這樣的設計非常清楚地表達出如果有人略過這個行為，就會失去這項特質。這兩種設計都激起了使用者失去某樣東西的負面情緒，並提醒他們如果沒有維持這樣的模式，那麼已經投注的心力有可能會付諸流水。

圖4.15　在經過一整年每天都量體重的日子後，使用者會做出什麼事情去隨意地打破這個習性呢？

一匙的糖

行為改變設計不是關於強迫某人做出特定的選擇，這是一個公平的遊戲，藉由強調行為改變的正面性，試著讓整件事不那麼痛苦——也就是提供支持行為改變的選項，只要你不欺騙或是脅迫你的使用者。

有一個方法是讓「正確」的選擇比其他選項更有趣，瑞典福斯與DDB斯德哥爾摩聯手合作去了解它們是否能利用趣味這個元素，讓更多人願意在斯德哥爾摩地鐵站爬樓梯，而不是搭電梯。它們的想法是將樓梯漆成像是鋼琴鍵，並在人們踏上琴鍵時演奏音樂；鋼琴樓梯（見圖4.16）結果讓選擇走樓梯的人數增加66%。

有一個許多人會想看到改變的行為是吸菸者都會把菸蒂直接丟在人行道上，而不是垃圾桶。有一間叫做Ballot Bin的英國公司就利用有趣選項這個概念幫助完成這項行為的改變，它們製造一種有兩個分隔，以及有透明玻璃板的戶外垃圾桶，讓人們可以看到有多少菸蒂被丟進每一個隔間（見圖4.17）。煙灰缸可以客製化像是「你使用牛津型逗號（Oxford comma）嗎？」這類的調查問題，然後在隔間

圖4.16　讓人們選擇走樓梯，不去對他們宣導這有益健康，只要讓這件事充滿趣味性。

圖4.17　當人們可以用他們的菸蒂對一個民調進行投票時，他們就比較不會把菸蒂丟在地上。

圖4.18　Zombie, Run！使用者正參與一個健身計畫，但重點是要跑得比殭屍快，才能逃離他們。

上貼上每個答案選項的標籤。以這個問題來說，回答是的人是站在歷史這邊，而給否定回答的人們是怪物。在有設置這種意見調查垃圾桶的地區減少了46%的菸蒂丟棄量。

一個將跑步結合趣味的數位程式「Zombies, Run！」，它讓使用者選擇一個旁白聆聽，當他們在跑步的時候，這個旁白會訓練他們逃離一大群在追逐他們的幻想殭屍（見圖4.18）。這個程式不聚焦在跑步本身，使用者可以把注意力轉向遊戲，這時健身突然變得更加有趣。

真是太好看了！

如果你無法將對的選擇變得「有趣」，那你至少要能讓它看起來更具吸引力。在數位設計中，你可能看過把「對」的選擇用一種更吸睛的方式呈現。這個選擇經常是不論要不要付費做這個程式的升級訂閱，使用者會在這裡收到額外的鈴鐺與哨子去支持他們的行為改變。

來自應用程式Fabulous（見圖4.19）的範例，這裡有許多元素是設計來刺激使用者選擇年度方案，這恰巧也是一個更有可能增加其創作者的收益。一個選擇每月方案的某人可能在一兩個月後取消，而一名年度會員則是要被限制12個月；而且如果是設定為自動訂閱，和每月會員比較起來，年度會員會記得要準時取消的可能性較小。畢竟，年度會員有整整12個月的時間可忘記。

類似的還有應用程式Runkeeper，它導引人們往它的付費模式的方法是從訂購選項的設計下手（見圖4.20），付費模式的特性被列舉在免費帳戶好處欄位，但是以淡灰色呈現，所以對選擇免費訂購的使用者來說，這很明顯是無法得到的好處。

圖4.19　年度訂購選項設計成比每月訂購更划算、更省錢，它是由三個不同的時間點去強調：置頂處、特性描述清單，以及購買鍵。

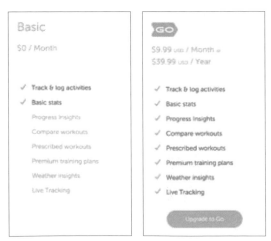

圖4.20　Runkeepers透過設計元素呈現出一個選項的好處是比其他選項更多

邪惡的設計？

　　導引使用者做出為公司帶來財務收益的選擇的產品，會讓人感覺它們是心存邪念的設計。但它們(有可能)不是。

　　首先，它們並沒有欺騙使用者說你做出的選擇是唯一的，不會有其他選項。以下這些範例與來自知名公司的類似事件都清楚地說明使用者所購買的是什麼，以及取消交易的條件是什麼。它們大概是要兌現這些承諾，以及如果使用者要求要取消的話，也會比較容易。

　　第二點，如果有一個鼓勵使用者對他們的訂購做升級的好理由，讓他們能有較好的體驗與得到較好的結果；那麼鼓勵升級就不是「邪惡」的。這當然是以製造與行銷產品的人們相信有效用做假設。甚至更好的是，如果在應用程式背後的人們已經做過測試，並顯示升級是有益的。

允許你「使壞」

　　既然人們對顯示有可能是「對」的選項的線索非常敏感，那就試著避免在你的設計中使用那些種類的線索提示；除非有一個推薦特定選擇的有效理由。你可以藉由以下的方式減少社會期望提示：

- 強調你的使用者的隱私，以上一章的Happify應用程式為例，使用者可以選擇以接受來自共同團體的激勵做為代價，而得到更多隱私。提供他們這個選項可以透過這個程式以增加更多程序的真實性與可信度，這些程序是處理和情感寄託(emotional well-being)的敏感話題。

- 要提醒使用者，他們的選擇是個人的，並且不論他們選擇和什麼路徑都是可接受的(你知道這是真的，因為你已經設定他們的選擇是好的選擇了！)

- 讓使用者知道對其他人有效並不一定對自己也有效，在行為改變的過程中需要為每一個個體的需求、喜好，以及生命脈絡去量身訂做，以達到對他們最具效益的結果。

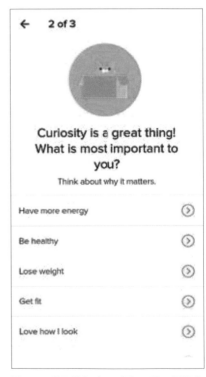

　　你可以在你的產品中使用縮影去強化使用者所做的任何選擇都是合宜的，用同等正面的方式描述每一個選項（或試著用中立的語言）；一旦使用者做出選擇，用正面的方式認同它（太好了！這是非常好的選擇！）。把握機會表現對使用者所做的選擇的支持，不論這個選擇是否是你會為自己所選。以應用程式Fitbit為例（見圖4.21），會避開特定健身目標，並說他們「只是好奇」的使用者，會在他們的選擇上得到正面的回應。

圖4.21 「只是好奇」或許不是一個行為改變目標，但Fitbit的設計師辨識出選擇此選項的人或許只需要一些鼓勵以持續下去，好讓他們決定自己要做什麼。

選擇不是一種武器

　　行為改變設計師或許比起其他設計類型專業人士，更需要站在使用者這邊；有效的行為改變設計能夠讓人們，以及增加人們的力量往有意義的目標前進。有效行為改變的設計師能為他們的使用者簡化並架構出好的選擇，讓他們能更快達到目標，並且沒有不必要的擔憂。

　　所以要小心那些可能令人困惑、複雜的，或是呈現誤導的選擇，並利用你的設計技巧讓它們對使用者來說是更吸引人的選擇。在下一章你將會了解關於如何辨識有一些可能會讓選擇，以及行為改變的其他元素，對使用者而言是更困難的障礙，好讓你能夠以它們去設計。

結論：保持簡單

　　選擇對某些人來說是困難的，但設計師沒有理由去把選擇弄得比原來更難；從你的設計去為使用者尋找線性決定過程的機會。不論它是幫助導引選擇的步驟式選項，或是呈現可以讓人們自然想到的資訊，又或是強調「好」的選項的吸引人之處；試著減少讓使用者要選擇的傷腦筋工作。

　　有了選擇架構以後，特別重要的是要記得不要心術不正；提供人們所需的資訊，並做出有情報根據的決定，包括他們選項的缺點。你如果將人們導到一個特定的選擇，要確定它是善意的選項，而不是設計成增加你的獲利的選項；否則你就是玩弄他們去做一件他們不願意做的事情。並且永遠不要刻意去將一個選擇複雜化，讓人們不要走向特定的路徑。保持簡單，人們就會投入。

艾琳・霍華斯／關於激勵、分歧及控制感

> 說到容易的選擇，我的其中之一方法是問艾琳・霍華斯，請她提供對這章的看法。關於設計選擇架構的主題，很少有人像艾琳知道這麼多，又有經驗。她在她的研究著作中，將理論應用在範圍極廣的行為改變挑戰。我請她分享關於透過設計去幫助使用者做出好決定的想法。

▌你對選擇架構的看法是什麼？

摩擦分歧是妨礙任何行為的因素，而激勵是強化行為的另一個重要因素。人類是認知吝嗇者（cognitive miser），並有避免使用過多力氣去處理訊息的傾向；因為如此，即使非常小程度的分歧都會是阻礙；像是網站上的其他主題，或是必須要簽一份文件然後郵寄過去。這些非常小的阻礙會打斷人們原本很好的企圖心，特別是在他們試著要做的事情是對長久的未來有很大的幫助。

以下是額外步驟導致激勵的案例，我們在應用程式Pattern Health所做的是提供人們透過一個小的電子寵物裝置去追蹤他們的進步的選擇。這麼做是增加另一個步驟，如果他們選擇寵物，那麼他們就必須替寵物命名；而這又是另一個步驟。然而，與其做出像是分歧的行為，這些步驟是讓人更加愉快，並感受到回饋，所以它們像是鼓勵的行為。並且這會長久持續下去，因為他們現在完全愛上這隻可愛的電子寵物；如果他們忘記服藥，他們的小烏龜會很傷心。他們會為了他們的小小電子寵物而想要把事情做好，這只是分歧與激勵的可塑性的其中一個範例，但卻強調出背景脈絡的重要性，以及當我們設計環境時，有把使用者的觀點考量進去。

▌你如何簡化選擇？

首先，我們必須了解每一個選擇都有相關的成本，然後我們要估量這個成本，並和收益做比較。當選擇是非必要時，我們就是單純地清除它們；以選擇架構來說，我們具有選擇出那些決定是真的對人們來說非常重要的能力。我們真的需要在開始的時候要求一堆資料，或者這樣做事實上會讓人們無法招架而放棄呢？我

們如何對真的必要的訊息做出資料的優先排序呢？如果你思考關於開始進行的程序，某人是否需要在開始使用應用程式之前就一次問完所有的問題，或者是你可以逐步淘汰這些問題？把資訊切割成小份量訊息，並隨著時間逐步傳遞，對使用者來說是較容易的，而這就是我們真正關注的重點。

第二點，聰明的預先設定是非常有幫助的，所謂預先設定是如果你的使用者沒有做任何動作，而你對某件事已設定好的結果；但你還是提供使用者選擇退出或是改變決定的自由。所以你如果需要對某人寄出要在睡前服用晚上的藥物的提醒通知，你就可以設定一個上面寫著「這是一般日常行程」的預先通知；然後你可以讓使用者去改變它，如果他們覺得這對他們不適用。但他們不需要投入所有的認知力，如果一般平常的行程是適合他們的。

▊ 你如何為使用者分析行為？

有一件非常有吸引力但卻沒有效果的事情是專注在這些非常讓人無法招架的目標，像是「我想要有更多體力」。這些東西非常抽象，我們沒有辦法當下知道我們必須實際經過哪些步驟；我們可以導引人們經歷這些最終會達到他們想要結果的有條理步驟，專注在他們能夠控制的更具體任務上。你無法控制你會有多少體力，但你有要攝取多少咖啡因，或是幾點上床睡覺的控制權。我們就是可以讓人們專注在這類的事情上，而步驟會帶來最終結果。

我們可以提供人們有自主性，但不會無法招架的選擇。我們對心臟病人進行體重追蹤研究，我們要求他們針對何時上磅秤這個問題設定一個完成目標；他們可以選擇飯前或飯後的時間。這藉由提供病人何時要量體重的選擇，保留了控制感；並且這有一個好的小副作用，就是提醒他們實際去做的其他好處。

艾琳‧霍華斯（Aline Holzwarth）具有三個專業頭銜，分別是 Pattern Health 的行為科學負責人，杜克大學 Advanced Hindsight 中心的負責人，以及 Behavior Shop 的主席與共同創辦人。她也是一名多產的作家，文章散見於 Medium 平台、Advanced Hindsight 中心官網、華爾街日報與《科學人》雜誌。

05

有東西阻礙你

判斷能力阻礙

+ 是什麼阻礙了能力？
+ 深度研究可以告訴你些什麼？
+ 行為改變輪
+ 身體與腦袋
+ 可能性的世界
+ 只要你有決心
+ 組織你的研究去偵測能力阻礙
+ 結論：當一名偵探

觀點 史提夫・波提格／發掘意想不到的事物

行為改變設計的重點在於幫助目標行為的展現，你所做的每一個設計決定應該都要回到一個核心問題：我想要我的使用者做什麼？（提示：就是目標行為）不論它是閱讀內容、購買行為，或是資料分享，每一個數位產品都會要求它的使用者去做某一件事。**你身為一名設計師的工作就是讓那些行為對使用者來說，越簡單越好。**

某人會不會表現出一個行為的主要因素就是他們有沒有能力表現，這點看起來十分明顯，甚至不需要多說，但設計師卻總是忘記。當你具備能夠用正確的方式去做某件事的專長時，你可能會以為其他人也有類似程度的知識。專家會忘記當一個新手是什麼感覺，許多時候，當一個產品應該要幫助人們改變行為但卻失敗了，這是因為設計師並不了解並直接點出為何這個特定行為如此困難的原因。

另一方面來說，當你知道是什麼讓人們不去做他想要的行為，你就能做出克服那些阻礙的設計。你可以提供讓一個行為變的較容易的工具或是特色產品，你也可以為人們找出避免所有阻礙的方法；或是你可以賦予人們能力，讓阻礙不再是個問題。如果你能移除阻止人們做出一個行為的東西，那麼他們會去做的機率將會大大提高。

但首先，你必須先找出那些東西是什麼，本章將會提供一個架構，幫助你做到這件事。

是什麼阻礙了能力？

本章的工具會聚焦在理解人們能力的極限是什麼，我使用「能力阻礙」一詞去指限制能力的任何東西。

為能力做設計的第一個步驟是找出哪些能力阻礙在干擾你的使用者，去思考你的目標受眾，你要求他們做什麼，以及在哪種情境下他們會和你的產品產生互動。有什麼東西是可能會阻礙你的使用者去做你要他們做的行為？這些會是和產品本身相關的變項，不論是在哪種環境下使用，或是關於使用者的某些事情。以下是一些普遍的能力阻礙：

- **知識**：這是令人困惑的、複雜的，還是對使用你的產品的人們來說，是個全新的領域？

- **技能**：表現出一項行為是需要天賦嗎？人們需要透過演練才能正確做出某個行為嗎？

- **時間**：人們需要投入非常多時間在一個行為上嗎？任何需要多花幾秒鐘去做的事情，對忙碌的人們來說都可能是困難的。

- **專注**：人們是在非常吵雜與容易分心的環境下使用你的產品嗎？產品的設計有讓目標十分清楚嗎？或是產品本身裡的其他特性會讓人從主體部分轉移而失焦呢？

- **情緒**：你的使用者正在經歷壓力或焦慮嗎？輕微程度的這些情緒可以加強能力，但太多的話將會阻礙人們表現出良好行為。

- **工具與資源**：一個人需要有特殊工具或特定東西去表現一項行為嗎？他們會需要花錢才能去做這件事嗎？

- **動機**：行為會和一個人的目標一致嗎？這就是他們想要做的事嗎？它會超越其他重要目標嗎？像是把食物放在桌上？

如同你從這份簡略的清單上所看到的，人們會有多個能力阻礙去影響單一行為。舉例來說，如果某人沒有對的工具去做一項行為，這有可能是他們沒有金錢或時間取得這個工具。當你越接近這個人為什麼不做這項行為的根本原因時，你就越能應付處理。

有四個你可以為你的使用者與目標行為辨識能力阻礙的基本方法：利用常識、做非正式研究、進行文獻探討，以及做一個正式的深入研究。

利用常識

你經常能夠整理出一份很好的入門者清單，是關於僅僅利用常識，可能會減少一個人做出你想要他們做到的行為的能力。試想你自己在目標行為與草草記下你曾遇到的能力阻礙的經驗，仔細思考可能會影響他人的東西是什麼。

做非正式研究

非正式研究可能是一個了解關於來自真實人們的能力阻礙既快速又省錢的好方法。將觸角伸到你的人際網絡，去找出有過你正在設計的目標行為經驗的人們，或是徵求認識這些人。在社群網路上觀望和行為相關的活躍主題標籤（hashtag），並去讀人們都在貼文上寫什麼。之後聯繫做出有趣評論的任何人，去了解他們是否願意談；一旦你已經辨識出你的研究樣本，詢問他們目標行為的困難之處是什麼，以及是什麼讓他們做到。

你也可以花時間在已經在做你的目標行為，並關注它的人們。你看到什麼？如果你正在進行一項程式是要幫助人們變得常去運動，你的社區鄰居都在做什麼運動呢？如果你的產品是一個手機應用程式，就要在不同情境下去觀察人們使用他們的手機。你看到任何可能會影響人們使用你的應用程式的東西嗎？

進行文獻探討

有可能的是，某人已經做了關於你的目標行為的研究；使用Google Scholar或是學術資料庫去查關於你的目標行為的已發表研究。文獻探討將會提供你一個有利的開始，去了解何種類型的解決方案在過去有沒有效用。

做正式的深入研究

正式、有系統的研究會幫助你發現較不明顯的能力阻礙，如果你有預算與機會在你的產品開發過程中納入主要深度研究，那就去做吧！我將在本章後段分享一個組織你做的研究，讓它成為較能察覺到能力阻礙的一個步驟。

一旦你實際打造出一個數位產品，你可以藉由你的研究整理出一個可能是能力阻礙的清單，並看到哪些是適用於任何特定的使用者。在圖5.1的螢幕截圖，呈現應用程式HelloMind如何要求使用者描述他們目前正在經歷何種類型的動機困境。

你在第三章中從維克‧史崔特那裏學到，不是每個人在行為改變過程的開始時，就具有非常好的洞悉力能夠看到他們自己的動機。要準備用不同的方式去測

試，以問出關於阻礙與動機，去了解什麼是對你的使用者有效。這些包括將問題分成可以處理的小問題（像是「你的手機的螢幕保護程式是什麼？」），或是用一個完全不同的角度提問（像是「這些特質中的哪一個最像你呢？」。

圖5.1　HelloMind的設計師縮小了他們的使用者可能會經歷的和動機相關的能力阻礙領域，他們在這個應用程式裡要求使用者選出和他們最相關的能力阻礙。

深度研究可以告訴你什麼？

這裡有一個你可以參考的正式深度研究能力阻礙的豐富細節範例，為什麼建築工人願意承擔工作上的風險呢？我的團隊之前受雇於一間風險管理公司，這間公司想要了解為什麼建築工人有時候會不遵守安全規定。這個知識能夠幫助他們設計一個訓練計畫，去減少重傷人數以及工地致死率（serious injuries and fatalities，簡稱SIFs）。

我們觀察了三個工地，在我們做現場觀察之前，我們審視了關於目前建築安全的研究，讓我們了解哪些類型的行為是需要注意的。當我們在工地周圍巡視時，

我們看到有一些人站在梯子的最上層，沒有任何東西可以支撐他；還有數名工人沒有正確地穿上個人防護裝備（personal protective equipment）。這些行為都極可能導致工安意外重大傷亡。

然後我們與工人及工地主任進行面談，我們聽到管理階層非常在意安全，但也承受要趕快完成工作的壓力。這意味著工人可能使用手邊就能取得的設備，而不想花十分鐘到位於工地的另一邊的拖車找出對的東西使用。站在梯子的最上層比起還要停下來去找更高的梯子要快多了。許多工人不想承認他們做過任何危險的事情，在一些案例中，他們甚至沒有意識到自己做了危險的事情。因為我們能直接觀察一些不安全行為，所以我們能夠問一些關於他們的問題，並且不會讓受訪者覺得自己被苛責。當他們在訪談中表現得更自在的時候，許多工人最後都分享了關於自己對安全抄近路的故事。我們需要觀察與訪談去拼湊出為什麼人們可能會站在梯子最上層的完整故事。

行為改變輪

在你已經決定將如何辨識能力阻礙後，透過一些類型的研究或一種常識的分類，你會想要有一個架構去收集並組織資料。一個分類能力阻礙的有用工具（並在之後發現可以解決它們的最佳解決方案類型）是行為改變輪。[1]

行為改變輪取決於一個叫做COM-B的系統，這個COM-B範本單純地告訴你為了要產生行為B，人們必須有足夠的以下三項特質，才能表現出來。

- 能力（Capability，簡稱C）
- 機會（Opportunity，簡稱O）
- 動機（Motivation，簡稱M）

圖5.2呈現了COM-B範本，要注意的是能力與機會能夠影響動機；當人們的個人技能或是環境，讓一個行為能較容易做到時，他們會對這個行為更感興趣。

1　行為改變輪是由倫敦大學的研究學者們所發展出來的，是以超過1200個研究與19個不同系統的行為改變為基礎。研究者辨識模式，並把這些模式放進一個架構中。它是開放式資源，並能用來做為你自己的研究規則與工具的基礎。

每一種類型的能力阻礙能藉由特定的解決方案而得到最好的處理，在你已經辨識出不論你的使用者是在能力、動機或是機會裡掙扎之後，行為改變輪幫助你挑選出對的解決方案類型去幫助他們。雖然這個系統稱為輪，但我認為它更像是一個決定之樹。在第六章裡，你將會看到一個連接不同類型的阻礙到不同類型的解決方案的格狀網絡（grid）。

　　你也會想要決定哪些阻礙是最重要的，並要用你的設計去處理。在本章的後段 ——「組織你的研究去偵測出能力阻礙」，我將分享一個要先從那些阻礙著手處理的優先順序的方法。

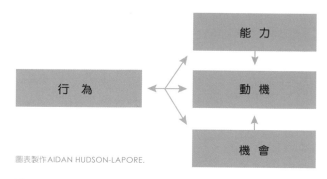

圖表製作AIDAN HUDSON-LAPORE.

圖5.2　COM-B範本呈現出如果人們擁有能力、機會與動機去實現行為，那麼它就有更高的可能性會發生。

　　你會需要了解能力、機會與動機，以及知道如何辨識在每一個種類裡的能力阻礙。在你的使用者中所發現的這些類型的阻礙的證據，可能是來自於和人們的談話、對他們的觀察，或是第三方人士；所以敘述的內容包括了來自各種混合的資料類型的線索。因為許多行為改變商品要求人們在產品之外的實體環境下做出改變，你的研究應該要在螢幕前後兩面去考量能力、機會與動機。

　　要附註說明的是「動機」一詞，在COM-B的架構裡是有一個較廣泛的使用方式，這比我在這整本書中所使用過的還要廣泛。在COM-B特定內容之外，我使用的動機一詞，意指的是「快速的渴望」。在COM-B中，動機包括了在其定義之下的反射動機，同時也包括自主動機的概念，以涵蓋會影響行為的信念系統。

身體與腦袋

第一個能力阻礙的類型稱為能力（capability），指的是一個人要完成一項行為的身體與心理的能力。**體能**（physical capability）聽起來蠻像是 —— 這個人具備去做被要求的行為的體能嗎？對數位商品而言，想想自己一直具備的能力，像是視力與聽力，就如同使用滑鼠以及按滑鼠鍵等精細機械控制的動作。基礎可用性的最佳實作將會去除一開始的許多能力阻礙，你的一些專注在可用性的同事們是在行為改變設計上的重要夥伴。

附註：設計裡的易取得性

在數位設計裡的易取得性，指的是將你的產品做成對有障礙的人們來說是可用的。有幾個了解易取得性的最佳實作的資源，其中包括W3C與Usability.gov，還有許多深入探討不同類型的產品與產業的易取得性的書籍。請多加利用這些資源！

有許多將易取得性最佳實作納入你正在做的設計或是任何產品裡的理由。試想：為什麼你不把握機會先避開流失超過15%的可能使用者，因為他們在使用你的產品上出現問題？世界衛生組織估計全世界大約有一億人是有一個缺陷殘疾，這是15%的人口數。[2] 除此之外，不是每一名從易取得性導覽中獲益的人，都是法律判定的殘疾人士。因年紀而產生視力惡化的人們，舉例來說，就有可能從一些有著對照字體與顏色的相關易取得性導覽內容而獲益。

易取得性不僅是要避免負面問題，它也是一條前往思考關於處理挑戰的新方法的解決之道。這裡有一個很好的例子：微軟為Xbox出的程式化控制器（Adaptive Controller）贏得2019年Fast公司的年度產品設計革新獎。

2　在2019年1月美國的第九巡迴上訴法院（the Ninth Circuit Court of Appeals）判決美國接受殘疾人士法（the Americans with Disability Act，簡稱ADA）和實體經營一樣，也適用於網路。這開啟了未來數位產品或許必須具備至少要包含一些易取得性標準的可能性。

心理能力（psychological capability）包括了知識與技能[3]，為了要能執行一個目標行為，一個人必須了解如何做它，以及它的所有組成部分，並具備能夠完全實踐這個行為的心理狀態。以要求某人進行「較健康的飲食習慣」為例，能夠做到這件事的心理能力包括：

- 了解「較健康的飲食」是什麼意思
- 能夠規劃均衡的三餐，並購買正確的食物
- 知道一些烹煮的食譜，或是知道在哪裡能夠找到這些食譜
- 具備將食材做切塊、削皮與切丁的能力
- 在一天中能找出時間料理

如果這個人缺乏上述的任何一點知識或技能，他成功完成這項行為的能力就十分有限。

當你在調查是否有任何阻礙某人執行目標行為的能力問題時，這是能夠尋找的一些相關證據。

一個人能夠從頭到尾都正確地完成一項行為嗎？ 好好地看這個人是否會犯錯，以及他的錯誤類型是什麼。或者，如果這個人問了許多關於如何完成這項行為的問題，或是查詢額外補充資訊，這些告訴你他們對自己所具備的知識並沒有信心。要注意的是，無論是否有這類型的口吃症狀者，以及他們是什麼樣的人。

有一些像是Grasshopper的產品，要求使用者提供關於他們已經知道的資訊（見圖5.3），能快速地理解出，並解決任何知識鴻溝。其他產品可能能夠對其使用者分門別類，並做出關於他們的能力在經由以分類結果為基礎的有根據假設。舉例來說，你可能想像一個會自動將使用者放到一個更進階的路線的編碼應用程式，如果它在他們的裝置上偵測到其他特定的應用程式。

一個人能夠完成一組複雜的行為，最後結合成一個有順序的大動作，或是他們需要在過程中的每一個點上停下來？ 在經歷一個開始作業的程序時，可能會需要多方面書面諮詢的範例，因為這個產品要求的是不熟悉的資訊。思考關於這方面

3　相關的概念還有唐·諾曼（Don Norman）的錯誤對上疏忽，錯誤有可能是一個心理的能力過失，人們不懂得要採取正確的行動。一個疏忽有可能是環境裡的某樣東西所造成的，就像是牙膏被存放在 Icy Hot 止痛藥膏一般會放的位置，或是因為有人分心的噪音，而讓人無法正確地回答問題。

Is this your first time coding?

Yes, I'm new to coding →

← No, I've coded before →

圖5.3　Grasshopper要求使用者在開始的階段時，敘述他們編寫程式的經驗，並提供更多基礎入門的課程給需要的人們。.

的才能的一個方法是耐力（stamina）；無論這個人是否發展出需要長久維持這個行為的應對能力。

如果有的話，一個人會需要什麼工具去執行一項行為呢？尋找多的工具，或是已經在使用的輔助設備，或者從採用的工具中獲益，都是為了要能執行行為。舉例來說，一個睡眠與放鬆的應用程式可能會提供舒緩的夜間冥想聲音，但沒有舒適的耳機阻擋身邊伴侶的惱人鼾聲，這個冥想就會比原本認為的要困難。

一個人能夠解釋如何對某人做這個行為嗎？通常能教另一個人意味著那個人已經過了新手階段，聆聽他們的解釋也能提供他們所了解的深度觀點，他們仍無法克服的地方，以及你的設計的哪個部分可以讓事情更容易。當可用性研究學者要求研究參與者口頭描述是如何使用產品時，經常發現他們的能力不足；這些敘述揭露了他們的理解程度與需要加強設計之處之間的鴻溝。

一個人能夠如何和他人做好協調去完成一項行為呢？如果一個人需要以身為團隊一員的方式去完成這個行為，他們之間能做有效的溝通與協調行動是非常重要的。這可能意味著像是和配偶協調好，讓其中一人能買到隊的食材，好讓另一個人能煮出一頓健康的晚餐之類的事。

當有令人分心的事，或是事情不對勁時，一個人還能夠自律嗎？如果在環境中

有干擾，像是周圍的噪音，或是其他人，有可能會讓執行某個行為變得更困難。具備更多技能的人們能夠一貫地適應這樣的狀況，所以他們無論如何還是能夠完成行為。以環境反饋為基礎將行為標準化的能力稱為自律性（self-regulation），它能夠幫助人們不會出差錯，特別是對尚未成為習慣或是例行公事的較新行為改變。自律性對例如建築工人的安全行為特別重要，因為在工地現場會有許多人，同時有大型機器來回移動 —— 更別說它們從頭到尾所發出的噪音。

你或許注意到能力條件可能和一個人的某項特質有關，不論是他的身體狀況，或是一種心理特質。記住這點能夠幫助你釐清目前遭遇的能力阻礙是否屬於能力類型。

可能性的世界

機會是關於一個人可能會從事一項行為所處的環境，它包括了形體機會與社會機會。形體機會是和一個人在行為中所存在的周圍環境對他是有幫助，還是一種阻礙。舉例來說，入門者運動程式經常強調走路是開始進行身體活動的一個溫和又安全的方式。但有些人住在沒有建置人行道的地方，讓他們無法在走路時能保持安全。這樣的形體機會阻礙讓住在那樣區域的人們無法真正從以走路為主的運動程式中獲益。

社會機會是和會影響行為的其他人有關，它包括了像是直接同儕支持之類的東西，還有人們會藉由觀察他們自身周圍的其他人學習。人們深深地被他們自己的社會背景所影響，無論是他們所處的較大型文化，或是他們參與其中的社交圈。研究已經顯示，人們的社交圈比你可能猜想的要更具影響力；如果你的配偶或是最要好的朋友戒菸的話，你就更有可能戒掉這個壞習慣，這樣的說法是有道理的。但網絡效應是非常強大的，你也很有可能成功戒菸，如果你知道朋友的朋友已經做到的話。了解人們所處的社會環境對設計一項能力來說是非常關鍵的。

以下是決定是否有牽涉關於機會議題的問題：

- **在鄉間野外從事一項行為是會比較簡單還是困難呢？** 為了要了解形體機會，

就要調查所建造出來的環境；要注意環境是如何影響人們做出行為的能力。

- **為了能做到行為，材料與工具是必須的嗎？** 有些行為是要工具或材料才能做的，如果它們是不容易做到的話，那就表示有形體機會阻礙。舉例來説，如果你要求某人增加訓練強度，那麼他手邊會有啞鈴或是其他合適的東西是他能夠舉起的嗎？

- **什麼樣的時間或行程限制會影響行為？** 如果你要求某人早上的第一件事，就是進行一項非常複雜的服藥規則，當孩子們也正準備要上學；這就很可能會有一些形體機會的問題。

- **一個人最常遭受的社會規範是什麼？** 試著了解一個人的朋友、家庭或同事間，所謂的「正常」是什麼；去收集關於在那些族群的人們在某人明顯和他們不同時所做出的反應的資訊。他們是支持的嗎？還是公開地評論呢？大多數人對過於背離規範會感覺不自在。

- **什麼樣的行為是人們在做的時候有某種主導權？** 人們的行為經常是以他們看到其他人所做的行為為範本，特別是如果某人具有位階上的權力（像是老闆或是主管），或某人是人們所欣賞的對象（像是名人，或是全校最受歡迎的孩子）。如果其他人也模仿同樣的人或是一群人的行為，效果會是加乘的。就像他們所説的，因為每一個人都在做。

- **一個人會遇到何種團體或團隊是有可能會對他的行為產生影響？** 這點經常會在工作地點的行為改變上出現，仔細觀察其他團體如何在做目標行為時，是變的較容易還是更困難。舉例來説，要醫生改變一項行為會很困難，如果沒有能夠和他們的醫療工作人員相互協調以及病人能遵循的日常工作程序。

- **可以有何種類型的特定社會支援（或不支援）系統？** 有時候朋友或其他人會鼓勵新行為與參與感。其他時候，他們會創造出一些會讓新行為比較難做到的情況；像是辦一場保齡球之夜去破壞好友為健康所做的努力，因為在那裡，每個人都抽菸，而且唯一的食物選擇是炸物。

一個很好的經驗法則是，如果一個能力阻礙是存在於試著改變一種行為的人之外，就有可能會落入機會類型。

當我在從事以感知行為治療為基礎的介入工具去幫助人們培養出好的睡眠習慣時，我們首先看的是不讓人們睡好覺的能力阻礙。那些習慣之中有許多是來自查閱現存的研究，但有一個是一直出現，但我們卻沒偵測到的是「寵物」。

藉由進出臥房、製造噪音，或是爬上床這些動作，寵物可以是阻礙或加強一個人睡好覺的能力。牠們如果是安靜又愛撒嬌的話，就能幫助人們睡好覺。小狗也可以促進人們睡眠的能力，因為人們一天中要遛好幾次狗。固定時間運動能幫助人們入睡，並維持入睡狀態；所以在對的時間遛達可能會讓你在夜晚有較好的睡眠品質。

有了這個資訊，我們要求人們在這個程式的初期階段告訴我們關於他們的寵物，包括牠們的名字。然後我們能夠進行關於如何不讓寵物變成睡眠阻礙的個人化訓練（主要是不讓牠們進臥房！），以及如何利用牠們所能提供的促進睡眠的優勢。至少對我們的一些使用者來說，針對這個特定的阻礙做訓練，會讓情況明顯不同。

只要有決心

動機是影響人們從事一項行為的能力裡的三個類型中最具「心理性」的。記住，當談到COM-B時，「動機」一詞是比我曾經用過的其他名詞有著些微更專一的意義。它涉及了兩個子類型：反射動機與自主動機。

• **反射動機**（Reflective Motivation）和大部分的人聽到「動機」一詞時所想到的，以及此詞用於自我決定理論的方式十分接近。它包括了人們非常清楚明確的為自己所主張的目標與價值，當某人說出「我想減重十磅」時，就是反射動機的範例。另外的例子像是某人告訴你：「我想為我的孩子們建立起好榜樣。」雖然這樣的言論並沒有特別和某一種行為有關，但對於什麼樣的行

為讓人想做到而哪些行為不具備這樣的條件，它確實產生某種程度的期許。

- **自主動機**（Automatic motivation）則比較難理解，它包括了人們甚至沒有完全了解自己的那些所有心理學相關的東西。舉例來說，行為周圍充斥著文化期許，它影響著人們認為可以去嘗試的事物類型；並且也有和理性思考不一致，但還是會驅使行為產生的情感與慾望。

評估動機阻礙可能是COM-B的三個組成中最詭譎的一個，那是因為至少就COM-B裡的動機來說，它包含了非常難以觀察到的混雜因素。並且有一些歸類在動機底下的項目是如果你問人們，他們有可能無法輕易地告訴你。比方說，許多人會因為角色身分的關係而有特定的行為舉止：「父親都會這樣做。」卸除這樣的角色行為有一點像不是每個人都願意或能夠參與的療程。行為改變設計師有許多次會被留下來去推論在和人們交談的表面下，到底是什麼會陷入以他們所能看到以及能聽到為基礎的動機清單。[4]

這是結合面談與觀察以得到較佳數據資料的黃金機會，並要有信心；就如同許多類型的使用者經驗研究，COM-B根本條件能夠在一開始感覺難以抵擋，但當你和更多人交談後你就會知道主題是什麼。

- **一個人的目標有哪些？**人們可能會思考關於他們的目標並能實踐它們。如果是這樣的話，那真的太好了！如果他們無法做到，詢問他們會如何描述未來，如果他們能成功地做出行為改變。他們的答案會提供一些觀點。

- **什麼樣的目標對他們來說是最重要的？**有多個目標是很常見的，但有時候它們會有競爭的狀況。舉例來說，人們經常會有個人健康、體態，以及財務目標，但是想成為好的父母親的目標會在它們前面。所以就會成為披薩和迪士尼之旅，而不是沙拉與401千卡的熱量消耗。瞭解目標的優先順序會幫助你設計出在某種意義上考慮到什麼是最重要的，同時針對順位較後面的目標仍能有所進步。

- **人們要如何了解他們的角色？**這在像是工作場所，也就是人們具有職銜的群體情境下會比較容易評定。雖然有可能比較難做出清楚的表達，但大多數人

4　想要學習能夠幫助你聽到隱藏在字彙底下的含意的方法，就要讀英迪・揚（Indi Young）的著作《實際共鳴：在紐約的合作與創造力》（Practical Empathy: For Collaboration and Creativity in Your Work，暫譯）

對於身為一名朋友、夥伴，以及家庭成員⋯等所具有的意義，都有自己個人的解讀。那些角色定義會限制或擴大一連串的相關行為是人們在扮演他們的角色時會很自在地表現出來。

- **一個人會相信目標行為將會對他們的任何一個目標有幫助嗎？** 人們一般都完全不會有興趣去做他們認為不會幫助他們變得更好的事情。這個阻礙經常會出現在當人們無法改變過去的行為時，「這以前就沒效了，為什麼現在就會有用呢？」

- **做出這個行為會有什麼樣的獎勵呢？** 這些獎勵有可能是獎金誘因（這在雇主贊助的醫療計劃中很普遍，舉例來說，如果人們完成某些活動，他們就能夠付較低的費用）。或者有些獎勵是物質誘因，像是預訂一個豪華假期做為完成一項艱難工作任務的獎勵。一張薪水支票是人們非常普遍會收到的獎勵範例，這會讓他們優先完成某些行為。

圖5.4 應用程式stickK的使用者會押錢在他們的行為改變努力上，他們還會指定將失去的金錢要送到特定的地方，這個做法會增加堅持完成的動力。

- **什麼類型的懲罰或是負面結果的存在是和行為有關？** 舉例來說，如果一個人沒有完成哪些健康活動[5]的話，他的醫療保險的額外費用會增加嗎？有些像是stickK的程式，會讓使用者在他們的目標上花錢（見圖5.4）。如果這個人沒有成功完成任務，就會有金錢損失；一個增加的小變化是使用者能夠另

5　你在第四章了解到關於損失厭惡（loss aversion），它是一種存在於人們中的認知偏見，比起得到某樣新東西來說，人們對失去已經擁有的某樣東西會更敏感；即使兩種情形的結果是一樣的。這是一種人們在行為改變設計中讓偏見產生作用的方法，許多程式具備激勵架構，它能提供處罰（拿掉一個費用不高的選項）替代獎勵。這會有效，但要避免過度使用。無論是一個醫療計畫或是一間廉價航空，人們如果認為他們的每項行為都被占一點便宜，他們會容易感到不開心。

外指定任何損失的金錢到一個「反施捨」選項，這是他個人不會支持的理想目標，為的就是要讓損失金錢的感受更明顯痛苦。

自主動機就定義上來說是人們不容易理解的，這也就是為什麼聆聽故事背後的訊息是如此重要。在人們**所說的**與你看到他們**所做的**之間做比較，也可以提供是什麼激勵了他們的線索，尋找的線索包括：

- **什麼樣的結果會和做出行為或不做行為有關聯？** 行為的社會與情感結果會強烈地影響人們從事這個行為的興趣，帶著尊敬的行為更具吸引力與感染力；逃避性的行為也會有正面的結果。如果有人覺得他有可能會失敗，那他就有可能會避免去嘗試。

- **做出這個行為會讓人們有什麼樣的感覺？** 一個不同類型的結果代表著這個行為是否能夠做得很開心，這包含了心情（它會帶來壓力嗎？它很可怕嗎？），或是一種身體的體驗。根據經驗法則，人們找到的經驗是感覺美好的，並會避免那些讓自己感覺不好的經驗。

- **當人們和你的產品互動時，他們將會處於何種情境呢？** 了解關於一個目標行為的身體與情感情境，將會幫助你決定是否這個行為對某人來說，是有著豐富感受。舉例來說，有人正在急診室裡等待家人的行為將會帶來一種非常不一樣的心態以及情緒。這樣的人使用你的產品，和舒服放鬆地在家用手機使用產品的人極度不同。[6]

- **關於目標行為，一個人會具有什麼樣的文化理解？** 這是一個人出生、成長與生活的情境中的big-C文化。如果某人曾經在一個將特定類型的行為認定是正常，或是在從未做過的文化下成長，這會影響他們嘗試自己做出這個行為的意願。就某方面來說，在從事國際性計畫時，處理自主動機的文化效益會比較容易，因為它們之間的對比會讓設計師比較容易了解。[7]但每個國家有許多小文化區，是對在此長大的人們有著極深遠的影響；所以有可能要花更

6　艾瑞克・邁爾（Eric Meyer）與莎拉・瓦克特-波特許（Sara Wachter-Boettcher）的著作《為現實生活設計》（Design for Real Life，暫譯）是為處在極度艱困情況下的人們的一本入門書。它和任何為可能身在醫院、醫療系統，或其他醫療環境的人們做設計的工作者有著高度關聯性。
7　但在這裡要補充說明的是，在你的程序中，要涵蓋你所設計的對象是很重要的，一但你察覺到文化差異，要利用當地人的引導去探索瞭解它們。

多心力去了解它們。

這裡值得一提的是COM-B模式所定義的能力和我所下的定義有些許不同，我使用的是一個較為廣義的能力，它涵蓋了能力、機會與動機。不要被專業術語侷限，基本概念都是相同的。任何阻礙人們表現想要的行為的因素是你必須要在設計裡考量到的東西。

組織你的研究去偵測能力阻礙

在行為改變設計過程中，使用COM-B模式以及行為改變輪的一個絕佳方法是計畫並執行研究（我稱這為「診斷時期」）。假設你計畫要利用它做為能力設計的一種方法，為你的計劃設下一個基本架構，並在一開始就遵循行為改變輪以去除重複作業，並確保你得到所有你需要的投入條件是一個很好的想法。多花一點時間在規劃上將會省下許多分析與解讀的時間。

寫下面談問題與觀察重點清單

如果你正要執行面談（甚至是和朋友與家人的非正式面談），你會想要有一個問題清單來提問。它不需要是一個像會議指南那樣的正式，但至少要按照順序寫下你要提問的主要問題，讓整個對話更具邏輯與條理。

能力阻礙類型的敘述是刻意地提出連續問題，那些廣泛的入門問題會是你的面談指南；拿著關於能力、機會與動機的一般問題清單，並針對你所進行的特定計畫對這些問題進行修改，你可能會提出更多關於能力阻礙類型的問題，是你覺得有理由相信它們對你的目標行為來說特別重要。舉例來說，如果你已經做了文獻探討，並看到某件事物以一個問題的形式不斷出現；如果你知道有一種能力阻礙是和你的目標行為沒有關聯，就不要花太多時間去了解。

如果你正在做觀察性的研究，要打造一張檢查清單以尋找觀察到的事物；你可以藉由了解之前的研究結果找出，或藉由對你的研究領域有經驗的人們的談話做一些應急的前置研究，之後當你在現場時，你能夠注意到相關證據。檢查清單也

會讓做筆記這件事情變得較容易，因為你只要標註相關項目，用簡短的用詞就能提供所需了解的細節。（如果你有經過受訪者許可的話，就多拍些照片吧！）

創造一個資料網

整理你所收集到關於能力阻礙資料的一個簡單方法是創造一個資料網，不論是畫一個表格或是做出一個試算表格式。資料網裡的排或列所代表的應該是阻礙類型，你可以把它們標註成廣義的才能、機會與動機，但我通常會在每一個主要項目下再細分成三到四個能力阻礙。欄位應該包括此能力阻礙的證據，以及有一個空間去評價此能力阻礙會有多大的影響。有時我也會有一個欄位是給條件提供者，當一個特定的能力阻礙項目對某人是有利的。舉例來說，如果介入工具是要人們走向戶外，並且他們是居住在一個採光良好、風景宜人的市中心裡的社區，你要特別注意這點，才能在設計上利用這點的特性與優勢。以這個例子來說，就會有健走這個行為的物質機會促進要素。

創造一個像圖5.5的資料網去整理關於你的能力阻礙證據，圖5.5的資料網所關注的是讓人們更常健身的介入工具，在現實的規劃上，你的資料網可能會需要更多資訊，但你能在這個範例中看到如何能在每一個阻礙項目中增加額外的行或列。證據欄位裡包括了來自你的研究參與者的資料（以號碼做簡稱），這些資料可能是引述或是註記。如果你喜歡用顏色標註，你可以將能力阻礙以一種顏色標註（我使用的是紅色），協助或激勵項目用另一種顏色標註（這個範例用的是綠色）。

你之後會加進這個資料網以決定在你的設計裡那些阻礙是優先要解決的，你也可以有一個欄位去辨識每個能力阻礙所對應的解決方式，以協助設計程序的下一個階段。

如何處理部分相同的資料

你或許注意到有許多能力阻礙似乎符合多個COM-B項目，假如是這樣的話，那就加在所有你認為它們能夠被歸類的項目中；然後把這份資料放進資料網，緊鄰你認為最能描述這份資料的項目。（或者如果你真的覺得很痛苦，那就拋硬幣

能力阻礙補充資料網：範例

COM-B項目	子項目	阻礙存在的證據
體能	無	
心理能力	知識	P2：「我對我應該做的所有步驟感到困惑，到底什麼要先做？我要一直回去看應用程式確認，然後整個健身的時間變的非常長。」 P4, 6, 7, 13都使用某種作弊的表格完成健身
	自我調整	P5：「我如果有體力並有一個安靜的空間可以專注的話，我就能把瑜珈的連續動作做得非常好，但當我的孩子們一旦到家，這一切就結束了。」
物質機會	設備	P7：「我甚至不知道要去哪裡買這玩意！還有我應該要把它放在我個人公寓套房的哪裡？」
社會機會	社會支持	P14：「我知道我先生想要我開心，但他真的很難適應我再也不想和他一起坐著看電視。他讓我覺得有拋棄他不再一起做以前我們兩個都喜歡的事情的罪惡感。」 P11：「結果我的好朋友也想報名，但他不想自己一個人來；所以我們現在是健身夥伴，我知道如果我不來，會讓他很失望，所以我就過來。」
自主動機	行為結果	P4：「我上次去健身房，結果有三天沒有辦法好好走路。每個人都瞪著跛腳的我，而且我的腿還會抽筋，我沒辦法這樣。」
	情緒反應	P14：「當我告訴我先生我要到房間看影片做瑜珈，不要和他看Netflix追劇時，他看我的那種眼神讓我感覺非常糟。」
反射動機	目標	P2：「明年是我的高中同學會，我一直不斷想像如果充滿自信地走進會場會有多麼美好。」
	優先順位	P2：「我知道我一週應該要運動四次，如果我要達到我訂下的目標。但我也一直在工作，而且幾乎都看不到孩子。我必須要維持家計，而且我想在孩子們睡前到家。所以實際一點的話，我或許一週能做到一到兩次的運動。」

圖5.5　像一個這樣的資料網就是一個整理你的資料的好方法，並能得到能力阻礙類型的對應觀察，去了解是什麼阻礙了你的目標族群。

決定吧！）針對其他有作用的項目，你就紀錄參照第一個項目的結果；不要想著一定要做出最完美的決定，通常如果難以歸類一種能力阻礙的原因是它能以許多個方式解釋。

關於使用輪狀圖的一個非常酷的事情，是這些重疊的項目在關於選擇出一個解決方式時，它們似乎能夠自己整理出結果。經常發生的情形是，單一能力阻礙在不同的項目選項中會有一個或是多個一般解決方式類型。看到相同類型的解決方式出現在一個能力阻礙所可能對應的所有項目中，應該會讓你有些信心，代表你已經達到一個方式的三角剖面階段。

在圖5.5的範本資料網中，P14的能力阻礙和她先生的不支持態度相關，同時出現在社會機會與自主動機中。你可以想像如果有一個方法能讓她的丈夫對她的新健身計畫表示支持，這個方法會同時在這兩個項目中被提及。

下一章將聚焦在行為改變輪所連接每一個項目的能力阻礙的對應解決方式。

結論：當一名偵探

有許多原因可以解釋為什麼人們有可能不會做出目標行為，或是覺得做起來非常困難；為了要讓你的行為改變設計達到其目標，你需要了解是什麼阻礙人們去做目標行為。你要在計畫剛開始的階段去調查潛在的行為阻礙，不論是透過正式研究計畫或是較不正式的方法。

COM-B模式提供一個非常有幫助的工具去整理你的阻礙項目研究，去思考關於你發現這些阻礙是否和能力、機會或動機有關。有了這樣的分類將能讓你使用行為改變輪狀圖去選出更有可能產生作用的介入工具特質。

史提夫・波提格／發掘意想不到的事物

史提夫・波提格解研究，雖然史提夫的專長並不是行為改變，但他的許多計畫最終都聚焦在去理解為什麼人們會表現出他們做出的行為，好讓設計師能夠幫助他們做一些不一樣的事情。或許更重要的是，史提夫是發現分辨成功計畫與其他計畫的意想不到的觀點。就像史提夫在我們的談話中所說：「這就是為什麼你要做研究：就是要去找出和你所預期的截然不同的事物。」我請史提夫分享一些利用研究去了解關於人們在行為改變阻礙的專業訣竅。

▌你是如何知道是什麼會驅使一個行為產生？

你可以問人們他們要做什麼，但你並不一定要完全相信他們。它或許是一個很好的問題，因為他們的答案揭露出他們的心智模式，但那並不是他們實際上真正要去做的事情。如果你有一個小時的時間和他們談話，要設法取得他們的故事，並問出非常棒的接續問題，讓他們能夠完整交代細節，人們就會表現的更投入。你幫助他們透過一個很好的面談，挖掘出更多關於他們自身行為的深度觀點。

試想和人們進行一個關於行為過程的談話，他們說出關於他們會做的事情，並且你可能會問一個關於你試著想了解的一些面向的釐清性問題。但即使讓人們不經解釋就說出他們會做的事情，有可能會揭露出他們的心智模式中的哪些地方是和你的有所不同。你的想法就像是某個東西的製造者，設計師經常和敘述自己是如何投入這個行為的其他人有所不同。我們有必要仔細聆聽真正被說出、表達的東西，因為這會提供我們一個人是如何建構出自己去做這項行為的方法的觀點。要利用你的蜘蛛感知，這感覺就像是在說：「等等！感覺不太對勁，或是這和我所期待的不一樣。」你要能夠在這種時候暫停一下，好好思考。

▌在面談之前，你為什麼要參與者準備素材？

這和擴大我們收集到的資料較無關，而是和改變逐漸輸進我們的參與者的大量資料較為相關。資料收集活動可以是非常低調的，我們可以要求人們去收集手工藝品的樣本；舉例來說，我已經請人保留像是進來的垃圾信件，或是他們喝完剩下的紅酒空瓶（為了要研究葡萄酒包裝）。如果我去某人的家，而他們有三十瓶葡萄酒對上四支空瓶，那麼就能看到更多樣本。

我發現令人興奮的是如果你讓人們（舉例）在一張試算表中紀錄每一筆銀行往來互動，之後或許寫出關於這個互動的句子，他們現在會更留意那樣的行為。這會讓他們處在一個有能力做出反應的狀態，人們開始會不由自主地告訴我一些像是：「你知道的，自從我收集這些東西後，我就注意到這個……」之類的事情。他們似乎更有洞察力與見解。

▌你是如何發現新行為的障礙？

我們現在正在和一個機構合作，是關於人們如何習慣一個每日活動的重要改變，但廣義來看，我們還尚未找到這個改變。這個機構提出的問題是：「當人們做出這個改變時，他們必須要克服什麼樣的困難呢？」我們有一個有形商品，所以我們做的是找出那些有可能是使用者的那群人，並勸誘他們有意願踏出舒適圈做出行為改變。我們提供他們產品以及附有每日與每周任務的工作紀錄本，我們人為地創造了新使用者，然後要求他們記錄下所發生的事情。

這提供我們許多故事去找出透過做出這個改變去支持人們的理想體驗設計，這幫助我們了解在穿過那道門時的感受是什麼，所以我們能做出較佳的入口通道設計。

▌如果面談偏離重點的話該怎麼辦？

　　事情會變得不如預期，或是你會覺得受訪者不是處在你要的情境。研究者的部份工作是要知道如何讓事情回到正軌，我認為單純地堅持下去是一個非常有趣的練習；你或許可以就一直繼續下去，然後就會出現某種結果；如果什麼都沒有，這還是一個很好的練習。

　　然後，你不會總是知道什麼是會有非常深刻收穫的那一刻；有許多故事是關於人們在面談時說出覺得非常受挫，並感覺這是浪費時間，在之後發現他們自己回到原本的狀態。這一切的關鍵就是不要太早放棄，或許面談會發生，如果沒有的話，你又有什麼損失呢？

身為一名顧問，史提夫・波提格（Steve Portigal）從事使用者研究以告知產品研發與產品策略規劃藍圖專業人員。史提夫也訓練一些組織能提升他們自己的研究能力。史提夫的著作有《洞察人心：用戶訪談成功的秘密》（Interview Users: How to Uncover Compelling Insights，暫譯）以及《門鈴，危險與廢電池：使用者研究戰爭故事》（Doorbells, Danger, and Dead Batteries: User Research War Stories，暫譯），還是Podcast節目Dollars to Donuts的主持人。

06

「修理」你
解決能力阻礙

+ 優先處理能力阻礙
+ 克服能力阻礙
+ 將介入功能詮釋成解決方法
+ 嘗試過並確實是能力增進因子
+ 注意！在設計能力時的道德考量
+ 結論：選擇對的解決方法

觀點 雪柔・卡巴納／系統透鏡

所以你已經知道是什麼阻礙人們做出一個或是多個目標行為了嗎？知道的話就太好了！但除非你在你的產品裡設計出某種東西是能幫助他們克服那些能力阻礙，否則你的傑出研究是不會改變任何事情。我們現在來看要如何為你的產品選擇出對的特性與功能，去幫助你的使用者把事情完成。

我在上一章提到如果你使用行為改變診斷辨識能力阻礙，你就能循著它的邏輯找出那些阻礙所對應的解決方式類型。這章將一步步經歷這個過程，我將會呈現不同類型的解決方式能如何匯集成為一個單一經驗或產品。

優先處理能力阻礙

可能的狀況是你的了解使用者能力阻礙研究，產生了一張列出可能原因的超長清單，這取決於這個行為的複雜程度，發現無法執行目標行為的五個、十個，或更多個能力阻礙並不會不尋常。在所有的可能性裡，你的產品是無法列舉出每一個能力阻礙；所以找出要克服哪些能力阻礙，以及哪些能力阻礙是你的研究範圍之外，然後就把這些能力阻礙做出排序。

要考量的標準

排序能力阻礙的第一步是選擇分級每個能力阻礙的標準，這裡選擇的是結合理想性與實用性的方法。一個單一能力阻礙如果具有越大的影響力，那它在設計的解決方法中所針對的目標就越顯重要。然而，你也會想要將其他實際限制條件納入考量，像是成本、時間表、資源，以及是否追蹤某一特定阻礙會和你的產品界定距離太遠。

以下是一些你可能會用來排序你所找到的能力阻礙的標準，你不需要用到每一個標準，但至少要選出兩個到三個以確保你是從多重角度做出考量。簡化你最常在你的資料中看到的阻礙，或是最容易解決的阻礙會阻止你做出最具效果的設計。

- **普遍的阻礙：**你的研究中有多少人是被阻礙所影響呢？阻止很高比例的人做出目標行為的原因要比只影響少數人的原因更值得被提出，因為它明顯重要

許多。

- **阻礙的頻率**：總是一直出現的阻礙會讓人們十分困擾，即使它是人們能夠克服的阻礙。很多使用者不會有耐心去持續不斷地分析解決相同問題。

- **阻礙的影響**：這個阻礙會完全阻止行為發生嗎？還是它比較像是一個些微不便之處？影響越大，被提出來的重要性就越高。

- **克服障礙的容易性**：不是所有的阻礙都能夠藉由一名產品設計師很容易地被提出來。如果某個特定的阻礙是你的產品無法移除的，那麼就要去思考關於你是否能夠繞過這個阻礙做結束（例如：建議較經濟的其他選項，而不用昂貴的設備）或是把產品調整成未來的使用族群（例如：將焦點放在沒有經歷過這個阻礙的人們）。其他容易克服的相關能力阻礙包括修正人們無法理解的艱澀術語，並確定所有要遵行的指示都非常容易且清楚。

- **克服阻礙所需付出的代價**：有時候一個阻礙會因為太過困難而無法在你的計劃裡的實際限制條件中去處理。舉例來說，假設你發現你的應用程式無法從一個特定活動追蹤工具中撈出資料，這會讓許多潛在使用者不想嘗試去做。但是用這樣的追蹤工具去做整合，會要全部重寫你的代碼庫（code base），並還要依據原本的時間表再延後兩個月才能推出。比較好的做法可能是繼續往前，之後再去處理，而不是付出更多代價，並且沒有現在就做 —— 當然，除非這個阻礙是你的產品重點，這樣的情形你只能硬著頭皮接受並解決它。

- **你的品牌、產品以及效果的結合**：沒有產品是適用於所有人，你可以辨識你想為你的使用者移除的阻礙，但這樣做會讓你超出你設定的範圍非常多。那些阻礙不是你的產品所要解決的重點，雖然在理想的狀況下，你應該是能夠解決它們。

做一個優先順序的分數

在你決定你的優先順序標準後，你會在研究階段中把它們加進你做的資料網，所以你能夠在你的清單上對每一個阻礙做評分。你會在每一個條件標準上給每一個阻礙一個分數。這裡沒有必要用一個很大的分數級距 —— 0-3分就夠了，0表

示「完全沒有」，3則是最高分數。一旦你在每一個標準欄位給每一個阻礙評分，然後把每一行的分數做加總。你可以參考圖6.1的資料網範例。

能力阻礙＋解決方法附註資料：範例

COM-B 項目	子項目	阻礙的存在證據	普遍性（0-3）	影響（0-3）	品牌一致性（0-3）	總分
心理能力	知識	P2：「我對我應該做的所有步驟感到困惑，到底什麼要先做？我要一直回去看應用程式確認，然後整個健身的時間變的非常長。」	3	3	3	9
	自律	P5：「我如果有體力並有一個安靜的空間可以專注的話，我就能把瑜珈的連續動作做得非常好，但當我的孩子們一旦到家，這一切就結束了。」	2	2	1	5
社會機會	社會支持	P14：「我知道我先生想要我開心，但他真的很難適應我再也不想和他一起坐著看電視。他讓我覺得有拋棄他不再一起做以前我們兩個都喜歡的事情的罪惡感。」 P11：「結果我的好朋友也想報名，但他不想自己一個人來；所以我們現在是健身夥伴，我知道如果我不來，會讓他很失望，所以我就過來。	2	3	3	8

圖6.2　做一個和這個類似的資料網，並對你為你的使用者所辨識出的目標行為做排序。

之後整理這些阻礙的加總分數，並依分數高低做排序；如果你是定量推崇者，或者如果你有許多阻礙是需要整理解決，你可以在你使用的 Excel 或其他試算程式中的表格中做一個簡單的演算系統並直接加到個別分數中。

然後選出前幾個活動阻礙並試著在你的設計中解決，挑選阻礙沒有所謂的「神奇數字」，一個較複雜的計劃有可能會有好幾個阻礙，而一個小型的試驗計畫或許只包含一個或兩個阻礙。

大致上，你要接受自己是無法百分之百解決你的使用者可能會經歷的能力阻礙。專注與簡單比做過多嘗試更有可能得到高質量的結果，如果你能夠辨識出最普遍以及最具意義的活動阻礙，並針對它們設計，你會發現使用者會願意針對較小的阻礙自己嘗試解決。

當你已經發展出一張能力阻礙的簡易清單並利用你的設計去處理它們時，也就是要找出要用什麼策略去對抗它們的時候。

克服能力阻礙

這章的大部分內容將會聚焦在使用行為改變輪選出特質或功能類型，但並沒有強制一定要使用這個工具。如果基於某個原因，你選擇不使用行為改變輪，還是有其他方法是你能夠選擇使用。

你可以閱讀和你的目標行為或使用者人口相關的行為改變研究或個案研究，並了解是什麼在其他情況下仍十分有效。對其他在相同領域的數位產品所做到的功能進行評估，看哪些是成功的（或不成功），並從它們身上學習。善加利用你的訪談，不論是和朋友與家人的非正式對話，或是準備完整的研究活動，都可以問出人們覺得在過去有什麼東西是他們覺得很有幫助，以及他們現在想要有的工具與支持是什麼。如果你正和還不知道該如何做到目標行為的人們談話，你可以一直問他們是如何在生命中的其他領域中做到行為改變，並看看他們是否有任何金玉良言可分享。

有時你只需要用常識就能理解，許多類型的能力阻礙並不難找出有可能會有用

的某種類型的解決方式；如果某人缺乏資訊，那麼提供他所欠缺的資訊就是個好的開始。然而，「常識」應該是一個最後的方法選項，特別是如果你沒有許多行為改變的設計經驗。心理學會令人抓狂以及感到奇妙的事情是人們會讓你感到驚訝。關於行為改變有效的假設並非一直都是正確的，要在你對解決方式的猜測與已發表的研究或是和人們的談話間進行交叉比對。

對我們而言，我們已經經歷了利用行為改變輪研究我們的能力阻礙中最困難的部分，並將它們分類成能力、機會或動機問題。所以，我們就使用行為改變輪來決定哪種類型的解決方式是對應處理哪種類型的能力阻礙。

行為改變輪提供九種解決方式，也是我們所知的介入工具，去克服障礙以做出目標行為，以下是這九種解決方式：

- **教育**：提供知識

- **訓練**：透過指導與練習建立技能

- **說服**：説服某人去做或思考某事

- **刺激**：做某件事會得到的獎勵或渴望的結果

- **脅迫**：做錯事或是沒有選擇做對的事情會得到的懲罰或剝奪

- **限制**：透過規則或其他改變去做一個不想做的行為變得更困難

- **啟動**：透過規則、工具或其他改變讓去做一個想做的行為變得較容易

- **環境調整**：為一個行為去改變形體或社會情境，讓它變得較難或較容易做到

- **模仿**：示範想要做到的行為，並以此做為教授的範本

每一個解決方式的類型都和數種能力阻礙有關連，這是以呈現將這些障礙移除特別有效的研究為基礎。圖6.2顯示何種類型的解決方式對應著何種類型的障礙。

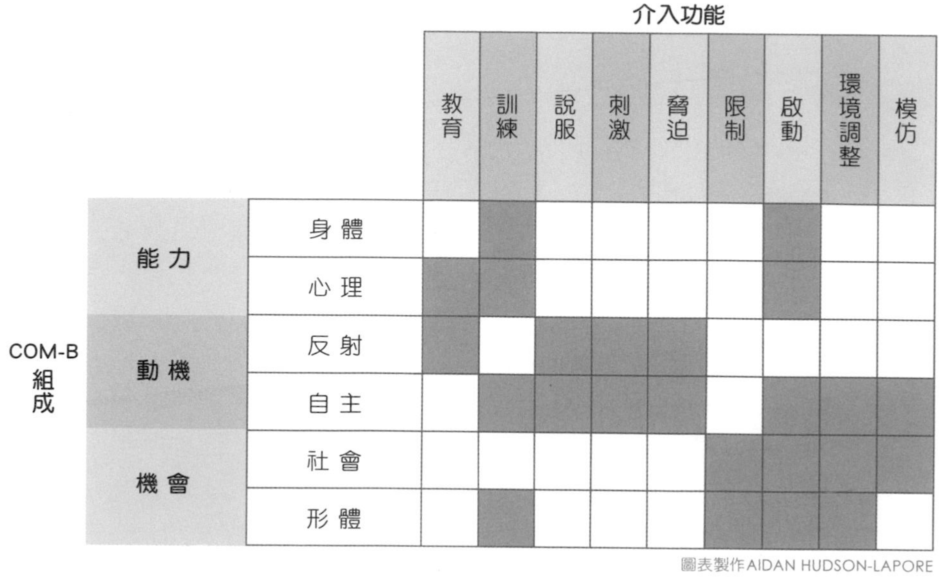

介入功能 / COM-B 組成

COM-B 組成		教育	訓練	說服	刺激	脅迫	限制	啟動	環境調整	模仿
能力	身體		●					●		
能力	心理	●	●					●		
動機	反射	●		●	●	●				
動機	自主			●	●	●		●	●	●
機會	社會						●	●	●	●
機會	形體		●				●	●	●	

圖表製作 AIDAN HUDSON-LAPORE

圖6.2　這個表格清楚地顯示基於之前的研究，哪種類型的解決方式對應哪種類型的能力阻礙最有可能有效。利用這個表格去縮小你可能會使用的解決方式類型以幫助你的使用者達成目標行為。

解決身體能力阻礙

　　如果阻礙是關於身體能力，解決方式有可能會分成兩種：訓練與啟動。訓練的概念對大多數人來說是很熟悉的，它常會涉及將目標行為切割成較小並較能處理的部分行為，使人們能不斷練習直到發展出將它們全部一起做出來的能力。利用訓練去克服身體能力阻礙的行為改變程式最佳範例是Couch to 5k。

　　Couch to 5k是一個設計用來幫助沒有任何跑步經驗的人們，做好能夠準備在九周內跑出5公里或是3.1英里的應用程式。這個應用程式讓人們有個緩慢（真的非常慢）的開始，使用者能在走路與跑步間的突然轉變中輪流交替。經過一段時間後，跑步的持續力會變長，而走路則是變短，直到這個人最後能連續跑三十分鐘（見圖6.3）。創造出這個應用程式的人喬許‧克拉克（Josh Clark，你將會在第八章對他有更多認識），表示他研發這個程式的主要考量是要移除練習跑步時的身體疼痛。Couch to 5k藉由慢慢地訓練人們，幫助他們建立移除身體能力阻礙的耐力，並克服自主動機障礙裡的身體不適所帶來的厭惡感。

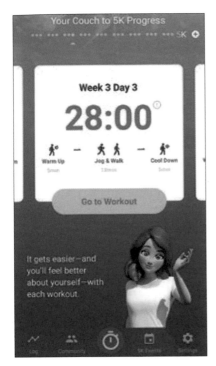

圖6.3　Couch to 5k藉由將跑步切割成小段短跑，並在中間穿插用走路做為體能恢復休息時間，克服了體能活動障礙。

啟動是身體能力障礙的另一種類型的解決方法，它涉及了能幫助人們克服身體限制的工具或策略；它能夠具有像是服藥這樣的形式去處理健康問題，因為它會限制從事一項行為的能力。此外還有以外科治療的介入方法，像是減重手術，或是為視力受損的人將文字化為聲音的螢幕閱讀器軟體。

解決心理能力阻礙

如果這個阻礙是屬於心理能力，像是缺乏如何做到目標行為的知識，那麼解決方式可能會包括教育、建議，或是找出如何做到的資源，透過這些步驟去幫助指導人們做到。在這個障礙中，非常清楚這個人可能不了解的地方是什麼會非常有幫助。一般來說，大部分的人是不會有耐心去看完一大份資料，或是一長串的說明去找出他們所需要的資訊，所以能夠在對的時間點提供對的部分資訊是有極大的助益。

秘訣：保持簡短

財務健康管理教練凱倫‧提曼尼（Karen Timmeny）在她的部落格上分享了許多教育性的貼文，並標註讀完它們需花多少時間，她發現8-10分鐘是人們願意花時間閱讀任何一篇文章的上限。如果你在你的產品中納入教育性的內容，就要把這個內容分成使用者能消化的小塊訊息，否則他們有可能完全不會去看。

Turbo Tax就是把這點做得非常好的產品，它的每一頁都有一個連結是緊鄰著資料進入區，是你按下去後能得到關於某個主題的更多資料。關於Turbo Tax的方法的一個特別優點是只要你發覺你對某件事情不太了解，就有能夠回答你的問題的正確資訊的連結。Turbo Tax預測出可能的問題，並提供這個問題所需的正確資訊。並且它僅提供所需資訊，所以人們不需要費力地閱讀冗長又不相關的內容，從中找到對的相關資訊。

如圖6.4所見，這個資訊是沿著入口區旁邊呈現出來，所以人們不需要在兩個畫面間轉換（這會是另外一個可能的能力阻礙，如果人們忘記上次讀到的地方，或是他們會因為另一個瀏覽畫面上的某個東西而分心）。

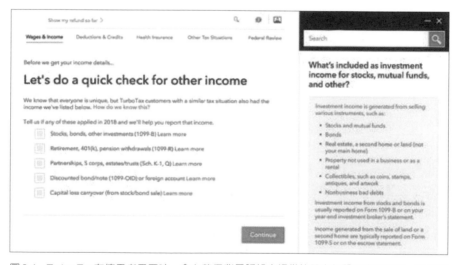

圖6.4　Turbo Tax在使用者需要時，會在整個背景脈絡中提供使用者相關教育性資訊。這會幫助使用者克服報稅的心理能力障礙。.

針對複雜性較低的資訊，有可能藉由註腳或同步解釋傳達其教育性。舉例來說，如果你正在創造一個會提到高血壓的醫學名詞（hypertension）的程式，你可能要在旁邊括弧補充解釋其指的是「高血壓」（high blood pressure）。

有時增加必要指導或是教育性資訊會把你帶離產品目標太遠，這時和外界資源做連結就變得非常重要。舉例來說，只要選出聲譽良好的健康行為改變的介入工具，考慮和知名的機構連結，像是梅奧醫院（Mayo Clinic）或是世界衛生組織

（World Health Organization），這些機構會提供高品質的資訊。對一個應用程式而言，可能會有的情況是和其它可以幫助克服心理能力阻礙的應用程式是否呈現一致。MyFitnessPal在接收我的Garmin手錶中的活動數據資料後，會比較容易計算出我可以攝取多少熱量。

另一個幫助克服心理能力阻礙的方法是分階（leveling），它是一種啟動行為，也就是會將一項工作分解成小塊內容，讓你能從簡單的開始，之後再循序漸進地增加難度。理想的狀況是，使用者被要求要做的工作所表現出的是一個經過優化的挑戰；它要不是難度高到令人沮喪，就是簡單到令人覺得無趣。做分階設計的意義在於要知道對一個在某個特別的時間點出現的特定使用者而言，什麼是適合他的理想挑戰。

成功地使用分階做為設計方法指的是關於如何將大塊素材變成一個個清楚的選項，並做有條理地整理，讓大部分的人會真的認為較容易的階段確實是容易的。在行為改變領域的一些類型中，像是學習一種語言，處理大塊訊息並不陌生；也有時候，它會涉及到你的使用者的偏好以及熟練性。

試想某人剛得知自己被診斷出有第二型糖尿病，他可能會得到的醫療建議包括了調整飲食、規律運動、依照指示服用處方籤藥物、一天驗血糖數次、也有可能基於血糖指數結果調整用藥，以及去找許多醫療專家預防併發症的發生。這些行為對他們來說沒有一個是簡單的，但他會被要求要在同一時間全部做到，這就是造成挫折的重要原因。

你可以用一種類型的分階策略去幫助人們做到這種具重要性又涉及許多部份的行為改變，讓他們先只選出一個行為去專注；除非有一個重大關鍵性的理由說明為什麼某個特定行為一定要先做，讓人們說出他們要先從哪個行為開始是比較好的，這樣較有可能會讓這個改變根深蒂固。除此之外，大部分的人會選一個他們覺得較有信心能處理的行為，而且如果他們能夠在初期就感受到一些成就感，他們會建立出之後想要嘗試另一種困難度較高的改變的野心。

所以對這名剛被診斷出糖尿病的人，他的行為改變介入工具有可能會先聚焦在服藥，待他的服藥狀況漸入佳境後，開始慢慢地加入其他新的行為。新行為通常在一開始非常困難，但經過練習與處理後，會漸漸地變得越來越容易。藉由在初期行為後加入新行為的「進階」動作，會變得更像是一種例行公事。

克服社會機會障礙

當能力阻礙和社會機會相關時，處理的策略會分成**限制**、**啟動**、**環境調整**與**模仿**這幾個類型。這些方法聚焦在重新設計環境去限制讓行為改變變得更困難的人的出現，並增加會幫助行為改變發生的人的出現。

我們來看一下想戒菸的人的例子，吸菸者和其他吸菸者交朋友是很尋常的，而戒菸時看到其他人點菸，聞到他們身上的菸味，或是和他們出去時，你通常也會抽菸的情況，這些都會讓戒菸變得更困難。

所以針對「不久後戒菸成功的人」的方法可能是要試著克服這些以情況改變為中心的社會機會阻礙，這也是VetChange這個在圖6.5的戒菸應用程式所推薦的方法。改變情況包括了和不吸菸的朋友出去玩，或是去禁止吸菸的場所，特別是在戒菸剛開始幾周，想抽的慾望特別強烈時（限制／環境調整）。他們可以計畫在禁止吸菸的地方聚會，或要求要坐在非吸菸區（環境調整），他們也可以考慮貼尼古丁替代貼片，或是嚼尼古丁口香糖輔助對抗想抽菸的慾望；並要求吸菸者加入團體，藉由停止提供香菸（啟動誘因）來支持戒菸行動。並且他們能夠邀請一位不抽菸的朋友（或是自己已經成功戒菸的朋友，那就更好了）更常和自己出去，並注意看他們是如何處理一般會發生吸菸行為的情形（模仿）。這些方法在某方面都重新形塑出一個讓停止吸菸變得較容易的社交環境。

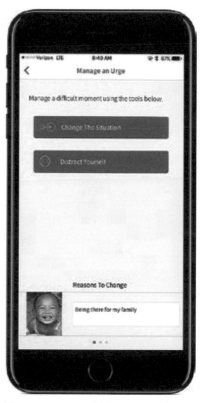

圖6.5　VetChange推薦正在經歷有著極大想抽菸慾望的使用者去找出改變自身情況的方法，而這些方法經常包括移除社會機會阻礙。

當你搜尋環境中的能力阻礙時，你也同時在尋找能力刺激元素 —— 也就是讓人們覺得去做目標行為會比較容易的東西。好的行為改變設計會善加利用已經在人們的全部技能中起了很好的作用，並以此為基礎去做結合或創造。許多能力阻礙都有相同的激勵元素，每個人的伴侶會有誘惑他們一起吃墨西哥脆餅，就會有某人的伴侶是願意嘗試做蔬食家常料理。

如果你使用COM-B模式去組織關於你對阻礙的見解，就要同時在它們的旁邊用不同的顏色（紅色代表阻礙，綠色代表輔助元素，對我來說很好用；但對你的幫助有可能是不同的），並以資料網的形式記錄這些輔助元素。然後，當來到整合解決方式的想法的時候，去找出包含這些之前就已存在的輔助元素的方法。為何不善加利用這些對你的使用者有益的，並已經在他們身上產生作用與效果的東西呢？

克服形體機會阻礙

同樣地，和形體機會相關的減少能力阻礙作用的方法是鎖定在用某種方法去重塑環境（訓練除外，因為它會幫助人們更成功地解決環境面的問題）。它們會落在**限制、啟動**以及**環境調整**這三個項目。針對少吃與攝取更營養的食物而言，可能會有以下情況出現：不在家裡放令人想吃的垃圾食物（限制），把事先切好的水果，用透明容器裝好，並放在冰箱中視線可及的位置，讓它非常顯眼（啟動／環境調整），並寫一份每周飲食計畫幫助食物採買，並確保對的食材都有買到（啟動／環境調整）。

一個來自實體世界的範例是一個在公共公園逐漸受到歡迎的一項設施（見圖6.6），長久以來一直都有鼓勵人們遛狗要清除狗排泄物的廣告標語，而人們可能無法做到的一個原因是有可能他們沒有任何能把排泄物撿起來的東西。所以這個標語結合了一個裝有免費提供袋子的小容器，這樣就征服了一個能力阻礙了！

「時間不夠」是另一個有可能會歸類在形體機會阻礙的另一種障礙，將一個活動切割成小塊，像是圖6.7的嬌生官方7分鐘健身應用程式就是一個能夠克服這種阻

礙的有用方法。更好的是，這個應用程式也能夠讓使用者針對自己的狀況客製適合自己的強度，以及排除討厭的運動，這樣也解決了來自其他項目的阻礙。

圖6.6　放置免費裝狗排泄物的袋子以及一個垃圾桶在警示標誌旁，確保寵物主人不會經歷和遛狗相關的普遍形體機會阻礙。

圖6.7　嬌生官方7分鐘健身應用程式提供能夠在七分鐘的時間區塊中完成一個高強度的間歇訓練，以克服沒有足夠時間做運動的障礙。理想的狀況是，一名使用者將在一節中重複這個七分鐘健身運動數次，但這個應用程式允許使用者在時間許可的狀況下能多做幾次是幾次。

克服反射動機阻礙

最後一組的能力阻礙和動機有關。首先，有能力阻礙是和反射動機有關，越具計畫性的動機會和人們的目標、價值以及渴望有關聯。克服反射動機障礙的解決方式類型包括了**教育、說服、激勵與脅迫**。

教育與說服都是著重在改變某人心意的方法，讓他們能夠對自己的優先順位有所認知，才能和你要他們做的行為有較好的配合。這通常不是要人們改變他們的目標，而比較像是幫助他們了解一個行為的改變能夠對他們的既有目標有著什麼樣的幫助，這和你如何幫助導引人們透過結合他們的價值的選項做出選擇十分類似。舉例來說，所以你的產品可能會呈現給人們一個計算結果，如果每個月放一點錢到一個投資帳戶，能夠讓他們在兩年後達成他們的美好海灘假期目標。這是一個教育方式，因為它傳授給你新資訊，並且它也算是一種說服方式，因為你正和夢想擁有假期的溫暖感覺產生連結，並對存錢這個想法明顯地少了一些負面情緒感受。

教育也可以很直接，舉例來說，在我們的建築工地安全研究中，我們看到大多數的工人都曾被教導過什麼是好的安全行為。嚴格來說，他們大部分都曾被接受過**建築專業人士的安全行為演練**。當一名管道工人具有當一名成功管道工人應該會有做哪些事情的心理模式包括遵循安全規範時，這時遵守那些規則就有比較高的優先順位。

激勵與脅迫涉及了獎勵與懲罰，我曾經從事一些產品的開發，而完成程式指標讓我的客戶和金錢獎勵或懲罰產生關聯。舉例來說，許多數位健康程式都是由醫療保險供給者所施行，所以完成程式的會員們會得到折扣（激勵），或者不會看到他們的獎金增加（脅迫）。

基本原則是試著不要將金錢後果附加在完成行為改變活動，付費給人們去做某件事會減少他們因隨著時間從事這個活動會有的自然樂趣。功能性核磁共振造影資料顯示當某人被付錢要求玩電視遊樂器時，他的大腦的愉悅中心不會強烈地被激起。好消息是這些樂趣摧毀效應不是永久的，但許多行為改變是需要在剛開始的前幾個月就要「固定」，才能變成終生的習慣模式。如果某人因為做了一個還是新的行為而得到獎勵，當停止獎勵時，這個行為也極有可能停止。

然而，有其他類型的獎懲方式會是行為改變的重要工具。有一種自治獎勵稱為**誘惑綑綁**（temptation bundling）──舉例來説，將人們試著去做自己並不喜歡的新行為（健身）和他們喜歡但沒辦法經常做的事情（看「貴婦的真實生活Real Houswives」影集）配對。知道跑步機上的電視是他們唯一能夠沉浸在這種罪惡感式愉悦的地方，能讓人們維持去健身房報到的興致。

同樣地，人們可以在已經持續做新行為一陣子後（如果我連續六周都沒抽菸的話，就去買一雙新鞋），決定好好獎勵自己；或是沒有堅持行為改變計畫而懲罰自己（每次我説髒話時，就得放五元美金進髒話存錢筒）。將這些獎勵盡可能地和目標行為連結在一起就會出現正向循環。一條新的跑步運動褲就是一個對堅持健身課程的極佳獎勵，如果它讓這個人能夠很開心地穿著它去上課。

自治懲罰也同樣存在，Pavlok是一種運動腕套，使用者會用它設定做電擊，如果他們出現像是抽菸或是吃洋芋片這樣的壞習慣。發明Pavlok的人聲稱這樣的電極能隨著時間有效地阻止人們出現這樣的行為，最終就能破除這個壞習慣。使用者們可以控制什麼會誘發電擊，並在一個範圍內去調整它的強度（見圖6.8）。它在自治電擊是否將會成為一個流行的行為改變技巧上一直會是可觀察的。

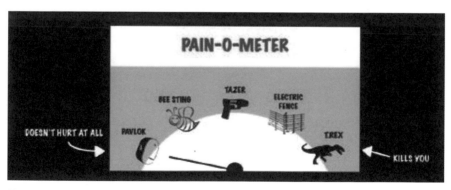

圖6.8 不知為何，Pavlok比起暴龍攻擊的疼痛度要低，但這一點也沒有被安慰的感覺。

克服自主動機障礙

關於克服和自主動機相關的阻礙的解決方式類型有：**訓練**、**激勵**、**脅迫**、**啟動**、**環境調整**，以及**模仿**。要切記的是自主動機比反射動機要來的不顯著，它可能來自人們所處的文化情境、會發生某種行為的情緒背景，以及人們隨著時間，透過重複演練所發展成的習慣。

抵抗和自主動機相關的能力阻礙的方法是藉由提供思考世界的其他方式去逐一瓦解它們。在我們的建築工地安全研究，我們接觸到若干工人深信他們完全無法做任何事情是能夠預防即將發生的意外，或是發生在他們身上的機率小到他們不需要擔心。這兩種極端的信念模式就是導致較少做出安全行為的自主動機能力阻礙，可能的克服方式就是工人聽到重大傷亡的第一手消息，或更糟的是，他們親眼目睹意外發生。那樣的經驗會讓他們因為受到驚嚇而採取原來並不適合他們的自主動機模式。

你當然不會為了要人們能夠改變他們的行為而將他們暴露在令人痛苦的事件，但你可以提供關於那些類型的重大經驗的一個較溫和版本，藉由分享來自成功做出行為改變（模仿、說服）的人們的故事與範例。當人們看到更多和他們一開始的信念不同的更多證據時，他們的行為養成期許會轉移，新行為的產生就開始似乎變的可能。

反之，一個人所期待的也能被用來做為激勵以及脅迫。我們來回想剛才提到關於做出一項行為和代價與獎勵的影響有關的自主動機，像是其他人可能的反應方式。如果範例顯示做出目標行為的人們被認為是正面教材，或受到良好待遇，這會改變關於這個行為是否值得去做的獎勵計算評估。

訓練，也就是**演練**，是一個逐漸重新形塑人們的期許的另一個方式，當一個人嘗試新行為，並看到實際上的結果（有可能不是他們所預期的），他們的信仰建構出這個行為有可能開始改變。舉例來說，當我和嬌生企業共事時，我們的人事表現機構（Human Performance Institute）利用訓練的方式，讓執行長們在上班日時有短暫的散步休息時間；他們許多人開始思考散步會浪費他們的寶貴時間，並在忙碌的行程中增加更多壓力。

這個方法是要讓這些執行長們監控他們的體能程度，這些行為的實驗所要呈現

的是讓執行長們在之後覺得自己更專注並更有活力，帶有正面效果的短暫爆發力運動；這會讓他們能夠做更多並能完成更多工作。他們僅花五分鐘，但得到的回饋是較佳的生產效能。突然間，散步似乎不再是浪費時間，而比較像是「充滿效能的小黃」[1]。當人們演練一個像是五分鐘散步的低風險行為，並關注之後所出現的結果時，他們會逐漸地改變對這個行為所抱持的信念與看法。

啟動與環境調整能藉由介入人們已發展出的習慣性行為模式去鎖定自主動機障礙。在心理學中，「習慣」一詞涉及某件事情是在對環境狀況反應出的無意識想法中所完成；在這裡，最重要的關鍵字是「無意識想法」。在日常生活中，我們會把很多並不真的是一種習慣，但為了要能成功地改變這件事情，而把它稱作習慣，了解這其中差異非常重要。

為了要驅使使用者做出行為改變，要去思考關於能夠打破這種無意識模式的工具與環境上的改變。你或許能在他們所處的環境中加些東西：重點提醒或是「習慣配對」都是非常好的例子。如果某人下班後通常是窩在家裡的沙發，而不是去健身房運動，可以在他們的手機裡的鬧鐘設在傍晚六點，就能破壞這個習性模式。在重要的習慣地點放置便利貼做提醒是一種不用花大錢就能讓人們注意自己正在做什麼的有用工具。

或者你可以去除會刺激這個行為發生的環境裡的某樣東西，如果一個會衝動去吃洋芋片的人想要讓自己不再吃那麼多油炸零食，有一個非常有幫助的解決方法，就是確保家中不會出現洋芋片。一旦這個人發現要花很多力氣，才能下定決心去做某件事時（穿上外套、離開家、去商店、找到並購買洋芋片、回家、吃洋芋片），它就不再是自主動機所產生的結果。

1　我至少想用一次這個讓你翻白眼的「充滿效能的小黃」一詞是想增加這本書的吸引力與趣味性，讓剛開始接觸科技產品的讀者想繼續讀下去。剛入門的你們感到我的用心良苦嗎？

將介入功能詮釋成解決方法

　　是時候更新你的COM-B模式資料網了（見圖6.9，將你的最大阻礙中所對應的
介入功能詮釋成為解決方法）。

能力阻礙＋解決方法資料網：範例

COM-B 項目	子項目	阻礙存在的證據	普遍性（0—3）	衝擊性（0—3）	品牌一致性（0—3）	總分
心理能力	知識	P2：「我對我應該做的所有步驟感到困惑，到底什麼要先做？我要一直回去看應用程式確認，然後整個健身的時間變的非常長。」	3	3	3	9
	自我調整	P5：「我如果有體力並有一個安靜的空間可以專注的話，我就能把瑜珈的連續動作做得非常好，但當我的孩子們一旦到家，這一切就結束了。」	2	2	1	5
社會機會	社會支持	P14：「我知道我先生想要我開心，但他真的很難適應我再也不想和他一起坐著看電視。他讓我覺得有拋棄他不再一起做以前我們兩個都喜歡的事情的罪惡感。」	2	3	3	8
		P11：「結果我的好朋友也想報名，但他不想自己一個人來；所以我們現在是健身夥伴，我知道如果我不來，會讓他很失望，所以我就過來。」				

教育、訓練與啟動等其他元素，在你所設計的特別產品中，會是什麼樣子呢？在最後一個欄位，寫下一些想法，是關於什麼樣的解決方法會用在所列出的介入功能，以解決表格中的那一行所出現的能力阻礙。你會想要確定你的想法在你的產品範圍裡是有用的。

介入功能	解決方法
訓練	循序漸進的步驟影片將健身課程分割成能消化的個別動作
	提供一個針對時間/地點/做法的特定想法清單，幫助人們在忙碌的居家空間裡能找到安靜的地方做瑜珈。和媽媽們面談，並利用他們的故事。
	訓練需要協助的人們，整理出一個新行為優點的清單，這能幫助想念舊有生活習慣的人們看到一些正面性。

圖6.9　利用你的記錄資料去整理出要如何將每個解決方法項目化為你產品實際功能的想法。

如果你正在做一個讓人們覺得運動是簡單又有趣的應用程式的話，就不要讓他們去讀又臭又長的生理學文章。這也是你可以基於一個解決方法的實用性而做一些初步的部分切割。如果你的團隊沒有人具有影片剪輯能力，而且你的推出時間又十分緊迫的話，影片或許不適合你。

是否想把針對最低順位的能力阻礙的想法加進去，這會是你要做的決定；我通常會如此做，有時候會有應付低順位障礙的快速又容易的解決方法，是你也有可能執行的。它也能提供一種保證，就是你正在執行的解決辦法是比較重要的，並開始讓準備推出的產品充滿許多好點子。

這時候，你可能只有一個關於解決方法將會是什麼樣子的重要想法。沒有關係喔！事實上，在一個簡單的資料網中，你將會看到有些想法真的就是關於某個東西是否有用的問題。下一個步驟將會是讓團隊去做完整的討論。之後會提供詳細的必要條件。

嘗試過並確實是能力增進因子

這些延伸範例描述一些普遍的能力阻礙以及解決方法，透過這些範例，就能夠很清楚地看到，行為改變設計通常會涉及混合許多類型的方式去加強人們的能力。那是因為只有出現一個或兩個的簡單明確的能力阻礙是非常罕見的。如果你曾考慮過將COM-B系統應用到你自己作品中的問題區塊，你就有可能會做到。

你也會注意到在阻礙種類間的模糊界線，它是被你的朋友們做出負面行為的評價而成為一個社會機會問題，還是它是一種自主動機問題呢？它有可能是兩者皆非，這取決於這個人如何去體驗它。然而，因為行為改變輪系統是以許多研究為基礎，通常這些類型的重疊性阻礙會在同一個解決方法項目中。它對你將分類做的非常精細又正確，你就較有可能會選到有效的解決方法的結果並沒有很大的關係。

從決定加入到退出

參與某件事經常是要付出心力的，你必須要有興趣；你有可能需要填表格或是對你的參與會呈現什麼樣的情形做出決定。有時候，所謂的加入甚至沒有很清楚的意義。這可能會是一個為期一年的承諾，還是你會在下一頁就要拿我的信用卡去刷？

經驗法則是採取行動比不做任何動作要困難許多，雖然人們經常會選最簡單的來做，你要如何做出即使沒有任何作為也會是件好事的設計呢？

有一個增加報名登入一些類型的程式就是在加入與退出之間快速地轉換（也稱為自動報名）。也就是除非人們花力氣拒絕，不然他們會自動登入成為程式的一部分。這個方式曾被使用在雇主要員工們登入參與401(k)退休存款帳戶，加入401(k)退休計畫的人往往會比退出計畫的人少。根據Vanguard應用程式，在它們的顧客之中，提供給員工的退出計畫的數量在十年間成長了300%。

退出的技巧也曾被應用在讓人們註冊成為器官捐贈者。在美國多數地方仍使用的模式是人們必須特別註冊成為器官捐贈者（我做這件事就像是我去考汽車駕照）。研究顯示，在人們必須加入器官捐贈的國家中，約有15%的人會做器官捐贈；有一些歐洲國家已經轉移到一種退出模式，而且它們看到高出許多的人數。舉例來說，在奧地利，人們加入成為器官捐贈者的比例超過90%。有意思的是，加入國的人們比退出國的人們認為器官捐贈是一件重要大事。關於「每個人都在做」這樣的認知，似乎把這個主題的情緒衝擊極小化了。

關於退出在驅使行為改變上並未被充分利用的例子就是飯店永續性程式，這通常涉及在你住房期間重複使用毛巾與床單，或不用每天整理。飯店通常要求客人藉由將卡片掛在門把上，或是放在他們的枕頭上，表示加入這個計畫。在圖6.10所呈現的Swissôtel的範例之一是它們就直接叫你打給櫃檯！我就是那種熱衷於保護自然資源的人，但我幾乎不會記得要把卡片放在對的地方，我也不會去打電話給櫃檯。轉換成退出模式對真心想要減少水與能源使用的連鎖飯店來說，是非常有效益的。

警語：退出讓人們開始這個計畫，但如果你要他們能夠持續地採取行動的話，這樣是不夠的。在401(k)的退休計畫範例中，雖然有更多人最後報名退出計畫，

圖6.10　就像許多連鎖飯店，Swissôtel讓客人加入更具永續性的房務實施政策，但卻要他們要花點力氣才能實現。

但他們會比參加計畫的人們省下較少的錢。他們沒有用同樣的注意力以及決定方式去增加他們的收益；相反地，他們只省下最小金額，而那本身就是退出的一部分。你可以說這總比完全沒存到錢好，但它在增加人們存款這方面仍有很大的空間。

將能力個人化

　　許多行為改變產品都聚焦在讓人們從現在開始做出不一樣的事情，而不是一次性的動作。對所有的那些計畫，它的設計必須要能夠把人們從不論是何種狀態或階段中帶到離理想狀態較近的地方。有許多領域經常是涵蓋在這兩者之間，以他們目前狀態為基礎去做經驗的個人化是訓練人們的一個極佳方式，因為它不會陷入許多能力阻礙裡。

　　Duolingo是一個免費的語言學習程式，也提供行為改變設計的研習課程。它的個人化方式讓它能夠從容地處理數個行為阻礙（見圖6.11），其內容被略分成

10-20個問題的簡短課程。這些課程都是從最基本、簡單的招呼用語，以及簡短話語，到對西班牙人來說是條件完成式裡的動詞變化那種超複雜的表達方式所組成。

在你參與之後，課程不僅明顯難度增加，每一個課程都是以彼此為基礎所建構出來的。第三課會利用第二課的字彙，如果你在持續前進後，還會回去之前的課程做練習的話，這個較早之前的課程會包含你的一些新字彙。除此之外，具備既有語言能力的使用者有機會加入更進階的課程，這會讓他們不會覺得無聊（這是預防無法投入的有效方法）。Duolingo提供了一個數位產品分階的最佳範例之一，這能幫助克服心理能力阻礙。

將課程略分成幾個讓使用者能消化的區塊，同時也對另一個潛在的能力阻礙有幫助，就是時間。不用五分鐘的時間，你就能上手Duolingo裡的單元。

圖6.11 Duolingo依順序排列顯示可上的課程，所以會先從較簡單的課程開始，再隨著時間以之前的課程為基礎去建構新課程。進階使用者可以加入較困難的課程。

圖6.12 將新字彙和影像配對可以幫助使用者較容易記住它們，並克服一些和語言學習有關的能力阻礙。

Duolingo 克服能力阻礙所用的另一個技巧是格式化個別測試項目以促進學習與記憶。測試的問題包括了正要學的單字與片語的正確發音，如果使用者需要立刻知道，只要將滑鼠滑過那個單字，就會跳出它的字義或是聽到它的發音。一些早期課程也將影像和問題配對，以在單字與其字義之間建立關聯性（見圖 6.12）。

使用者也可以選擇啟用他們的麥克風，因為如此，有些問題就會測試他們說的能力。理想的狀況是，一個新語言學習者會找機會練習說；但 Duolingo 使用者可能會是在無法大聲說的情形下使用程式。舉例來說，我自己有時候會在地鐵上 Duolingo 的課程；並且我有時還會在開放的辦公空間裡上課。人們肯定會注意到我試著發出另一種語言的聲音，這對我來說絕對是一個自主動機障礙。

注意！在設計能力時的道德考量

當要辨識並解決能力阻礙時，盡可能以同理心去做是非常重要的；設計師經常在他想嘗試人們做出行為改變的領域上是個專家。這意味著他們可能不會記得身為這類型事情的新手是什麼感覺，他們可能天生對某件事情是有天賦的，但對其他人來說，卻無比困難。或者他們曾有過能在一路上不斷得到援助的特殊經驗，但這卻不是使用者喜歡的經驗。

從一個同理心的立場來看，一個能力阻礙的回應是去找出一個解決方法。如果你無法接受那樣的同理心，那你有可能會做出以下幾件事：

- **忽視阻礙**：「這應該不是問題，所以我不會針對它採取任何行動。」

- **將阻礙極小化**：「你或許覺得這是個問題，但它不應該是個問題。就是去克服處理就對了。」

- **高高在上地對使用者說話**：「這個健身課程對你來說似乎非常困難，你做過頭了。」（最後這句話是我的 Garmin 手錶的真實回應！）

這些方式沒有一個能讓人們投入，投入的使用者是真的了解，而不是設計團隊的疲勞轟炸。

提供使用使用者不去投入的選擇也很重要，雖然行為改變設計師從多元角度去審視動機，但在某種程度上還是要歸因於「這個人會想要做這件事嗎？」而問題的答案極有可能是不會。即使行為科學提供一些讓不想做這件事的人們起身去做的工具，但行為改變設計的重點通常是讓某人能夠長時間持續性地用不同的方式去做某件事情。人們不會持續他們不想做的新行為，強迫改變最終是會失敗。

這章裡的所有能力增進因子中，其中激勵與脅迫這兩種類型是最有可能冠冕堂皇地被誤用去強迫人們做某件事情。我曾試著提供關於激勵與脅迫的範例，重點就是要尊重你的使用者的自主權以及說不的權利。

人們有時候會覺得如果他們提供獎金，這絕對是無庸置疑的好事。但並不如預期那般，獎金會減少人們的自由選擇空間。你如果提供人們太多錢去做某事，那麼他的拒絕就變得不合理，也就是人們並沒有真正的選擇。最貼切的例子是，許多工作場所醫療程式，像是你在第一章讀到的那些，提供獎金讓醫療保險變得更負擔的起。這樣的結果就是人們登入程式，並且做了得到獎金所要求的事，但也不會再多做了。盡可能在你的獎勵計畫中只包含會支持目標行為的代幣獎金，以避開獎金導向方式所涉及的道德與實際性的問題。

重點：選擇對的解決方法

設計一個有效的行為改變介入工具完全和選擇對的特性與功能有關，讓你的使用者能有效擊退他所面臨的任何阻礙，同時加強他所遇到的任何輔助工具。使用像是行為改變輪這種模式去追溯出介於你已辨識出的能力阻礙，以及你正在建構的介入工具的特性功能這兩者之間的界線，將會幫助你大大地增加成功機率。

選擇一個解決方式類型也意味著要做出其他困難的選擇，沒有一個介入工具將會解決一個使用者可能遇到的所有能力阻礙，所以排出優先順位並做出你所能夠提供給人們的一致選擇。幸運的是，有許多解決方式類型是處理多種類型的能力阻礙；所以在你可以的時候使用它們，將會幫助你接觸到許多使用者。

雪柔‧卡巴納／系統透鏡

選出對的產品特性以幫助人們達到他們的目標是需要對研究觀點有非常全面、縝密的解讀，以及設計的策略 —— 這完全是雪柔‧卡巴納／系統透鏡所從事的一連串的活動。如果你聽過雪柔說話，你就會知道她的使命之一就是幫助設計師問出對的問題，通常是比較多「我們應該⋯？」，比較少是「我們應該如何⋯？」這類的問題。行為改變設計提供一個機會去做這類重要的重組，尤其是在研究觀點要轉化成功能需求的時候。以下就是雪柔在探索這個挑戰時，她的幾個想法。

▋ 你如何能夠選出有效的介入方式？

你不能一開始就說出像是「好的，我們要來做一個能夠做出這件事情的應用程式」這種話，因為這不一定就是最好的介入工具；最好是從你想要的結果開始回推作業。在一個計畫裡會需要有一個在一開始就出現的達觀的一致性，無論是哪個關鍵利害關係人身處其中。如果在這個解決方法的可能形式上有些彈性，那你就會得到許多力量去做出真正為結果所做的設計，而不是為一種科技去做設計。

一個組織系統的需求往往是傾向重視我們產品的末端使用者以及受益者的需求。持續不斷地將焦點放在受眾以及可能會藉由你的產品而受益或受害的人，並在整個設計過程中一直注意到這點或許是最重要的事情。你可能會有你產品的個別使用者，但你也有可能會有某一類型的人經歷過間接傷害。了解這個類型的人能幫助你特別避免掉非計畫性的結果。

你如何得知你的產品是否有非蓄意性的傷害效力？

我們在 Artefact 曾做過的其中一件事情是發展科技塔羅牌[1]，這是一個為設計師與科技專家所使用的工具，藉此考量他們的研究裡可能存在的非計畫性結果。它們是一系列的提示，就是要用於產品設計以及方法程序，以幫助設計師思考在什麼階段會發生什麼事情。如果過度使用你的產品會如何？如果有一億人在使用你的產品又會如何呢？當我們思考關於公平、涵蓋性與可使用性等問題時，你的產品會省略掉誰呢？你又要如何為它們做出較佳的設計呢？使用你的系統或數位產品的拙劣行動者會如何不經意的傷害到其他人呢？我不認為業界具備足夠的多元性能夠快速瀏覽人們的多元經驗中的不同面向，特別是在各類平台與數位產品。當你讓人們用抽象的方法思考關於這些事情，而不是讓他們親身經歷時，有時會很難掌握那些可能是意想不到的副作用。

系統透鏡的價值是什麼？

產品團隊眼界都很窄小，要看到他們正在做的事情的全貌對他們來說，是非常困難的。陷入這個你正在做的這件小事的極近距離狀態是非常容易的，然後就會忘了你的平台上存在著極大的傷害。實際上你並不知道你正在建置的產品特性功能，它們最終會對一個策略性或是營利性的模式帶來何種效益。設計師能夠在大部分的商品集體使用系統透鏡是非常重要的。你應該要對任何你在做的經營模式非常了解，你才會知道你的公司如何獲利以及你自己在其中所扮演的角色。

如果設計師對於解決方法有意見時可以做什麼呢？

了解你的價值並有所堅持，試著找出讓它們能在產品中運作的方法，以及你為產品所設計的服務，它的相反面是願意去質問你的同伴。如果你被要求設計產品特性，你就要捫心自問自己是否想要收到這些種類的行為操控。不僅如此，還要

1　你可以在這個網址下載 PDF 檔：http://tarotcardsoftech.artefactgroup.com/

說出它們是什麼。舉例來說，如果你正在做一件會增加資料數據的事情，你如果稱它為「監視」，你會對它有不一樣的想法嗎？

你沒辦法給出「你應該就直接離開」那樣簡單的回答，它是一個充滿尊榮的地位。你必須要有具有價值與行動力的工具與方法可使用，並在你正在做的行為的面向裡做出對的事情。你可以幫助人們從較廣的面向，而不用告訴他們開始去做每件事。

雪柔‧卡巴納（Sheryl Cababa）是西雅圖的Artefact公司的執行創意總監，在擔任此職務之前，她曾和frog and Adaptive Path共事。雪柔的客戶來自各種產業，從醫療、教育、科技，並包括許多世界知名的公司。

07

變得更努力、更好、
更快、更堅強
為成長而做的設計

+ 刺激成長
+ 反饋的劇本
+ 注意事項：常見的疏失
+ 好的反饋是給使用者的
+ 結論：給所有人的反饋

觀點 黛安娜・迪貝爾／員工表現

你已經辨識出一個目標行為，以及發現阻止人們無法做出行為的原因是什麼；你也選出克服那些阻礙的解決方法。現在你已經讓人們使用你的產品去改變他們的行為，那你要如何幫助他們能夠隨著時間去建立並維持這樣的行為呢？

因為人們是靠著不斷前進而成功，在往新行為的道路上可能荊棘密布；它包含了多次失敗的嘗試與挫折，這只有試著在自己的行為中做出有意義的巨大轉變的每個人，才會知道箇中滋味。用一個極具意義的方式去改變人們的行為是需要淡化失敗所帶來的負面情緒，同時幫助人們覺得他們有正往成功的方向前進的感覺。

這也就是為什麼有效的行為改變設計包括將困難的目標分解成數個成更容易達成的小型任務，並確保那些任務就難度與興趣方面來說，完全能夠針對這個人對症下藥。設計師可以將趣味與情緒加進行為改變的程序中，讓人們能夠更長時間的投入。

要切記的是人們所擁有的關鍵性心理需求之一是感受到自己能勝任，或是有學習與進步的感受。人們有非常敏感的雷達，能偵測出他們成功與否。不論它是在交談的過程中，從某人的臉上產生的極微小表情變化上偵測到，以及調整他們的語調，以避免惹怒他們。還有搜尋學校作業的點數與分數，讓他們了解自己的表現如何；或是將他們的比賽表現和與他們同齡的另一群人做比較，以了解是否他們真的對跑步十分擅長。人們總是會注意並利用他們所處的環境的反饋，藉此了解自己的狀況。好的反饋會幫助使用者持續下去。

刺激成長

行為改變是關於進步，而非追求完美。嗯……，你並沒有突然掉進一個很瞎的IG勵志小語的兔子洞裡。這句話背後是有實際科學根據的。研究顯示，當人們有「成長心態」時，就表示他們已經對行為改變做好準備；這個心態包括了著重於進步本身，以及覺得努力會化為美好結果的信念。另一方面，有著「固定心態」的人們則是將重點放在成果本身，以及相信成果是來自於自然稟賦。你可以想像能夠接受在小地方努力並朝著大目標前進的某人，他在行為改變上的表現可能會比認為如果做起來沒那麼容易的話，或許就完全不值得去做的某人要好得多。

幸運的是，人們不會堅持他們自己的放棄心態。你的行為改變程式中，你設計目標的方式可以將人們推往成長心態的方向。同時，你也可以構築行為改變活動，讓這些活動是人們真的能夠做到的，並提供對的支持。

設計積極正向的挑戰

有著固定心態的人們，將困難的任務視為他們生來就不是做那件事情的料的一種徵兆。你可以提供背景並設計出能幫助擊退這樣想法的正向功能嗎？例如：

> 這件事情真的很難，所以如果你第一次做不到的話，千萬不要在意。

> 大部分的人在他們能做這件事情之前，都需要試好幾次；這真的是一個有難度的目標，所以我們要以小型階段任務的方式來處理它。

如果人們真的失敗了，就繼續給他們鼓勵；並建議他們稍後再試一次，並提供用不同方式去處理這個任務的一些想法，同時提醒他們改變是要花時間的。你也可以重新架構成功的條件，或許使用者沒有做到這個目標，但卻在不同的目標上有所進步。你要指出這點，並強調它。

如果人們成功做到，就大大地恭喜他們！但要注意的是，是給支持成長心態的人們讚美，而不是固定心態的人們。說一些像是「你真厲害！」這種影射成功的結果要歸因於這個人的某個特質 —— 這完全就是固定心態的人堅信的想法。考慮試著用強化性的句子，像是「你的努力終於有了成果！」，或甚至更簡單的「你做到了！」

一切都是里程碑

人們喜歡看到他們在進步的證據，當他們取得勝利時，他們的自我效能（self-efficacy）就會增加。自我效能是他們能夠做某一件事情的信心，而較具有自我效能的人們也比較可能去嘗試新活動，直到他們成功為止。然後那些新的成功經驗會持續供給自我效能；圖7.1顯示一個行為改變程式Habitica是如何建立正面的新習慣，提供使用者一支立即的自我效能強心針。

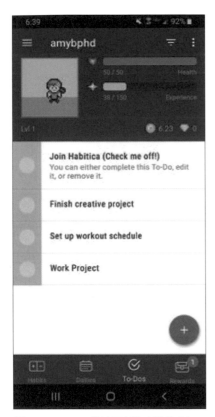

圖7.1 Habitica的使用者能立即從「加入Habitica」裡核對他們的待辦事項。這結合了以提升自我效能的必要參與感。

好的行為改變設計提供人們許多機會去經歷成功，並建立自我效能。把你的程式裡的主要行為改變目標略分成較小、較容易達成的階段里程碑，讓人們在過程中有許多機會能夠成功。它也幫助人們變得更有韌性，如果他們第一次沒有把這件事情做好。

如果朝著目標前進的階段里程碑是很有條理地依序創造出來，那麼你使用的就是我們在第六章有討論到的分階方法。它們可以完全是一直線的，像是隨著時間，在相同的活動中加入更多的持續時間與強度。或者階段性里程碑可以在整個過程中提供人們選擇，去遵循不同的支線活動；這樣不同型態的活動都會導向同一個行為改變目標。

階段性里程碑也可以給人們「附帶探索」任務，就是能夠幫助整個行為改變程式，但它有可能是和即將到來的主要目標並沒有直接關連的工作。這可能是一個好方法，可針對處理需要完成的重要工作項目，但它在整個行為改變過程中，又不需要在特定時間內完成。舉例來說，人們開始馬拉松訓練後，他們會想要報名賽事；但只要他們有一個大概的目標日期，他們就能在制定訓練計劃之前或之後做這件事，並開始跑個幾趟。

圖7.2中，a、b、c呈現使用不同類型的階段里程碑架構讓使用者去達成行為改變目標的程式的範例。

Summary | Program Details | Training Schedule | Additional Programs | Reviews

Week	Mon	Tue	Wed	Thu	Fri	Sat	Sun
1	Rest	3 mi run	2 mi run or cross	3 mi run	Rest	30 min cross	4 mi run
2	Rest	3 mi run	2 mi run or cross	3 mi run	Rest	30 min cross	4 mi run
3	Rest	3.5 mi run	2 mi run or cross	3.5 mi run	Rest	40 min cross	5 mi run
4	Rest	3.5 mi run	2 mi run or cross	3.5 mi run	Rest	40 min cross	5 mi run
5	Rest	4 mi run	2 mi run or cross	4 mi run	Rest	40 min cross	6 mi run
6	Rest	4 mi run	2 mi run or cross	4 mi run	Rest or easy run	Rest	**5-K Race**
7	Rest	4.5 mi run	3 mi run or cross	4.5 mi run	Rest	50 min cross	7 mi run
8	Rest	4.5 mi run	3 mi run or cross	4.5 mi run	Rest	50 min cross	8 mi run
9	Rest	5 mi run	3 mi run or cross	5 mi run	Rest or easy run	Rest	**10-K Race**
10	Rest	5 mi run	3 mi run or cross	5 mi run	Rest	80 min cross	9 mi run
11	Rest	5 mi run	3 mi run or cross	5 mi run	Rest	80 min cross	10 mi run
12	Rest	4 mi run	3 mi run or cross	2 mi run	Rest	Rest	**Half Marathon**

a

b

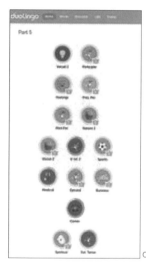

c

圖 7.2　Hal Higdon 的半馬初學者訓練計畫（圖 a）將跑半馬的目標略分成一個線性的階段目標：逐漸增加距離的每周長跑。Janssen 的 CarePath 糖尿病管理程式（圖 b）則是採用一個「小心機」階段任務的方式，就是使用者每周從一個主題跳到另一個主題，但每一個階段任務都讓他們距離做好他們的糖尿病管理的最終目標又更近一些。還有 Duolingo（圖 c）提供了其他選項與方法，所以使用者擁有關於能夠鑽研哪些語言主題的選擇，但可以不用參加單元測驗。

秘訣：提出階段性任務

針對一個目標行為要產生出具意義的階段性成果是相當具挑戰性的。有三個方法可以做到這件事：

閱讀已公開的研究：關於已成功改變行為的人們的研究會提供你一些針對為你的使用者訂定階段目標的想法。舉例來說，國家體重控制登記處（National Weight Control Registry）就追蹤數以千計成功減重的人們，但完全不提減重這件事。這些人都有一個共通點就是他們每天都量體重，所以每天固定量體重對要減重的人是一個合理的指標成果。

和這個主題相關的專家對話：和知道許多關於你的目標行為的人們交流，並詢問他們有關好的階段目標的建議。這些人有可能是你的計劃的收費顧問，但如果你沒有那樣的預算，試著發電子郵件化甚至推特。問一些像是：「有哪兩件事情是我的使用者在達成這個目標之後應該能夠做到的？」這樣的核心問題。

問你的使用者（或是像他們的人）：使用者研究將會幫助你了解，什麼樣的階段成果是人們在朝向和你相同的目標的過程中，一定會做到的。問他們：「什麼樣的事情幫助你感覺到自己正在進步？」，以及「你是什麼時候覺得自己又更厲害一點？」然後你應該過一陣子開始審視人們回答中出現的模式；那些模式將會形塑出你的階段目標。

持續並成長

持續不斷（flow）指的是一個投入狀態，也就是一個人非常專注在當下所做的事情，而完全沒注意到時間流逝。經歷這樣狀態的人們是完全專注在自己的任務上，這會讓人們有很好的感覺。神經學研究顯示，人們的前額葉皮質在持續不斷的狀態期間會安靜下來，這表示他們的約束禁忌感會降低，而且他們的腦袋可能會出現較具創意的想法。

你可能在閱讀一本好書、玩最愛的電視遊戲，或是完成一個超大拼圖時就已經

經歷了持續不斷的狀態。一個在持續不斷狀態的人，是完全投入在他正在做的事情。你會盡可能地想要給你的使用者越多這種持續不斷狀態的時刻。

以下就是如何做到的方法。

持續不斷的狀態會在人們經歷挑戰的最理想階段時發生，也就是當一個任務是落在過於簡單（無趣！）及過於困難（令人沮喪！）兩者之間的最佳地帶。在這個中間地帶裡，是有空間提供更具挑戰性的任務，將曲線往上推。這些行為對某人來說是一種考驗，但他是有能力與技能做到，只要他肯付出。

將這些挑戰和較容易的任務交替，讓人們能有喘息的時間並強化他們的學習。這就像鍛鍊肌肉一樣，人們藉由訓練與恢復之間的交替，建立起自身的能力；而恢復對進步來說，是絕對必要的。

持續不斷狀態會隨著時間，以及人們對於他們的新行為變得越來越上手而往上升。圖 7.3 來自珍‧麥克尼格（Jane McGonigal）的遊戲 SuperBetter 的插圖顯示，重複的要求能幫助玩家隨著時間增進他們的技能。

圖 7.3　當 SuperBetter 的玩家完成這些難度漸增的任務時，他們的技能也提升，所以才能夠處理越來越困難的挑戰。

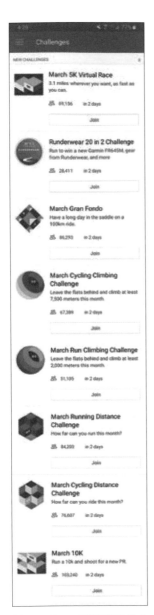

圖7.4　Strava讓使用者從非常多元的健身目標與挑戰中做出選擇，這樣的多元性能吸引更多使用者，並讓他們不會在經過一段時間後感到厭煩。

不要變得無趣！

無趣是一個糟糕的東西，因為它阻止人們擁有持續不斷狀態的經驗；它也會導致人們完全無法投入行為改變的體驗。你是不會想把自己的產品搞成這樣的！

過於簡單並不是變得無趣的唯一方式，不斷重複也會非常無聊。要避免要求人們連續好多天，每天都做完全相同的事情。但的確，有些行為改變是需要從不斷重複中產生。

發展一個習慣（從真正的心理學觀點與口語認知來看）意味著不斷重複做相同的事情，直到你完全不需要去思考為止。但有些方法可以增加一點變化：

- **混合階段性目標**：習慣不是一直只有強化同一個目標，你也可以專注在這個行為的其他面向。例如：一名跑者不需要無止盡地越跑越遠；相反地，他可以聚焦在速度，或是不同形式的跑步（越野跑、路跑、田徑賽跑、接力跑），又或者像是在每個州參加一個路跑賽的目標。圖7.4的Strava應用程式的螢幕截圖顯示，一名使用者可以嘗試許多不同類型的健身挑戰。

- **對行為的相關內容做變更**：你如果要求某人每天早上量體重，你能夠每天用不一樣的說法，對他做出這個要求嗎？還是拿這個要求去搭配一則有趣的資訊呢？

- **為自己的持續堅持喝采**：如果重複是創造奇蹟的一部分，那就該好好獎勵一番！要恭喜沒有錯過任何一天（或是許多天），並完成動作的使用者。看見一個不間斷的成功是一件非常令人振奮

的事。

- **簡單交代後就走開**：一旦使用者在經歷行為改變，他們可能不會想要一堆解釋以及整個背景。就讓他們表現，或是用最輕鬆的方式去記錄他們的行為，好讓自己能夠繼續過日子。

- **不要害怕幽默以對**：如果你真的必須要求人們不斷重複做相同的事，就直接面對吧！

與目的（重新）連結

人們較有可能去追求他們自己選擇的目標，並和自己的個人核心價值一致。在往行為改變目標前進的最積極時候，人們有可能出現當初為何要開始這麼做的盲點。如果你越能夠提醒他們在意這個行為改變的原因，就越能加強人們持續通過階段目標。能夠做到這點的幾個方法包括：

- 不斷重複使用者已經告訴過你的話，如果他們分享了關於這個目標為何對他們如此重要的資訊。

- 提出可能會讓你的使用者產生共鳴的普世價值；像是「達到你的目標會幫助你在工作上更有效率，因為……」。

- 在你的內容中，使用不需回答的反詰問句去讓使用者思考關於他們的目標背後所具有的意義。像是「你為什麼一開始就想做這件事？達成這個目標帶給你的意義會是什麼？」

- 讓你的使用者將為什麼他們的目標如此重要的提示放進去；一個讓人們試著戒菸的典型方法是，在他們平常放菸的地方擺上一張心愛的人的照片。數位顯示讓這類的視覺提示變得容易許多。

花越久時間達標就表示這個目標越難達成，這時幫助你的使用者在這段期間重新和他們的目的連結就越顯重要。

反饋的劇本

讓人們從階段目標移往行為改變目標的關鍵工具就是反饋；也就是說，你需要創造激勵性的反饋。

你可以讓人們建構他們對如何持續朝著目標前進的自我解讀；但這是自找麻煩。因為人們可能沒有估計判斷自己成功與否的知識，他們也有可能覺得自己做的很好而感到興奮，但其實是忽略了自己沒做好的地方。他們也有可能是不覺得些微進步是值得一提的完美主義者。不要涉入這些問題，相反地，你的設計應該要刻意地並全然地創造出一種反饋，是能幫助引導使用者朝著你要他們去的地方前進。

這意味著要清楚地知道是什麼讓反饋產生效果，以及該避免什麼。好的反饋就像是一個好的目標，喚起那個具體的、重要的、結果導向，並及時的「厲害」目標。同樣地，好的反饋是明確的，並具有一些客觀的構成要素，還能針對下一步提供有意義的方向，引導人們往目標前進。並能及時傳遞，搭配行動時機，讓人們能從中學習並調整他們的行為。

好的反饋會透過多元管道傳達，特別是複雜的行為。這意味著反饋應該要考量人們最近的行為與隨著時間所做的進步。能力是一個像把許多小動作加總成為較大的某個東西的感覺。反饋可以幫助人們有一種想法，就是他們所有的單獨動作都是一個更大、更完整的行為的一部分。

好的反饋不會只關注需要改進的地方，通常人們都會知道他們做不好的時候；他們甚至會逃避尋求反饋，因為聽到自己搞砸時的感覺非常差。負面反饋會有幫助，因為它提供了關於不要做什麼，以及如何做的更好的資訊；但它常常是讓人感覺難受的消息。混合一些正面反饋可以讓人們在整個經驗上不會那麼痛苦；除此之外，被發現正在做對的事情時，會給你一種自己在進步的感覺，並增加嘗試新事物的自信心。

好的反饋的最後步驟是提供一個化為行動的機會。理想的狀況是，反饋會讓你的使用者更有自信，藉由給你的使用者朝他們自身目標的道路上更進一步，去善加利用這股動力。

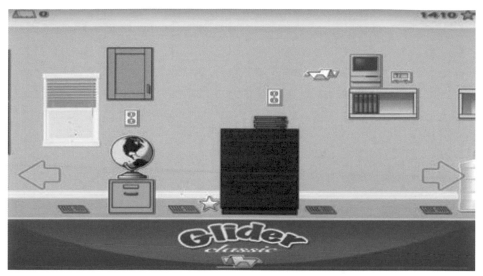

圖7.5　Glider Classic看起來像是一個玩起來很無聊的遊戲，但它的即時又清楚的視覺反饋會讓玩家
上鉤。

圖7.6　《決勝時刻：先進戰爭》（Call of Duty：Advanced Warfare）提供一個和Glider Classic類似的
立即、清楚的視覺反饋。這兩個遊戲都是使用者開始玩以後，就會覺得有趣。Glider Classic和Call of
Duty提供關於玩家行動的明確、清楚，以及立即的反饋，以促進一個持續進行的投入循環。唯一的不
同點是其中一個遊戲是以一架行進的紙飛機的形式提供反饋，另一個則是從受傷的對手所噴出的鮮血
的方式提供反饋。

電視遊戲特別能做出反饋，事實上電視遊戲提供給玩家的反饋品質和人們有多喜歡玩這個遊戲有直接關聯。清楚又即時的反饋會吸引人們，這甚至在遊戲看起來很無趣的時候覺得明顯。試想圖7.5的遊戲Glider Classic。

它看起來很無聊，但和真實的第一人神槍手遊戲《決勝時刻：先進戰爭》（Call of Duty：Advanced Warfare）比較做比較的研究，如圖7.6所示，人們也對這個遊戲非常投入。

現在逐步來看如何為你的使用者計劃與實行一個有效反饋的架構。

補充：反饋會做什麼

心理學家認為的反饋是來自幾個不同的面相，它有一個資訊性的目的，也就是説，它提供人們一個能夠評估他們行為的標準。但它也有一個情感上的目的，也就是説，它能讓人們充滿樂觀與自我效能，或是削弱他們的信心。反饋也有社會目的，它幫助人們辨識出和他們類似的其他人，或可能是學習與成長的好模範。

反饋也具有不同的形式，有言語反饋，也就是你會透過實質內容納入你的產品。還有視覺反饋，像是在玩 Rock Band 遊戲，彈出正確的音符後，看到螢幕上閃出一道光。另外有聽覺反饋，像是在遊戲節目的參賽者給了錯誤的答案時所發出的警報聲響。最後還有和觸覺相關的反饋，像是你的手機或電視遊戲搖桿可能在做出動作後所發生的震動。大部分的數位產品提供多元形式的反饋，來加強與支持彼此。

第一步：測量某物

在你能提供關於某個事物的反饋之前，你必須先做測量。你測量的通常是一個功能中的幾個不同原因：

- 你的使用者正在努力往前的目標（例子有可能包括存夠在65歲退休時所需要的錢，或是練習跑步直到能跑完五公里）。

- 幫助人們預估他們達標進度的數據資料，並對他們的行為做出有意義的調整。

- 你的產品的特性與功能會包含技術性、合法性，或是管理性的考量重點。

一旦你決定要測量某個東西，它會影響人們的行為，你甚至不用提供更進一步的指示。我喜歡「小便斗裡的蒼蠅」這個例子[1]，很明顯的是，男生廁所都有點不乾淨，這要歸因於如廁時沒有瞄準小便斗。阿姆斯特丹史基浦機場（Schiphol Airport）的清潔經理決心要改善這個情況。他在小便斗裡面放了一張上有蒼蠅停在靠近排水口的貼紙，如圖7.7所示。就這樣，沒有任何指示，也沒有關於尿在地板上的任何警告用語。結果如何呢？清潔經理的報告指出，清潔成本減少

圖7.7　一張蒼蠅小貼紙就提供足夠的視覺引導，讓人準確尿到小便斗裡，而不是尿到地板上。

了8%，而且這個類型的貼紙已經出現在世界各地的小便斗裡了（我聽說是這樣啦！）[2]

雖然蒼蠅無法用一種很明確的方式提供反饋，因為不會有訊息說「瞄的真準啊，提米！」，或是「有一點太右邊了！」但它確實提供關於小便要朝哪個方向最好的資訊，以及達標與否的滿足感。（這也是我聽說的）

有許多關於健康方面的範例，有健身、減肥，以及生物統計追蹤，都正在流行。在健康方面的一個普遍測量方式就是計算步數，利用Fitbit、蘋果手錶，或其他設備做追蹤，會導致人們每天會比他們在使用計步工具之前，多走約27%的步數。這個結果並不是因為有刻意設下一個要走更多步的目標，只是人們知道他們走了多少步後，會讓自己想要提高活動力。

這個發現在當你考量一個基礎測量能做到什麼時，是成立的。它讓人們的一些

1　我第一次知道這個例子是在理查‧塞勒（Richard Thaler）與凱斯‧桑斯坦（Cass Sunstein）所合著的書《推出你的影響力》（Nudge）。
2　類似的貼紙也能在Amazon網站上找到，是熱感類型的。它們大多是對正在訓練孩子如廁的父母們推廣，但我能想像有更大的市場潛力。

模糊概念，像是「我吃的蠻健康的」，或是「我的活動量很足夠」的這種想法，變得十分具體。一旦知道明確的訊息後，人們就再也無法輕易地忽視事實。人們看到自己的行為實際上是什麼樣子，以及想達到的真正目標，這兩者之間的差異時，會被激勵去做改變，即使差異是小的。

你當然也會需要去測量一個基準，以便知道一個人的表現會隨著時間有什麼樣的轉變。收集關於你的使用者在開始做行為改變的基礎資料，將會他們在行為改變過程中所做的進步，幫助你提供他們有意義的反饋。

測量基準在使用反饋去改變人們行為上，是非常重要的第一步。接下來則是提供反饋，準備好讓人們透過任務或不同階段讓自己逐漸離目標越來越近。

第二步：在多個層面提供反饋

在任何長期的行為改變，人們時而會做得比較好，時而會做的比較糟。好的反饋能夠在激勵自己往前進時，藉由承認受挫，來解釋遭受挫折的正常性。如果某人經歷了很糟糕的一天，並且考試表現很不好；要讓他知道這樣並不好，但也要提醒他，在這之前，他有整周分數都是比較好的。提醒人們自己的持續成功，藉由支持他們自己的自我效能感受，幫助他們重新開始。

這個結合即時與長時間的觀點，在多個層面上提供了反饋。

在圖7.8來自電視遊戲Rock Band的影像，顯示在多個層面的反饋看起來會像：

- 你在這裡看到玩家在螢幕下方剛做的閃燈與顏色的**立即反饋**。如果玩家在對的時間按下對的按鍵，他們就會得到正面反饋；如果沒有，他們就會得到一個犯下什麼類型的錯誤的提示，讓他們在歌曲持續進行的同時，希望能夠改進。

- 你也可以看見**累積的反饋**，也就是玩家隨著時間的改變而做了什麼。這時是以連續總分和玩家以持續的好表現可贏得的能力升級兩種形式出現。

- 最後是**標準反饋**，或是關於把玩家的表現和另一名做比較的資訊。這裡是以玩家間的競賽成績榜（leaderboards）的形式出現。

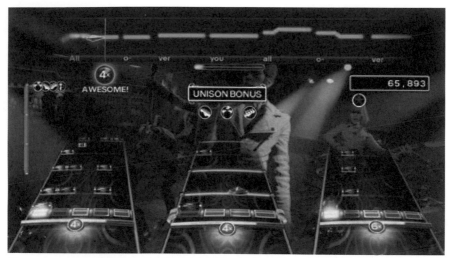

圖7.8　Rock Band 提供使用者多個層面的反饋：立即、累積，以及標準。

　　擁有多層面反饋的重點是如何讓每個類型的反饋都提供使用者一種不同型態的資訊與情感價值。立即反饋對當下那一刻調整行為非常有幫助，它非常接近行為發生的那一刻，所以提供的訊息能夠影響一個人對正確行為的認知。在遊戲 Rock Band 的例子中，提供即使只有晚了幾秒的資訊，都會使玩家覺得找出精進遊戲的方法變得困難。

　　立即反饋會引發不同的情緒反應，取決於這個人把這項活動做得多好。正面反饋通常讓人們感覺蠻好的，而負面反饋則有很糟糕、難以接受的感覺。這是事實，因為即使是關於不重要的行為的反饋，像是你在玩電視遊戲的表現如何，都會反映出你當下的真實情緒。所以在你一直不斷嘗試在某件事情上有所進步時，或是你期待自己能夠上手，但事實卻不然的時候[3]，還不斷重覆得到負面反饋，會有很大的挫折感。更令人抓狂的是，如果你已經不斷嘗試在某件事情上面想要有所進步，但卻是一連串的糟糕表現（或是在行為改變上經常出現的停滯期）。

　　這就是多層面反饋提供最大價值的時候。

　　許多你在行為改變中要求人們去做的事情是要花很長的時間才能達成。試想減重這件事，一個需要減掉很多重量的人，有可能要花上好幾個月，或是好幾年，才能達到目標。並且就現實面來看，在那段期間，會有體重往下掉的時候，也會

3　就像我玩 Rock Band 一樣。

沒有猜測的反饋

Shapa是一個不會告訴你有多重的體重計，它甚至上面沒有任何數字，如同你看到右方7.9的圖示。雖然它不具備一個體重計應有的功能，但研究顯示，用Shapa的人們比用一般體重計的人會減去更多體重，並且他們更有可能長期持續使用Shapa。

許多想減重的人對於要每天量體重感到挫折，人類的身體每天都會很自然地有幾磅的波動，這會很難辨識他們是否真的成功減重，或是體重增加了。如果是他們非常努力想要看到數字往下掉，但事與願違時，真的會讓人感到憤怒。

Shapa測量你在一個訓練時期後的身體組成基線，然後每天給你一個顏色，告訴你是否你的身體已經從你的基線上產生明顯的變化。如果你是維持的話，就會出現綠色，黑色與灰色則是增加，藍色或藍綠色則是減重，就像圖7.10所呈現的畫面。

人們無法從一般的體重計看到狀態變化，因為會被顯示的數字資料干擾。Shapa的反饋會只告訴使用者他們真正需要知道的東西，並讓他們能因此而更投入。

圖7.9　Shapa沒有顯示體重的畫面。

圖7.10　如果你減掉了蠻多重量，Shapa應用程式會給你一個藍綠色的螢幕畫面讓你知道。

有體重停滯的時候。也會有覺得不舒服，沒有辦法健身的時候；或是去度假，並決定要讓自己暫時放鬆的時候。在這些時候得到負面的立即反饋時，會令人感到無比洩氣（例如：當你從夏威夷回到家的第一天，踏上體重計時）。能讓受挫感沒那麼糟糕的方法是把自己放在總共減掉幾磅，或是小了幾吋，又或是增加多少體耐力，這樣的整體背景中；並提供一個要回歸正常軌道的強烈行動號召。這會是放棄的人與回歸常態、繼續努力的人之間的差別。提供較大的視野，能幫助人們在得到負面的立即反饋時，能夠更有韌性。

第三步：加進關於其他人在做什麼的資訊

標準反饋也是扮演著幫助他人了解自己的表現狀況的關鍵角色。標準反饋會將一個人和其他人做比較，它提供一個幫助人們去解讀自身表現水準的背景脈絡；Rock Band遊戲的競賽成績榜就是一個例子。

這樣的背景能幫助驅使行為改變，因為人們會知道他們自身的行為比起其他人的，是相對的好或壞。舉例來說，你可能會有其中一份報告是附著你的電費帳單，它會告訴你關於你和整個街坊鄰居，以及和你特別「相似的鄰居」比較起來，你的家電使用情況。通常會有一個棒狀圖顯示，在這三者中，誰的用電量是最多的。也會有一個以笑臉（或是皺眉表情）的形式出現的指標，讓你知道是否你做的是正面比較。在圖7.11，你可以看到來自Opower的範例。

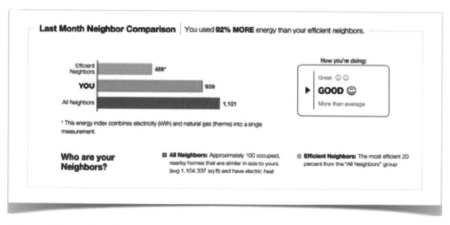

圖7.11　OPower的反饋顯示了一名顧客電力使用狀況，並和他的整個街坊鄰居做比較，同時也和住在類似家庭的人們做比較。

總體來說，這樣的反饋對得到報告的人們來說，是即時的，又充滿意義的行為改變──他們藉由降低了幾個百分比點數，減少了能源使用。有趣的是，這只會發生在同時收到帳單的人，關於他的一家是否也做得很好的資訊，就像笑臉會皺眉臉的標示。這些報告的第一個複述只有棒狀圖示，設計師認為接收人會了解他們應該保持使用比他們的鄰居還要少的電的良好行為。但這不是重點，做得好的人們一旦看到報告，便會開始使用較多的電。好像他們了解到：「我過去做得這麼好，所以我可以犒賞自己以後燈就一直亮著。」笑臉這個小讚美反而出現這個奇怪的行為。

所以最有效的標準反饋至少包括兩個內容：

- 你的行為和其他人的比較起來如何

- 關於是否為正面或負面的一些指標

標準反饋的另一個重點是哪種使用者是被拿來做比較的，人們對和自身相似的人們，或是在相關任務上也許表現得比自己稍微好一點的人們做比較，他們的回應會是最好的──在行銷裡，這樣的人被稱為**領導型目標**（aspirational targets）。這些是實際的人，如果你稍微努力一點的話，你可以像他們一樣──也就是他們輕5磅，每英里快30秒，可以得到B+，相較於你的B。

為某人選擇對的比較群體和選擇挑戰的最佳程度很相似，如果你把人們和另一群明顯比他們好很多的人做比較，就會很無趣。我並沒有接收到關於我的數學技能的有用資訊，如果你把我和一群小學一年級的學生做比較。我應該可以在一個數學測驗中打敗一群平均年齡六歲的小孩。

同樣地，把我和一群要申請數學博士班的人做比較，我也不會得到許多實用資訊。他們最好是比我高分，不然就得找新工作了！但如果你把我和其他有著大概類似教育背景的成年人做比較，那麼我就會知道我的能力是否在我的族群的平均值上。在一個類似背景人們的群體裡，表現稍微好一點會有很棒的感覺，而表現沒那麼好會是一種激勵。如果人們像你一樣可以做到某件事，那麼你也可以，如果你再稍微努力一下。[4]

4　成長心態又再次出來喊話了。

在做醫療行為改變設計時，選出對的比較群體做標準反饋會有難度；考量改變比較群體是取決於變項。我們就以減重挑戰為例，你可能不想和挑戰裡的每個人，互相以減掉幾磅為基礎，去做比較。他們有些人會比其他人瘦得更快，有可能是因為較快的新陳代謝。只需減下幾磅的人們會比需要減下大量體重的人們，更早達到目標。所以你可以在挑戰裡，只看彼此的減重目標是非常類似的那部分的人，並就在那部分的人之間做比較。

你也可以挑一個除了減重以外的不同變項，對他們做比較；特別是心理的變項，比較不會讓人們有被批評的感受。以下為範例：

- 你是那20%最喜愛把走路當成運動的那群人中的其中一位。

- 就像你一樣，許多試著減重的人會說，他們有時會感到自我懷疑；並不是只有你會如此。

- 55%參加這個計畫的媽媽們說，他們參加的主要原因是，想在帶孩子的時候，能夠更有體力。這感覺好像在哪聽過？

在這些例子裡，標準反饋就表現方面，扮演著較少的資訊提供者角色；反而是較多的情感角色，在幫助建立自我效能以及持續參與的興趣。

也有可能會有標準反饋基於某些原因，對你的產品沒有作用的情形。不是每個行為改變過程，都需要每一種類型的資訊能夠產生作用。少或許就是多。

▌在數字上的強項

了解許多人將個別成果加總在一起，對很多試著要改變行為的人來說，會是非常大的鼓勵。當行為改變目標聚焦在社會層面的改變時，人們在解決大問題上的個別貢獻會讓人感覺沒有價值；特別是如果他們沒有察覺，對自己在生活裡有任何影響的時候。試想某人已經選擇攝取較少動物性蛋白質，因為他們深信這將會對永續貢獻一份心力。每周減少二到三餐不吃肉，可能感覺不到有什麼巨大的不同。達爾文挑戰（Darwin Challenge）應用程式提供證據給它的使用者，證明他們的微小改變成就了較大的社會轉變。在圖7.12中，達爾文挑戰顯示一個來自使用者所記錄的所有以植物為主的飲食，所累積的好處點數。

圖7.12　達爾文挑戰（Darwin Challenge）應用程式的使用者可以看到他們的相對微小行為的改變和其他人的結合在一起時，會成就出大規模的影響。

其他範例包括MapMyFitness應用程式的年度檢討，他們將所有使用者的，跑步所累積的里程數，以及描述使用者等同於參加了那些美妙的旅程。在2018年，MapMyFitness使用者累積了足以跑到月球2000次的里程。

第四步：找出頻率

讓使用者在他們感興趣時，能夠一窺他們自己的進步，是一個很好的主意。但許多數位產品也會把反饋回推給使用者，而回推反饋的時機點非常重要。針對一個單一目標，你應該要多久提供反饋呢？過多反饋會導致警示疲勞（alert fatigue），這時人們會忽視你的訊息，因為這些訊息過於頻繁，或是無意義到你不值得花幾秒的時間去注意它們。[5] 而過少的反饋會讓人們沒有目標。

5　香奈兒女士提過一個非常知名的建議，就是在出門前要拿掉一樣首飾，以避免過度打扮。同樣地，要考量在你的產品減少發送警示訊息給使用者的次數，至少要減少一次。如果真的非常必要，你的數據資料會告訴你，而且你可以再加回去。

雖然成人因為頻繁的反饋而變得遲鈍，但這卻是孩子們的最愛。如果你正在為較年輕的族群設計，那麼就幾乎沒有所謂的過多反饋這件事。[6]

關於合適的反饋頻率，是沒有神奇的時間表；它取決於你所鼓勵的行為，以及你多久會做出這樣的行為。有些人會比較喜歡多一點反饋，有些人則可能比較想要少一點。經驗法則是你可以在每個重大的單一行為之後，提供反饋。如果行為改變是一個要逐漸累積的某件事情，提供反饋的頻率可以是一天一次、一周一次，或甚至更少的頻率會比較合適。

以下是針對不同類型的行為改變，你可能應該要多久給一次反饋的幾個例子：

- 在每次健身之後，做血糖測量，或學習評估
- 在一天的尾聲，計算卡路里攝取，或是總共走了幾步
- 在一周的尾聲，看體重是減輕，還是增加
- 在一個月的尾聲，看存下多少錢，或是語言學習進步了多少

反饋頻率是一個在你的產品研發過程期間，測試使用者的一個很好的要素，能夠看出什麼東西對你的產品是有用的。

給成為能持續成功的人習慣性的讚美！

一些行為改變產品會犯的一個錯誤是，只給第一次做出行為的人們獎勵。如果行為改變目標有包含重複一個模式很多次，那麼你會想要確保能給持續做到這個模式的人們習慣性的讚美。

Fitbit 是一個紀錄步數以及其他體能的應用程式，當使用者第一次達成階段目標時，它會給徽章做為獎勵。當你在完成階段目標時打開應用程式，你會看到一個慶祝標示的徽章，並告訴你做到什麼，才贏得這枚徽章。我真的很喜歡看這些標示！至少，這是我在擁有 Fitbit 後的第一周所達到的成績。

6　更多關於為孩子們設計數位體驗的資訊，可以參考黛博拉·萊文·葛曼（Debra Levin Gelman）的著作，《為孩子設計：玩樂與學習的數位產品》（Design for Kids: Digital Products for Playing and Learning，暫譯）。

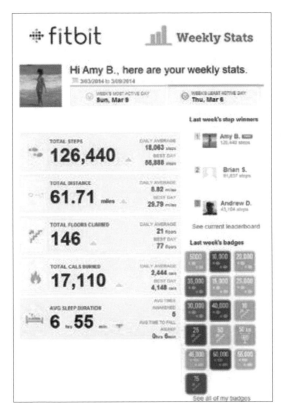

圖7.13　如果我知道這是我最後一次看到這麼多Fitbit給的徽章，我就會更回味！

　　在圖7.13裡的徽章是我在擁有Fitbit應用程式後的第二周所贏得的，是我把它放在口袋裡，帶著它跑完馬拉松的時候。[7] 那天我達成55,888步，除了跑過終點線的興奮之外，當我打開手機裡的Fitbit應用程式時，裡面呈現的都是為我喝采的數字，真的樂趣無窮！

　　然後我就再也沒看過另一個標示，在我持續使用Fitbit幾乎滿五年後。它只會在你**第一次**達成階段目標時，為你慶祝喝采；這也表示，我固定每天達到一萬步的目標時，我不會得到任何東西。當我達到2萬5千步或3萬步的日子，什麼都沒出現。Fitbit根本不打算再給我任何讚美，除非我再去跑另一個馬拉松；但我並沒有那麼想要被讚美。

7　跑馬拉松的第一條規定是一定要在你的有生之年，告訴人們你跑過馬拉松。

對我而言，這似乎像是一個錯過的機會，用偶爾刺激的數位驚喜阻止你做固定的健身運動。反饋不需要總是和新奇有關，它也可以和持續性有關。

第五步：準備下一個行動

大部分的行為改變設計是關於讓人們把持續發生的動作，繼續往前變成一個較大的目標。一次性的行動是不會成功的，所以好的反饋需要在行為改變過程中，安排人們去做下一步。就像圖7.14的馬力歐，你的使用者的公主是在另一座城堡，而你的工作是幫助他們到達那裏。

圖7.14　可憐的馬力歐，總是有另一座城堡要去！

行動號召的手法可以非常巧妙，像是呈現可以到下一步的畫面（就像Duoligo的做法），或是很清楚地告訴這個人，下一步他需要做什麼。

補充：遊戲化與行為改變

你或許會好奇，遊戲化的那些地方是適合行為改變設計。好的遊戲化能直接支持這本書裡，特別是這章的許多行為改變機制。「遊戲化」意味著一個非遊戲經驗所包含的遊戲元素。結果有可能會覺得像或者不像遊戲本身，Duolingo、Fitbit以及星巴克的應用程式都是遊戲化的，但它們都不會

和一個真正的遊戲混淆。

遊戲元素包括點數、競賽成績榜、關卡、升級、挑戰、徽章與獎勵。這些
遊戲元素也都能支持有效的反饋。事實上，如果應用得宜，遊戲元素會把
一個體驗變得更具投入性，因為它們對人們在有效與有意義的反饋上的需
求有很大的幫助。

注意事項：常見的疏失

一個常見的疏失是設定了一個反饋架構，它聚焦在並不是那麼關鍵的行為上
所產生的重要結果。這有時會發生，原因是在真正的關鍵行為上做觀察與提供反
饋，技術上來說是困難的，或這是在產品範圍以外。有時候人們會迷上替代方
法，並把它看得比實際上更具意義。以下是反饋與錯誤的行為連結，所造成的負
面結果的三個例子。

違反常理的鼓勵

這有可能是真的，而且很可怕。當印度在英國殖民統治時期，英國政府非常關
切在德里的毒蛇數量。我也是！所以他們決定付錢請人消滅毒蛇。你覺得結果會
是什麼呢？

除了市政府變成可怕的毒蛇墳場外，這個獎勵機制事實上讓這個問題變得更嚴
重。人們開始養蛇，所以就會有更多蛇讓他們殺，並換取獎金。所以蛇變得更多
了。

現在，當錯誤的反饋機制最終演變成一個不斷惡化的問題時，就是我們所知道
的**眼鏡蛇效應**。

順帶一提，類似的故事發生在法國政府在統治越南時期，試圖要控制老鼠的數
量。似乎殖民政權特別不擅長將行為與反饋和獎勵做結合。

拿A的學生

做為美國醫療改革的一部分，並在可負擔健保法（Affordable Care Act，簡稱 ACA）下，醫院會被要求要給病人一份出院調查表（HCAHPS），這份調查的分數會知道醫院能夠得到多少醫療計畫裡的補助，所以得高分非常重要。

其中一個問題是關於疼痛管理，調查表是這樣提問的：

在住院期間，醫院人員隔多久會來盡力幫助你舒緩你的疼痛？

想像你是一名有著術後疼痛困擾病人的醫生，當你知道在他離開醫院時，他對這個問題的反應可能會影響你的工作時，你決定好要如何醫治他了嗎？

你或許會想像，提供者會試著將他們的分數極大化，他們會給藥——也是快速減輕疼痛的最快方法。這個治療方式會導致鴉片類藥物的使用增加，直到成癮變成一個嚴重的醫療人口問題。[8] 真的很糟糕！

將系統變成遊戲

在數位應用程式裡的一種常見的反饋是「授勳」（badging），因為徽章對重複性的行為提供了一個視覺圖像連結；像是登錄資料，或是在所在位置「打卡」，都是點出某人的行為模式的很好方法。

在2010年，手機服務網站公司Foursquare（現在是Swarm）想要使用它們的徽章做為鼓勵從事體力活動的方法。它們和幾個健身的應用程式合作，並創造出幾款徽章，做為如果人們去健身房或健身俱樂部報到的獎勵。

你或許已經猜到這不是可提供反饋的合適行為，如果目標是鼓勵體能鍛鍊。可惜的是，站在健身房附近並不會賦予你六塊肌。[9] Foursquare發現的是，人們把這個系統當成遊戲，為的就是要贏得健身徽章。得分最高的人們居住或工作都離

8　這個問題不斷成長，並在2017年公布，全國聯邦醫療保險 (Centers for Medicare & Medicaid Services) 決定要開始在2020年把疼痛管理問題從 HCAHPS 調查中移除。

9　對我們其中的一些人來說，即使走進健身房，也不會有六塊肌；一切都是該死的基因！

健身房非常近，可以不用真的進去，就能報到。Foursquare 於 2012 年停止了它們的健身程式。

好的反饋是給使用者的

除了以上所述，在行為改變設計中，反饋的主要目的是鼓勵成長與進步。它可能是引發經營目標的重要反饋，而不是行為改變目標的反饋。並且有時候也可以利用反饋去刺激使用者升級到更強健的功能，或是購買另外的產品；如果這是真正最有可能幫助他們達到他們的目標的行動步驟。

但使用者對於分辨這個反饋是關於他們，還是關於你，都非常厲害。讓人們保持投入一定要將大部分的焦點放在**他們的**需求上。如果你的產品提供人們非常有效的行為改善幫助，你就不需要在銷售上花太大力氣。

結論：給所有人的反饋

不要吝於提早或頻繁地給你的使用者反饋，因為這是你所擁有的最有力的機制之一，能夠幫助人們了解他們所做的行為改變努力的表現如何，並做出必要的修正動作。如果你了解如何打造好的反饋，你就能善加利用，並幫助你的使用者從挫敗中堅持下去；對他們的技能做「升級」，並對長遠的行為改變仍能持續投入。

反饋有其科學的一面，也有藝術層面，但你會要遵守五個基本步驟。就是測量某個事物、提供多個層面的反饋、包含關於其他人所做的資訊、在反饋最具助益的時機點時安排出現，讓使用者能善加利用，以及引導你的使用者前往下一步。

觀點　黛安娜·迪貝爾／員工表現

工作場所表現是行為改變設計的精華地帶，但對行為改變設計師來說會有一定的難度，因為要找到好的與壞的設計表現管理工具，通常可以透過企業對企業的安排取得。我和任職於Grand Studio的黛安娜·迪貝爾對談關於她在重新設計效果不好的員工表現管理工具的經驗，以及他如何利用行為改變設計方法去做改善，特別是和反饋相關的策略。黛安娜的個案研究顯示行為改變設計原則應用於醫療、金融，以及教育行為改變，也會在幫助工作場所表現中產生效果。

是什麼沒有作用？

在Grand Studio裡，我們有一個叫做**文化週**的東西，它包含了自我反省以及自我分析研討會。我們用一個具有專利的表現管理工具去追蹤員工的技能與成長，這工具被設計成非常有彈性，並且每個人都能使用，不論他的職銜或位階是什麼。在文化週討論的其中一件變得很明顯的事情是，這個工具既過於模糊，且太難以接受（圖7.15）。

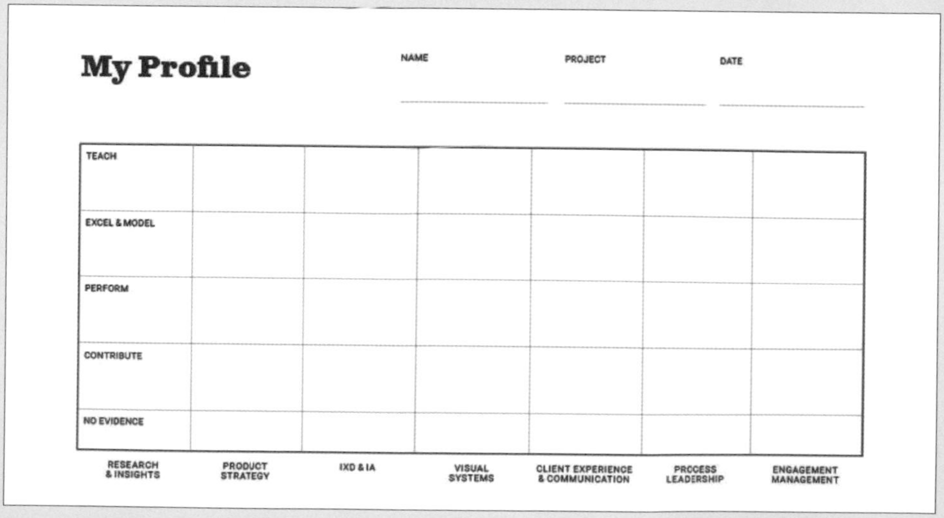

圖7.15 原來的Grand Studio員工的表現評估表被設計成要有彈性，但實際上最後變的很難用，因為缺少明確性。

你是如何讓知道成功會是什麼樣子這件事情變得較容易？

我們的團隊完全重新設計了表現管理工具（見圖7.16），我們想要讓員工與經理雙方在使用它時，都覺得比較清楚，也較能達到。而不是有一個跨階層使用的工具，我們為目前所雇用的每一個層級的設計師（設計師、資深設計師、主設計師）設計了一個工具，裡面有資料，並可應用在那個角色被期望要做什麼，以及他們的學習清單，讓他們能到下一個層級。每一個人還是有自主權去選擇他們想要專注的核心技能（研究、視覺影像、使用者經驗），但他們有一張同等重要以及明確的清單，是準備好要帶著他們往他們職業生涯的下個層級的成就。

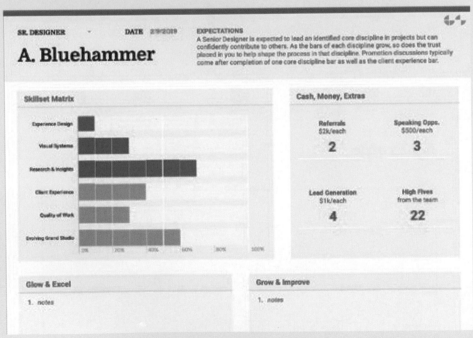

圖7.16 重新設計過的表現評估表說明了核心的工作責任，同時也提供員工選擇成長空間的彈性，也會在金錢上獎勵他們。

我們想要將工作表現分成朝向目標的小型可達成步驟，並幫助員工追蹤他們達成每一個步驟的進步。為了要做這件事，我們創造了一個包含了進步棒狀圖的圖表，並填入核對清單裡的步驟中的每一個項目。我們也包含了來自同儕間的正面與批評性的反饋，還有一個清楚目標的行動計劃，讓他們能夠在下一個表格中核對。這種360度的反饋和可行步驟配合，讓員工更清楚自己的強項與弱點，讓他們在職業生涯中具備有形能力。我們先列出正面反饋以強化成就感與能力，以及創造出對批評性質的反饋有較高的接受度。

▋ 你如何做到在一個雇傭條件背景下，給人們一種控制主導的感覺？

在所有「可數的」資料以及同儕的反饋下，我們也包含了選擇性的輔助資料，並且完全沒有支配某人獲得升遷的能力。這些資料包括受邀演講、雇主推薦，以及銷售業務領先；我們都知道獲得升遷的部分原因是認可與批准，但另一部分原因是財務。另外提供的資料是在員工控制之下的財務槓桿，他們能夠在任何一刻拉下槓桿，如果他們判斷是有必要的。除此之外，這些徽章是對正面投入與主動參與的鼓勵，因為員工可能會因為缺乏機會而有無法投入的時候。從事這些任務也幫助主要的基本員工在更高的領導角色機會出現時，具備所需技能；這些角色包括人員管理、行銷，以及企業發展責任

黛安娜·迪貝爾（Diana Deibel）是芝加哥的Grand Studio的主設計師，她設計以人為中心的產品，專注於聲音使用者界面，與人們喜歡使用的產品裡會有的使用者體驗研究。

08

結合一致
為產生連結所做的設計

+ 社會支持能做什麼？
+ 真實生活裡的社會支持
+ 支援戰鬥
+ 在線上得到社會支持
+ 結論：每個人都需要某人

觀點 喬許・克拉克／分享的力量

人們有多渴望與他人產生連結是有個體差異的。有些人屬於社交花蝴蝶，他有非常大的交友網絡，並因為許多聚會而更壯大他的人際關係；但也有些人只選擇較小交友圈，但卻有關係緊密的知己密友，因為需要更多獨處時間讓自己充電（充電時期的箇中滋味是五味雜陳）。但沒有人活得完全像是荒野一匹狼，人類的頭腦就是為了連結而存在的。[1]一個接著一個的研究都顯示正向的社交關係和明顯較佳的身體與心理健康狀態是相關的。而沒有了關係，人類就無法有好的表現；社交孤立會預見心理與身體疾病，以及較早死亡的結果。人們是需要彼此的。

在自我決定論中，感覺到有部分是比自己重要，或不重要，這是每個人的主要心理需求。社交關係（不論是真實的或是虛擬的）可以幫助滿足這個需求。行為改變設計師有機會將社交連結帶入到他們的產品體驗，去幫助使用者得到產生關係的好處。這章會涵蓋要如此做的原因以及做法。

社會支持能做什麼？

就像生命中的許多其他事物，行為改變和朋友進行的效果會比較好。研究顯示，在追求改變的過程中，有同伴一起參與，會增加成功的機率。更好的是，在行為改變目標中，擁有社會支持，影響著人們會有多享受一路達標的整個經驗。以及當人們對某件事物樂在其中時，他們較有可能持續下去；所以朋友是長期持續行為改變的一個要素。

社交連結提供多元的實際上與心理上的效益；其他人能伸出援手解決一個困難的問題，提供道德支持或建議給需要推一把的人，或是提供一個讓人效法的正面榜樣。並且許多研究證明在喜歡與在意的人們身邊，會讓人們比較快樂。特別是在行為改變的背景裡，有一些社會支持的最重要功能包括強化人們的目標，提供他們達成目標的具體協助，給予教學和說明，並幫助人們處於正確的頂部空間，並在行為改變活動上有所成效。

1　其他靈長類動物的頭腦也是如此，如果你修了一門基礎心理學的課，你可能會記得哈利・哈洛（Harry Harlow）於1965年所做的關於遠離社會的孤立幼猴。這些小可憐非常渴望親情與關注，牠們緊抱著無生命的人體模特兒到籠子裡。如果牠們持續很長一段時間沒有和其他猴子有社交接觸，這些猴子就無法發展正常的社交技能。這告訴我們社交接觸對大部分的基礎階段的健康發展是非常重要的。

培養目的與樂趣

你在前面幾章了解到擁有較深層的目標能幫助人們投入在行為改變過程中，並消弭他們目前的狀態與未來的自己之間的鴻溝。社交連結能幫助人們在他們的活動中找到那個深層目標，不論是因為社交部分本身就具有意義，這是因為人們互相幫助彼此用不同的方式思考行為，或是因為和朋友們一起做些活動就是比較有趣。舉例來說，一起運動的人們出現在課堂上，並不只是為了排出汗水的好處，還有在那段時間，他們增進了彼此之間的關係，並幫助他們專注在除了燃燒肌肉以外的其他事情。他們也會發展出一個和這個團體相關的新認同；他們不再只是會運動的人，他們是「傷心人士」（Heartbreaker）[2]。社會元素讓人們有更多誘因持續他們的新行為。

人們不一定為了要一起投入去做一個有目的性的行為而要擁有相同的目標。試想使用一個叫做Busuu的語言學習應用程式的人們，這個應用程式將母語使用者與正在學習語言的人們配對，讓學習者能學到正統發音、俚語，以及語法（見圖8.1）。

在任何一對的使用者中，一方有學習目標，另一方則有教學目標。這樣的經驗對雙方來說，都可能是有目的性的。

圖8.1　Busuu將語言學習者與母語使用者配對，這個語言學習法的社會面相能夠為使用者強化其目的性。

2　我曾看著這個情形不斷地發生在朋友們身上，因為他們加入以波士頓為基地的「傷心山坡跑步俱樂部」(Heartbreak Hill Run Club)。

試想找出連結人們的方法是你的行為改變介入工具的一部分，另外的附加價值就是，提供他們具體的角色去扮演。而這樣的角色扮演是特別能幫助彼此進步，朝著目標前進。

幫助朋友擺脫困境

人們能在行為改變上幫助彼此的另一個方法是透過**工具性支持**（instrumental support）──具體協助。工具性支持會像是：

- 一個貸款或是資金協助去幫助某人能付學費，以及學習一個新的生意

- 分享有如何存夠錢退休的內容的預算工作手冊

- 幫忙照顧孩子一個下午，讓他們的父母能夠為比賽做訓練

人們幫助解決某人的問題的多數方法是透過被歸類在工具性支持的行動。行為改變介入工具能藉由讓人們能輕易要求或找到的方式，以及為其他人提供一個遵循路徑，讓工具性支持更有效益。舉例來說，MyHealthTeams 將條件特別設定在社會團體，是有特定狀況的病人與看護能夠做所有日常的人際互動，也可以交換關於治療的心得。在每一個 MyHealthTeams 網站的提供者指南是群眾外包的（crowdsourced）資訊，所以醫生們能夠毫無保留地對其他有健康狀況的病人們傳達他們的建議。（見圖 8.2）

在財務的領域裡，Honeyfi 讓夫妻對於管理他們的共同財務變得容易些（見圖 8.3）。藉由讓他們在一個集中的地方分享財務資訊，Honeyfi 讓工具性支持和金錢目標產生關聯。

做出樣子來

人們也可以在行為改變中以指導者的身分，彼此互相支持。這樣的導師角色經常能夠提供工具性的支持，但他們的影響絕對超過工具性支持所提供的。他們會為人們樹立榜樣，去建立屬於他們的行為模式。他們能夠提供情感支持，透過遭遇阻礙或是達到階段性目標的感受，對人們做訓練。並且只要有另一個人出現，

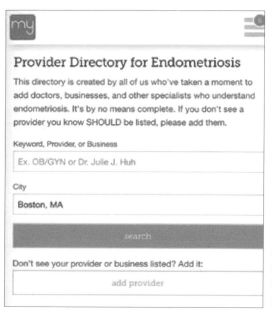

圖8.2 MyEndometriosisTeam
的提供者指南是以使用者建議為
基礎所研發，意味著病人的建
議，並提供新病人關於可以試試
哪位醫生的有效資訊。

圖8.3 Honeyfi幫助夫妻提供彼
此管理共同財產的工具性支持。

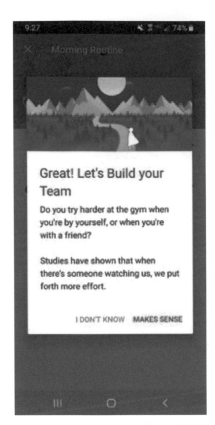

就可能讓某人更認真或在某種類型的工作任務上有更好的表現。應用程式Fabulous的作者就非常了解這點（見圖8.4）。

師徒關係能夠幫導師與導生雙方得到進步。在一項研究中，研究學者訓練一群有多重硬化症的病人去幫助經歷較少的病人。這種支持訓練特別聚焦在主動聆聽，而非提供建議或方向；而有影響力的病患支持者，應該是要被訓練成為一名絕佳的聆聽者。在超過三年的研究後，接受這種同儕支持的病患都有很好的表現，也呈現出一定程度的生活品質改善。然而同儕支持者卻讓研究人員大吃一驚，因為他們在同一時期的生活品質，竟然達到幾乎八倍的成長。幫助他人似乎給了對同儕支持者來說，某個對他們的幸福感非常重要的東西。

值得強調的是，在那項研究的同儕支持者並沒有任何特殊專業，或是非比尋常的經歷。只要接受過基本指導與做過一些演練的任何人，都能做到主動聆聽。當你這在思考要如何將社會支持加進一個行為改變介入工具時，考量關於是否有機會不只讓使用者接受幫助，還能讓他們給予幫助。你能夠讓他們有一些簡單的工具，像是較佳的聆聽技巧，或是有非常激勵人性的網路迷因（meme）可以分享，讓他們也能用來幫助其他人呢？舉例來說，應用程式Wisdo將使用者與有類似經歷的朋友配對，以產生雙向支持系統（見圖8.5）。

最後，其他人會提供社會學習的機會。

圖8.4　應用程式Fabulous指出，有些類型的行為在有受眾的情形下會有較佳的表現。只要有好朋友在旁邊，就能讓健身更有效益。

我們來回憶一下第七章曾提過的，對某個事物稍微拿手一點的人們，能夠幫助激勵其他人更快進入狀況。那些想要成功的目標，對你的使用者來說是很類似的；只要多一點努力，他們就有可能追上這些人的腳步。讓你的使用者和他們類似的人接觸，因為這些人已經在行為改變的某個方面獲得成功，能夠幫助使用者重新計畫新的方法，並與他們本身的日常習慣結合。包括範例、故事，以及你的產品裡的標準反饋，它不只是增加興趣——你的產品也能夠激勵人心。

保持透明誠實

人們如果知道有人在注意他們，他們比較可能會堅持完成他們的計畫。你能幫助你的使用者去認同其他人在他們生命中扮演著正式或非正式的「責任夥伴」。一個正式的責任夥伴知道他們所扮演的角色，使用者會要他們登記並去了解計畫是如何進行；或是保證會回報結果。StickK是一個目標設定的應用程式，他會鼓勵使用者去認一個正式的責任夥伴，去幫助他們增加達標的機會（見圖8.6）。使用者可以選擇自己獨立進行，但StickK很清楚的表明這不是他們的最佳選擇。

如果使用者已經認定一名導師或教練來幫助他們，那個人也會為使用者負責。事實上，導師具有很強說服力的有利條件。一旦某人處在指導的立場時，接受指導的學員都不想讓那個人失望。為了導師而有想要堅持

圖8.5　Wisdo將使用者彼此互相配對，以經驗分享的方式提供支持。在朋友配對裡的使用者們有機會提供援助，或是接受幫助。

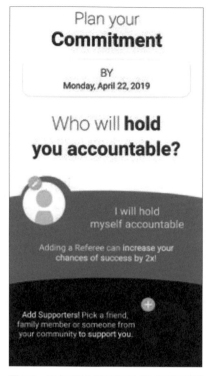

圖8.6　目標設定應用程式StickK幫助辨識出一個責任夥伴，讓使用者能持續進行他們的計畫。

圖8.7　MapMyRun是許多應用程式中的其中一個，會讓使用者較容易在社群媒體上分享他們的活動，這樣能幫助建立責任以及堅持完成行為改變。

完成的心情，會激勵人們持續進行行為改變，就不太會有如果單獨進行會有可能放棄狀況。

非正式責任夥伴指的是沒有很清楚他們在行為改變中要達成什麼目標的人們。他們以某種方式意識到這個人的目標或進步——或許是這個人在社群媒體上分享了某件事，變的比較容易做，像是MapMyRun應用程式所做的（見圖8.7）。即使他們沒有特別問關於活動進行得如何，但知道其他人可以看到他們在做什麼，會幫助你的使用者堅持下去。然而，在這裡要補充說明，如果這些貼文過於平常，其他人可能不會出現支持性的回應。所以使用者有機會在貼文中加上自己的評論感想是很重要的。

這裡有另一個利用競爭在行為改變中建立責任的有趣方法，有一個關注在增加身體活動的研究，讓人們和他們的家人在每一階段的挑戰中做競爭。每天，一名家族成員會被隨機選出，並計算他們的步數，看能為整個家族貢獻多少分數。突然間，對步數鬆懈下來會影響整個團隊；你覺得會發生什麼事呢？

你是誰很重要

每個人都會有幾個心理學家會把它稱為社會認同（social identity）的身分。社會認同是以人們所屬的團體為基礎，就我的例子而言，我的社會認同包括女性、心理學家，以及波士頓人。我的社會認同帶著某些含意，

圖8.8　根據這些女性們的種族背景，她們參與這個由荷蘭所研發的鼓勵多攝取蔬果的程式，我們看到了關於這項資訊的不同的視覺處理方式。

是有可能沒有和任何有過這些經驗的人們100%重疊。這是因為社會認同的意義有部分是由文化所形塑出來的，所以社會認同會包括刻板印象與過於以偏概全。

當人們變得對他們其中之一的社會認同有高度意識時，會對他們處在一個情境中所做的一舉一動有著極大的影響。提高的意識可能會在某人花時間去深思其中的意義，以擁有某一特定的認同；或許是藉由閱讀一則關於擁有那樣認同的某人的故事而受到鼓舞。在一個認同被極度強調的情境條件下，也會讓人們對這個認同產生極高的意識。身為在會議室裡和男性共處的唯一女性，會增加這名女士的女性認同；正如同參加一個以女性為首的，並且完全沒有男性的會議一樣，會增加男性認同。

在數位行為改變介入工具中，一個巧妙地開啟社會認同的方法是形象打造（image tailoring）。你必須要知道關於每位使用者的人口統計資訊，並能夠以這個數據資料為基礎，在程式裡做出個人化形象。如果你具備那樣的能力，讓你的產品布滿人們的照片，他們分享了許多像是（大概）年齡、性別，以及種族背景等人口特徵給你的使用者。你也可以包含其他文化符號，像是荷蘭研究學者創造了不同版本的蔬果飲食程式，針對荷蘭、土耳其與摩洛哥女性，包含和每個文化相關的顏色與模式（見圖8.8）。文化相關的視覺影像將會活化社會認同，另外一個附加價值是，研究顯示出人們較有可能注意並記得資訊，當它是以和他們長相相似的人們的照片一起被呈現。

當人們被提醒具有某個社會認同時，其潛在的意義是會影響他們的行為。經

常發生的是，因為人們的社會認同，所以他們不會刻意選擇去做任何不同的事情；他們甚至不會察覺到自己正在做任何不同的事情。舉例來說，研究指出，亞裔美國籍女性的數學會在他們認為自己是亞洲人時，得到較高的分數；但會在認為自己是女性時，而得到較低的分數。分數變得和那些認同裡的每一個相關的刻板印象一致。[3] 差異是小的，但當你思考關於要把你的SAT分數盡可能拉到最高時，即使是幾分也會有所影響。人們不需要去相信刻板印象是真的，然後擁有這些表現上的改變；和它們超過一輩子的時間，就足以對他們產生影響。

圖8.9　DietBet稱它的使用者為「減重打賭者」，並提醒他們大部分的減重打賭者都成功減重。這個應用程式為使用者創造一個新的社會認同。

社會認同可以是針對人們能夠被明確地帶領，並有某一形式的行為的一種資源。你曾經察覺你自己可以很優雅地應對一名非常生氣的顧客，但當類似的情況發生在你的伴侶身上時，則是會讓你尖叫抓狂嗎？你或許能夠從你的專業認同中提取行為指導，以幫助控制你的怒氣。

你不會一直知道你的使用者有什麼樣的社會認同。更不用說，如果你對社會認同之於使用者的意義，沒有一定程度的了解的話，建議人們考慮接受一個社會認同會非常困難。但幸運的是，你可以藉由在你的產品中創造新的社會認同，來冒充既有的社會認同的效益。這就是應用程式「減重賭注」（DietBet）所做的，它會告訴使用者有96%減重打賭者（dietbetter）成功減重（見圖8.9）。即使使用者在加入DietBet程式之前，所謂的「減重打賭者」的身分是毫無意義的；是這樣的情境背景讓這個身分有清楚的意

3　這些發現在世界的部分地區並不是真的，也就是擁有亞洲與女性身分的學術表現是不一樣的刻板印象。這意味著它確實是關於影響行為的社會認同的錯誤文化說法。最近的複製嘗試是只有當人們在研究時才有作用，並且他們非常熟悉關於認同的刻板印象。

義。所以當 DietBet 的使用者想要在他們的減重計畫上作弊時，他們可以思考這件事情是否真的是一名減重打賭者會做的事情。什麼樣的新身分是你能夠分配給你的使用者，讓它能指導使用者去完成行為呢？

這個所謂的「減重打賭者」的新身分會具備和其他社會認同一樣的微妙及持久嗎？幾乎是肯定不會。但這個身分能夠提供足夠的導引，幫助人們在一個短期的行為改變程式中挺過一些困難時刻嗎？或許吧！

忠於自我就好

說的總是比做的要容易許多，但「就是做你自己」真的是一個不錯的建議。心理學裡的其中一個古老的動機理論是馬斯洛（Maslow）的需求層次理論（hierarchy of needs）（見圖 8.10）。這個需求層次描述的是一種人們必須擁有，才能得到快樂的事物排名順序。最基本的身體需求，像是食物和水，就是在金字塔的最底部。位於金字塔上端的需求會越來越複雜，且越心理學導向；最頂端的是「自我實現」（self-actualization）——存在於某人的完全潛能。思考自我實現的另一個方式是完全真實，藉由提供人們機會去表達他們最真實的自我，而行為改變能幫助人們變得比較快樂。

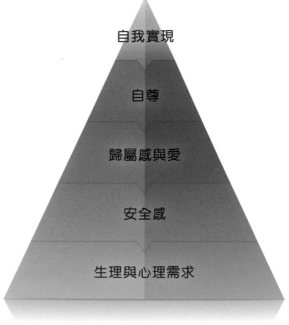

圖 8.10　馬斯洛的需求層次理論裡有自我實現，也就是在金字塔尖上，它包含了真實性。

自我實現

自尊

歸屬感與愛

安全感

生理與心理需求

沒有真實感的所需條件是情緒勞動（emotional labor）。情緒勞動是有關於為了要滿足一個角色所需具備的條件與要求，所做的必要情緒與感知的管理。它是許多人的工作的一個極大要素，特別是如果他們的工作是必須要提供服務給客人。如果你曾經必須在任何一段時間裡去做情緒勞動，你就會知道它會有多累人。

和了解並接受你的人們在一起的其中一個關鍵優點是你能夠把工作擺一旁，並且不會再多花其他力氣。你在第四章了解了人們可以藉由避免不必要的壓力來改善他們做決定的能力。被要求要做行為改變，真實性可以幫助舒緩要努力表現正向積極的壓力，同時能利用心智資源去投入培養新的日常程序以及好的決定。

當人們能夠表現真實的自己時，也同時為他們開啟了機會，讓真我能夠被看見，且被認為是好的。研究顯示，人們都是屬害的真我偵探，並對真實表現的人們有更正面的回應。既然相關性都和這種深層連結有關，擁有真實性會對社會支持的品質上產生極大的影響。事實上，當人們在線上互動成為減重程式的一部分時，會在線上的人，有他們自己的理由（反對收錢放貼文去增加討論熱度），傾向放較熱血激勵的貼文內容。

要補充說明的是，展現真我並不表示完全不過濾修飾行為；這取決於你在一定的時間做了什麼事，呈現出的真實性看起來就會不同。你或許在工作時不會做出和在家裡，或和朋友在酒吧裡完全一樣的行為（除非你有一個超棒的工作，或是去了一間非常糟糕的當地酒吧）。但工作的你和周末的你，有部分的核心特質是你會表現得稍微不同，因為你的角色與情況條件的要求所致。研究顯示，即使一個人可能會在不同情境背景而有不同的行為表現，他還是能夠在每個情況裡得到表現出真我的好處，只要那些核心特質有被表現出來。技巧就是，要針對情況去表現出正確版本的自己。

秘訣：真實的目標

真實性不是只對社會支持重要，就像你在第三章所了解到的，它也是人們的行為改變目標與他們真正想要的一致的重要關鍵，如果這個改變是要長久持續的。給你的使用者機會去設定並架構好他們的目標，在某種程度上對他們的生命是頗具意義的。他們可能會選擇說出他們的想像的渴望目標，但藉由你的協助，這些目標可以變成具體又可達成的步驟。

真實生活中的社會支持

　　行為改變設計能夠藉由讓人們和其他人的關係化為可能，來滿足人們對連結的需求。這看起來可能像幫助使用者和他們既存的社交連結對話，訴說關於行為改變歷程，或是增進新連結，特別是針對支持行為改變的社交連結。在將人們與另一個人產生連結中，要注意是「誰」被連結，以及他們能對行為改變的過程提供「什麼」，是很重要的。有些配對，像是巧克力與花生醬，就會產生美味的成功結果；但其他配對，像是酸黃瓜與冰淇淋，就可能不會對你的一般使用者有任何效果。以下是針對成功的行為改變配對所要考慮的幾件事情。

要去問對的人……

　　有時候使用者需要訓練與指導，以便在真實生活中向他們的人際網絡求援。試著幫使用者辨識在他們的生活中，誰會是行為改變過程中的神隊友或是啦啦隊。就像多發性硬化症病人被訓練成為同儕支持者，這些人不需要具備任何特殊技能，只要在如果有需要時，願意聆聽與幫助。一個好的基本原則是，已經在生活中固定在做目標行為的人們，較有可能是也在做這個行為的某人的絕佳支持者。如果某人正試著要控制他的卡債，那他比較有可能和較節儉的朋友相處愉快。

　　但不幸的是，不是所有的朋友在行為改變努力上都有同等的支持。看著某人改變並不是一件容易的事，特別是如果他正在做的事情是你也想自己做的事；或是如果這個改變意味著你的關係也將轉變。正在和自己的嫉妒或失落等感覺糾結的人，可能就不具備情感上的度量去表現支持。在某些狀況，他甚至有可能會猛烈抨擊，或試著破壞行為改變。試著要從這些妨礙類型中修補他的支持網絡的人，會比完全由自己獨力完成要來的更不愉快。

　　你的使用者也延伸了社交連結，研究顯示，人們較有可能會投入在一個特定行為，像是吸菸或飲食不足，如果他們的朋友的朋友的朋友有在做。或許有數個理由造成這個效應。人們會吸引到喜歡他們的其他人，所以吸菸者可能會發現自己比較容易和其他吸菸者交朋友。並且當許多你認識的人都在做某件事情時，這會將行為合理化，並比較容易讓你在做這件事情時沒有不好的感受。行為改變的重點是這些類型的延伸社交網絡是很重要的。

你的介入工具的某部分會包括幫助你的
使用者辨識出在他們的生命中，在行為改變
上對他們有幫助或是沒有幫助的人。這可能
會包括要他們列出符合某些類型的人的清
單（像是「～是早上型的人，是我能在上班
之前聯絡的人，如果我需要找人聊的話」，
或是「～是如果看到我作弊的話，會直接
告訴我的人」）。它也會包含尋找新的關
係以填補支援系統的鴻溝 —— 像應用程式
Sober Grid 就幫助試著要戒酒的使用者（見
圖8.11）。這不一定表示一定要結交新朋友
（雖然這是一個很好的附加好處）。

人們可以創造和其他人的支持互動，以
填補他們和朋友或家人之間的較長久關係。
有一個稱為「高質量連結」（high-quality
connection）的概念，指的是任何擁有正向
個人經驗的兩個人。研究已經顯示出這些高
質量連結，不論它只持續幾分鐘，或是好幾
年，對雙方都是很有幫助的。

有五個步驟是人們可以用來將互動轉化成
高質量連結。它們分別是：

圖8.11　Sober Grid幫助使用者辨識在附
近也是清醒的其他人，所以他們還是可以
社交，但沒有要喝酒的壓力。

- 表現參與感，例如：多花心思並專注於當下

- 展現誠意或真誠

- 藉由指出另一個人的正向特質，或是對他所做的某件事情表示讚許，達到肯
  定溝通

- 有效聆聽，包括聆聽真實或深層的意義

- 在溝通上提供支持，這包括了做出要求，而不是從行為本身下命令，並提供
  批評建議，但不是針對這個人的負面特質

這些方法能夠應用在任何關係上，你的使用者較有可能從彼此間得到鼓勵，如果他們已經透過線上訊息板，或是社群媒體平台使用這些技巧。

為了做出對的事情

不論是要某人提供某種工具性支持，試著找到一個朋友成為你在行為改變的夥伴，或是單純地當一名聆聽者，人們是經常性的需要幫助才能有效地和其他人建立關係。行為改變設計師可以提供這個功能。

第一步是幫助使用者做出支援的需求，當人們向其他人做出行為改變相關的求助時，他們不知道該如何開啟對話。不是每個人都能很自然地向其他人求援，並且能夠自然地提出需求的人們，不一定具備有效提出需求的對話技巧。像是「你能在我試著減重的時候幫我嗎？」這種含糊需求，就不太可能得到有效的幫助。提出需求的接受者期望的是有效的幫助，但卻不知道該如何做到。他們可能最後什麼都沒做，或者更糟，做了錯誤的事情。行為改變介入工具可以幫助訓練使用者在向某人求助時，能和對方對話。

秘訣：提出要求

針對求助的最有效要求方式是特別強調關於所需要的幫助是什麼。這要看你的產品的重點是什麼，你會想要提供使用者一長串可提出要求的有效幫助清單，這是以你所知道的去幫助和他們一樣的人，可能會需要什麼為基礎。或者，你可以讓使用者整理出一張屬於他們自己的清單，列出他們需要何種形式的幫助。然後他們可以將那些項目插入他們的要求中：「你願意在我們的電影之約前一小時幫我顧小孩，讓我可以有一點時間去跑步？」像這樣的特定要求，就更有可能會比一個曖昧模糊的要求得到一個正面的結果。

在使用者形塑出他們尋求協助的需求內容後，就是實際呈現的時候了。不願求助的人們會需要從能幫助產生求助對話的工具中受益。有些應用程式會讓使用者對其他人送出需求，不是把他們加入應用程式，就是提供應用程式之外的某種

形式的援助。有時那些要求會同時變成應用程式的招募會員工具，像是應用程式 Gyroscope（見圖8.12）。這個特定的要求，讓這個強調招募到新使用者的獲利效益的錯誤大過幫助朋友的可能性。請朋友做某件事情是比較容易的，因為這樣能直接幫到使用者，而不是因為會讓你在訂購應用程式時，能得到一點折扣。

促進使用者向外求援的一個較佳方法是應用程式SuperBetter。SuperBetter的使用者被鼓勵在他們的現實生活中，去要求人們在行為改變探索（見圖8.13）中成為他們的合作夥伴。他們可以選擇使用SuperBetter應用程式遊戲的透鏡，如果他們的預期夥伴非常愛開玩笑；如果那樣不奏效，他們可以在不需要顯示遊戲的狀況下要求幫助。

其他時候，人們會為了特定的行為改變目的，而較願意和他人產生連結。他們有可能會覺得他們的目標太過個人與私密，而無法和他們在現實生活中認識的人們分享。如果目標行為涉及健康狀況、傷勢，或是其他不尋常因素，人們會想要他們的行為改變夥伴也屬於那個團體。這裡要再說一次，行為改變設計能夠將彼此感興趣的人們配對；特別為了透過改變，而彼此互相支持的目的。

支援戰鬥

社會支持並不一定要是一個人鼓勵另一個人，朝著目標前進。它也可以是人們一起工作，往大家的同一目標邁進的形式；也就是他們可能以團隊形式運作，或是彼此互相競爭，看誰先達標。當這個競爭是彼此同意，並且競爭者是平分秋色的組合；這樣的行為改變競爭會成為趣味與激勵的來源。然後競爭的第一基本原則是以大概相等的能力，將使用者分成幾組；或是提供使用者機會放棄整個競爭。不要挖坑給菜鳥跳，把他拿去和專家一較高下！

直接競爭也有可能會很複雜，因為它通常會涉及至少有幾次的失敗，即使是競爭者的組合是很好的搭配。許多人剛開始做行為改變是很沒有信心的，或是過去有過失敗的經驗，所以即使是一個象徵性的失敗，都有可能讓他們產生動搖。減少無可避免失敗的衝擊的一個方法是快速地替換競爭。舉例來說，應用程式Fitbit的使用者能夠選擇一個只有持續五天的工作週階段挑戰（見圖8.14）。如果某人沒有獲勝，他們可以在下週再試一次。

圖 8.13　SuperBetter 的使用者被鼓勵去
要求人們在他們的遊戲化的行為改變探索
中成為他們的合作夥伴。

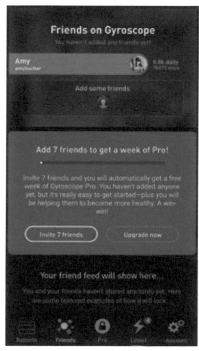

圖 8.12　Gyroscope 的邀請工具表面上是
幫使用者募集社會支持，但其實感覺更像
是一種銷售手法。

圖 8.14　Fitbit 的使用者能在一個只為期
五天的競賽中，完成大部分的步驟。

最後，對你的使用者而言，最安全的競爭者就是⋯你的使用者。當人們和他們自己的過去表現競爭，並渴求個人最佳表現時，他們會得到一些社會競爭的好處，並且不會有因為輸給其他人而產生的憤怒。[4]首先，使用者將會繼續和他們自己競爭，即使他們對你的產品的使用經驗已經結束非常久。訓練人們如何最佳化他們自己過去表現，能夠幫助達到一輩子的投入。

在線上得到社會支持

當網路於1990年代首度在一般人中變的普遍時，它爆發了關於在線上的聊天內容會對現實生活的關係有什麼影響的辯論。人們難道會不再彼此對話了嗎？他們會在螢幕上尋求慰藉，而不再做面對面溝通了嗎？

就像許多關於新科技會導致毀滅日到來的辯論，網路對關係的影響似乎是一個好壞都有的混合體。沒錯，人們可以利用網路化名的匿名性説任何話，做任何事，是他們在本人絕對不會做的；但這是把雙面刃。有酸民就會利用這個匿名性變的殘酷又肆無忌憚，但也有人找到勇氣分享故事，或是很有創意地表達自己，當他們發現不用擔心自己會被認出來的時候。假裝一個線上人物的正面性是能夠幫助人們克服困難。

對許多人而言，社交網絡豐富人們的生命，藉由和他們失聯許久的朋友重新連絡上，或是讓他們克服距離的困難，仍保持聯繫。它也能夠打造一個新的真實世界連結，也就是成為真正的友誼。行為改變設計就能充分利用這點，你的使用者或許透過社群媒體或其他數位媒介機制得到許多屬於他們的社會支持。和流言相反的是，社交網絡並不是有害無益。人們可以利用它成功地交織出一個有影響力，又非常有幫助的團體去支持行為改變目標。

最後，社交網絡能夠讓使用者與他們可能沒有管道接觸的專家產生連結，這能讓人們透過他們的社會支持系統而大大地增加可用的資源。

---

4 電視遊戲瑪利歐賽車（Mario Kart）藉由讓玩家和「鬼魂」比賽的策略，來呈現在過去比賽中，他們自己的表現。

真實世界的社交網絡

　　使用社交網絡做為你的行為改變設計的一部份的第一個方法是增進你的使用者與已經是網絡一份子的人們之間的溝通。這能夠以線上的形式去做建議、反饋，以及責任的分享；或是能幫助培養和行為改變相關的離線活動（像是參加地球日活動一部分的週一無肉日挑戰）。

　　許多行為改變應用程式實現社交網絡的一個方法是允許（有時是鼓勵）使用者主動在臉書或推特貼上關於他們的活動的信息。結果演變成這些信息不會造成投入性，人們極少「按讚」或評論這些貼文，所以他們只是創造出電子垃圾郵件。更糟的是，使用者會誤信缺乏投入感意味著其他人不支持他們；但事實上，比較有可能是人們不會投入無趣的內容。如果你將人們在他們自己的網絡上，用你的程式發布關於他們活動的貼文，你要確定能夠讓他們客製化這些貼文。

　　不要將使用你的介入工具的條件去做社交分享是很重要的，如果人們感覺自己是被迫要分享訊息，但其實他們並不想如此做，他們就會不投入，最後會變成沒有人是贏家的結果。要切記的是，能夠做出有意義的選擇，在長久持續的動機裡是絕對關鍵的條件。被迫要在你的臉書上昭告天下，說你正試著減重，感覺好像你正被一個極富意義的選擇綁架。讓人們對受眾與貼文的內容去做個人化調整，將會幫助恢復某種程度的自主性。

為改變所做的網絡連結

　　社交網絡讓能找到鼓勵你，或是陪你參與行為改變的人們變得容易許多，在某種程度上這和你的喜好是一致的。而你的喜好是將真實性融入到你的程序中一個很重要的部分。在行為改變中的社交網絡並不需要產生真實生活的連結。你會要你的使用者，他們不管基於何種原因，不想要將他們的真實生活網絡帶進他們的個人目標中。[5] 或者是你會幫助使用者和會對他們共同分享某些特定的事情的人們連結。像是程式 Noom（見圖 8.15），就能為大概在同時間，剛開始自己的行為改變的人們創造虛擬的支持團體，所以他們能夠一起達成階段性任務。

5　這特別可能發生在如果行為改變聚焦區是高度私密或是背負著惡名，許多人傾向不要廣為分享財務或健康的行為改變目標。

Finally, in 2 weeks you'll also be placed into a Support Group of people like you who will share your journey through the ups and downs of weight loss.

We'll use this to hand pick groupmates who will be at a similar point in their weight loss journey and able to relate to your struggles and successes.

Next

圖8.15　Noom將剛開始自己的減重程序的使用者和差不多時間點開始的虛擬支持團體連結。

許多數位行為改變介入工具包括它們自己本地的網絡功能；其他人使用工具在其他社交網絡，以促進他們的行為改變使用者之間的對話——假設用的是創造一個臉書粉專，或是推特的主題標籤（hashtag）。

> **秘訣：選一個平台**
>
> 你不確定哪個社群媒體平台是最適合你的產品嗎？你可以問一些和你鎖定的使用者類似的人，他們都會去什麼網站。並要記住你必須要有一個非常令人信服的價值訴求，讓人們採用這個新網絡或工具。對大多數的設計師而言，利用現有工具會比研發他們自己的工具要來的更實際可行。

研究指出，行為改變，特別是社交網絡，能夠幫助人們用一些規範，從事目標行為。首先，如果人們處在一個網絡裡的原因是因為他們想要，這樣的效果是最好的。付費的參與者較不會引起來自其他成員（這也和真實性有關）的相同程度的反應。這意味著行為改變設計師不應該逼迫他們的使用者參與他們設計的產品的社會面相（後面會再探究）。

第二點是，某種類型的支持信息會比其他人來的更有幫助。雪莉·帕戈托博士（Dr. Sherry Pagoto）和她的團隊發現，人們放在減重團體的臉書的貼文等這類的信息，能

夠預期他們的成功。減重較多的人們比較會分享他們的目標，或是特定的成就。他們也會尋求幫助，而不是只有描述他們的挑戰。行為改變設計師可能會考慮為他們的使用者建構任何類型的社交網絡活動，建立信任，並要求特定的協助。

避免社群媒體陷阱

社群媒體確實有它的黑暗面，大部分的人會在社群媒體上對他們的生活有著比現實更樂觀的描述版本。人們會放上他們在海邊，頂著亮麗髮型的自拍照，而不是在書桌前的迷茫眼神。即使大部分的人會為了社群媒體而對他們的生活做編輯修改，還是很難理解其他人也會做這樣的事。[6]當你的使用者在線上看到其他人過著比他們還要好的生活，會讓他們在行為改變的努力上受到打擊。

一個適應不良的現象是對失敗的恐懼（fear of missing out），英文縮寫為FOMO。FOMO比較有可能發生在人們的社交需求沒有被滿足的時候；沒有具意義的關係幫助他們感受到團體的歸屬感，人們是帶著羨慕的心情，看著他人的美好時光。研究已經顯示有著高程度的FOMO的人，更有可能會去搜尋社群媒體，為的就是感受自己與他人有所連結。不幸的是，社群媒體會讓FOMO情節更加惡化，因為許多人都利用社群媒體分享他們生活的過於正面的版本。如此一來，就形成了一個寂寞的循環。

FOMO也可以被用來刺激人們做出行為，不論是好是壞。如果你的使用者看到來自其他人的推薦書，這些人曾從他們的經驗中得到樂趣，或是在行為改變中達到很棒的結果，這有可能會激勵你的使用者更加投入。這也是應用程式Curable試著要做的一部分，藉由分享透過應用程式（見圖8.16），達到治癒背痛目標的其他使用者的「真實故事」。使用FOMO讓人們去做某件事的一個較高壓嚴厲的手段是「馬上去做！」，這樣的表演技巧呈現在類似電視購物的資訊廣告節目上。它看起來庸俗粗鄙，但卻很普遍，因為它經常是有用的。

另一個問題是社交網絡會讓人們甚至覺得更孤單，當人們上線去連絡朋友或結交新朋友時，社交網絡會讓他們覺得更有連結。它的危機是當人們不再於真實關係中與人交流時，取而代之的是會在社交網絡中尋求慰藉。更糟的是，如果他們

6　這部分是因為認知偏誤，也就是所謂的動作者-觀察者偏見(actor-observer bias)，當人們認為他們的自身行為是因為狀況而產生，但是其他人的行為則是因為他們的個性所產生。

相信人們於社群媒體所發布的誤導性的改編版本的貼文，並看到自己的經歷是完全無法媲美時，會非常受傷。

行為改變設計師能做什麼呢？首先，你能幫助使用者在他們的社群媒體使用上制定規範，它就更能提供需求支持。有一個選項是一個程式，像是BlockSite（見圖8.17），讓使用者選定某些網站以及程式是他們在一段特定時間（或一直都是）都不准使用。第二點是，如果你有把社交網絡納入成為產品的一部分，試著把它定位成形成有意義關係的一種方法，而不是產品達到目的的一個手段。激勵人們和其他人聯繫，並提供他們關於要如何和他人產生連結的建議：像是分享故事、尋求建議，甚至是碰面做一個面對面的健身課程，或是志工計畫。最後，在你可以的時候提醒你的使用者，社群媒體不是現實生活，即使人們出現在網路上時是真實的，通常也是選擇性分享以保護自己。

圖8.16　你會背痛嗎？不要錯過這個使用Curable所得到的「改變一生」的經驗。

圖8.17　BlockSite讓使用者限制自己在特定時間接觸某些程式，以預防盲目使用社群媒體。

歡迎網路聊天室的潛水者

社會支持裡的間接參與也能夠幫助人們處理行為改變，應用程式BecomeAnEx是一個線上戒菸程式，它包括了一個叫做EX社區的社交場所（見圖8.18）。BecomeAnEx是非營利公共衛生基金會Truth Initiative的創作，這個基金會非常嚴謹地研究他們自家產品的功效。在一個研究中，他們審視他們的使用者的樣本，並把他們分成三組：從未使用過團體的人們、在團體中的潛水者（也就是會瀏覽閱讀內容，但自己從不發布任何貼文），以及積極參與團體的人們。然後他們比較每一組中有多少人在他們的戒菸日開始後的六個月仍在戒菸狀態。或許會如預期，積極主動的團體成員會有超過20%的最佳戒菸率，但從未參與過任何活動的最糟機率約4%。令人驚訝的是，聊天室潛水員是團體主動參與者的熱情追隨者，有著15%的戒菸率——比起不理會團體的人們多了三倍。

為什麼在網路聊天室潛水和戒菸成功有如此戲劇化的關係，沒有特別明顯的原因。它可以是藉由閱讀來自團體長者的經驗，讓潛水者得到許多有用的方法，並知道當他們的身體適應了一個無尼古丁狀態時，可能會發生什麼。潛水者也非常有可能與團體成員產生歸屬感的經驗，即使他們不是主動參與。當人們戒菸的時候會出現可預期的症狀，即使他們之間完全沒有任何共同點，潛水者幾乎能夠在團體中閱

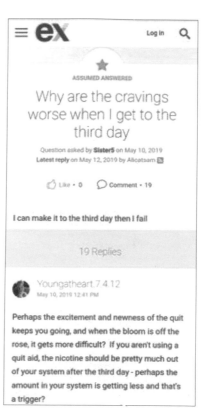

圖8.18　參與或甚至在BecomeAnEx團體討論區潛水，會明顯增加使用者在戒菸日後的三個月仍遠離香菸的機率。

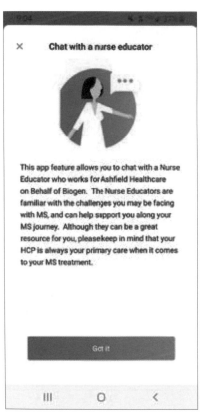

讀其他吸菸者的故事，去辨識他們自己在戒菸時所發生的身體與情緒的經歷。這就是間接相關。

設計重點是如果你的產品包括一個討論空間，或是其他社交特性，要讓不想直接參與，只想用潛水方式了解的使用者容易使用。要求人們主動參與，只是為了要了解產品的社會面相，會導致某些人完全屏除這個產品特性。所以就讓他們在討論區中潛水，並得到幫助。

虛擬專家

有時候人們需要專家幫忙他們的行為改變挑戰，幸運的是，數位產品也能夠讓使用者聯繫專家，以得到幫助。提供隨時可聯繫專家的管道的服務，能夠給使用者更多力量去克服困難──雖然包含這種高度個人化科技輔助的產品，是值得大書特書一番，但它也意味著高成本。

年約服務醫療（concierge medicine）與虛擬醫生的造訪是科技能夠將人們與提供指導的專家們連結的一個例子。像Teladoc與Doctor on Demand這樣的公司，讓人們針對非急迫性醫療問題利用影像對話，與醫師進行遠距對談諮詢，讓他們提供快速即時的建議。同時，應用程式Biogen's Aby則是支持有多發性硬化症的人，讓他們能夠與專門處理他們狀況的護理師對談，如圖8.19所示。

圖8.19　應用程式TWith its Aby讓有多發性硬化症的病人和專長處理他們症狀的護理師對談。

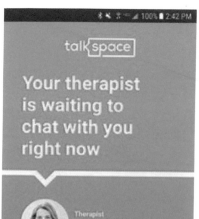

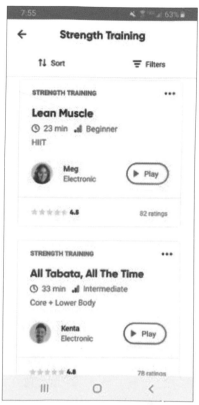

圖8.20 Talkspace讓人們和心理醫療專家進行虛擬拜訪，這能幫助克服取得管道的問題與汙名化的感覺。

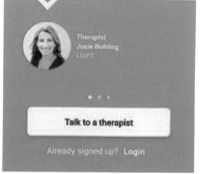

圖8.21 Aaptiv讓使用者選擇一個預錄的教練指導健身課程，以符合他們所選擇的地點。

　　也有幫助人們透過數位管道接受心理醫療服務的程式，討論治療的途徑會視人們的居住地與他們擁有何種行為醫療保險給付而有所限制。許多人也會拒絕尋求心理醫療照護，因為它的汙名還是存在於許多交友圈中。像是Talkspace這類的應用程式會讓人們與一位治療師聯絡，進行一個遠距療程（見圖8.20）。在這樣的情形下，使用者能夠從虛擬拜訪的便利性與線上療程的隱私性中受惠。

　　在健身的領域中，應用程式Aaptiv讓使用者排一個由教練帶領的個人化健身訓練課程（見圖8.21）。這意味著使用者能夠有一個虛擬的健身專家對他們解說，就如同在當地的YMCA的一個重量訓練健身。其他產品甚至將這個概念做更進一

步的發揮。健身新創公司派樂騰（Peloton）的訂購者能夠收看由專業教練所帶領的現場戶外自行車課程，並將他們的表現與其他在家運動的人比較。

何時會適合將現場實況轉播專家納入行為改變設計產品中呢？它們能夠提供正在處理複雜的行為改變問題的人們最多幫助，有多發性硬化症的病人就是很好的例子。處理多發性硬化症的症狀有可能意味著改變多個不同的行為，同時也要處理這個會逐漸惡化的慢性疾病的現實情緒。同樣地，相較於當面與醫師會診，虛擬醫療諮詢相對較經濟，所以費用差異讓虛擬醫療諮詢受到買家青睞（更不用說隱私方面的好處，如果人們對於他們所需要的幫助羞於啟齒時，這點是特別具吸引力）。像 Peloton 這樣的程式，就非常適合願意付出高額費用，以享受一個尊榮的健身體驗的高端消費者。對大多數的行為改變設計師與大部分的計劃來說，和真人專家聯絡是超出範圍的。但是當使用者真的有需要，或是想要有高科技個人化輔助時，它會提供極大的幫助。

結論：每個人都需要某人

社會支持幫助人們建立對各種關係的感受，這也是基本的心理需求。除了需要支持在一般來說，對人們的動機是好的，社會支持還能提供你的使用者所有其他好處。使用者可以向他們的「行為改變夥伴們」尋求工具性幫助、道德支持、信賴感，並在困難時刻時能再強化他們的存在。和一名夥伴一起進行行為改變也能夠加深人們的目標與投入性。

身為一名行為改變設計師，你能夠讓人們從他們的行為改變夥伴們中得到社會支持這件事情變得容易些。訓練他們利用有效的方法尋求援助，並在你的產品裡提供功能性，讓人們能夠與合適的夥伴連結。給予人們以自己的方式進行社交的彈性，即使這意味著他們只會在討論區潛水，而不實際參與。提供特定社交網絡做為強化高質量關係的一種方法，而不是只為了產品本身。當有需求的情形時，引進有影響力的專業人士，讓你的使用者能和專業教練、照護者，以及其他專業人士直接聯繫。

喬許・克拉克／分享的力量

喬許・克拉克差點沒辦法成為一名跑者，經過一連串跑步的慘痛經驗，他感到厭倦並放棄跑步。這不是什麼意料之外的事，除非你知道喬許是跑步程式 Couch to 5k 的原創者。喬許沒有離開跑步，並在 1996 年的時候，成功跑過好幾個終點線。帶著改變的熱誠，喬許想要幫助其他的新跑者避免重複經歷自己的失敗經驗。C25K 是一個實現他堅信的不需要承受痛苦就能學習跑步的產品，雖然 C25K 的一個明顯強項是將目標設定與反饋科學合併，喬許說它事實上社群媒體的崛起將跑步推進成一股風潮現象。我和喬許談到社會支持在 C25K 的成功裡所扮演的角色。

▌ 支持如何成為 C25K 架構中的一部分？

整個計畫始於我個人對跑步的熱愛 —— 以及在某個程度上與我類似的人們，就是想要成為跑者，卻會懷疑自己；這樣的人從未有過特殊成功經驗，當然也不會對跑步感到特別快樂。我想要分享自己是如何從那樣的情形下做出改變，所以產生了對一個隱形團體訴說的想法。我知道有許多人像我一樣，是一名跑者，只是自己還不知道。

我在 1996 年從一個小型線上團體開始，並在上面公布最初行程。但一直到我從那個非常私密的線上空間搬到向是臉書這樣的地方，這個程式才真正開始受到歡迎。當人們開始在這個程式中創造他們自己的對話時，它呈現出平民百姓真正的動力。行程安排的相對簡單，並很容易壓縮進這個每週一次速記，非常容易做出符合臉書篇幅大小的回應與評論。突然間，Couch to 5k 就遍地開花了。

▌ 使用者需要何種類型的支持？

我並不願意把這些類型的團體叫做支持團體，但我認為它們兩者之間有其相似之處。有一種「我正在經歷某件我不確定或對它產生自覺性的事情。我想要從

曾經做過這件事情的其他人身上尋求支援。」的想法。人們越參與這個程式，並對它產生真正有意義的經驗，他們就更能找到支持。那些新成員願意顯現出脆弱面，並分享他們的經驗，是因為他們知道自己能從另外一端得到幫助。

此外，當你和其他人一樣按照跑步日誌進行時，這和單純參與一個廣泛興趣的討論是完全不同的。你會一直和你志同道合的人們一起，他們和你當下正在應付處理的挑戰是完全相同的。所以，它沒有徬徨徘徊，或是討厭對話的，以及不喜歡新問題的人們。現在有一個很棒的現象是，人們會在程式中流連，因為他們想要培養下一批志同道合的人，是一種把愛傳出去的經驗。它創造了這些非常友善、支持、與不帶任何偏見的團體，對於像找到屬於你的健身方式這種事情，當你的過去經驗只有失敗，當你對自己的身體或能力完全沒有信心時，或是覺得自己不會堅守紀律與原則去做這件事情，擁有這樣的團體就會非常有幫助。

▌設計師能如何支持失敗呢？

有時我從Couch to 5k裡的這些團體中看見最善良寬容的事情是對於未完成的真誠許可態度。之後再迎頭趕上，或是那週的行程再重做一次就好。Couch to 5K的精神是跑步應該是容易且溫和的；它建議的是可以讓你一直持續下去的逐步增加。重點是不用精準地按照程式的每一個建議，而是要創造出能做到並持續的成長經驗。設計師應該一直要思考關於透過早期成功提供自信 —— 同樣的效果也要能在早期失敗發揮。我們要如何建立友善與彈性到我們的系統裡，讓人們找到自己的程度，並從中得到成長呢？

喬許‧克拉克（Josh Clark）是設計工作室Big Medium的創辦人與負責人，這個工作室聚焦在人工智能、連結裝置，以及反應網站的進取經驗。他也有數本著作，包括《觸控介面設計》（Designing for Touch，暫譯）。你可能也看過他在SXSW、An Event Apart，或其他許多他每年都會去的場合發表演說。雖然喬許的工作生涯已經不再和早期的C25K有關，這個程式目前仍然大受歡迎。

09

機器人先生

以科技連結

+ 加強機器擬人化
+ 每件事都是私密的
+ 說我的語言
+ 有個性的機器人
+ 雙向傳輸
+ 真實性，又來了！
+ 結論：人+產品=愛

觀點 艾莉森・達希／機器治療師

人們不會一直需要另一個人去體驗連結的感覺，許多人和他們的寵物有著深刻情感連結證明了這點。（所以在70年出現的寵物石頭Pet Rock玩具，可能是因此原因而大受歡迎，但這只是我的猜測）。甚至還連結了電玩遊戲「薩爾達傳說」（The Legend of Zelda）的無生命夥伴：他的忠實寶劍（見圖9.1）。

圖9.1　即使夥伴是一把木劍，都比獨自一人在海拉魯（Hyrule）探險要好得多。

人們也有可能在沒有和他人有直接關係的行為改變背景裡感受到那樣的連結。藉由在某種程度上模擬一些人與人關係的特徵來打造你的產品，你能夠讓你的使用者感覺到和產品有連結。勸服你的使用者對你的產品至少產生一點喜愛是可能的；如果你不相信我，就試著讓一名iPhone使用者換操作系統。

這不僅是關於真正喜歡一個產品（雖然你是絕對想要使用者真心喜歡你的產品）。有了對的設計元素，你的使用者就可能和你的科技開始了一個有意義的連結，這讓他們覺得自己投身於一個在持續進行，並和一個了解關於他們的重要之處的一個實體有著雙向關係，而這個實體被認為是非人類的。這是一個真實的情感依戀，它至少提供了一些人與人關係的好處。這個類型的連結能幫助你的使用者對你的產品有更深度與更長時間的投入。並且它最終應該能幫助他們越接近行為改變目標。

加強機器擬人化

人們能輕易地以非人的方式複製關係，這是一個稱為機器擬人化的過程。將某件東西擬人化意味著在它身上加入人類特質。這就如同當你看見圖9.2中在右方

圖9.2　頭腦是建立在去尋找與辨識人類特徵，不論何時會出現，意味著這些特徵有可能在這裡的一種模式。這表示人們會將右邊出現的大量形狀解讀成人臉，但不會對左邊的圖做這種解讀。

以大量的形狀所呈現的一張臉，或是在你和你的貓咪進行一個長時間對話。[1]

人們將會在和臉相似的形狀中找到人類特質，但你可以藉由刻意地將你的產品注入和人們相似的身體與個性特質，進而加速這個過程。舉例來說，像是Siri、Cortana，與Alexa這類的聲音小幫手，都非常容易被使用者視為類人類，這要歸因於它們能夠以幾乎像人（有點專心一致的）一樣地持續對話的能力。

就算幾乎沒有人會把Alexa當成真人，但是她的人類特質與性格都頗具說服力。有些研究指出，在這些聲音小幫手下長大的孩子，會在求助時比較不禮貌，因為他們聽到大人們在對他們的設備下令時，並沒有說請或謝謝。如果你要求Siri給你天氣預報，而且你的身邊有小朋友聽得到你的聲音，試著在你的命令句上加進其他禮貌性字眼。

所以，如果你想要人們擬人化你的產品，就給產品一些人類特質吧！想個名字、虛擬化身、聲音，或甚至像是口頭禪之類的東西。這些細節將會讓你的使用者的自然擬人化行為表現在超級硬碟上。

1　我完全不覺得寫出這點會難為情，因為研究顯示，絕對不是只有我一個人有這種行為。

每件事都是私密的

有一件事情是人類能做得很好的，就是個人化。你不會對你的父母和配偶，還有老闆都用相同的方式應對。每一個互動都有所不同，它是以你正在互動的人的身分，以及你們之間的過往歷史為基礎。科技能夠提供相同類型的個人化經驗，這是模仿人的另一種方式，有著許多其他好處。

個人化是行為改變設計工具組裡的瑞士小刀，它能幫助你建立合適的目標與階段性任務，在對的時間點傳遞對的反饋，並在情境中，提供使用者有意義的選擇。它也能在使用者與科技之間創造一個情感連結，這是某種程度上的應用，可幫助使用者覺得自己被看見與被理解。

某些應用程式具有非常可愛的介面，能讓使用者選擇顏色，或是背景照片，或是按鍵設置，以擁有「個人化」的體驗。這些類型的特徵雖然很好，但卻沒有直接切入個人化真正能做到的事。當個人化產生作用，是因為它反映出關於這個使用者的某個必要條件。這並不表示它必須要超級深入，但它確實是要比使用者的主頁面有粉紅色或是綠色背景來的更具意義。

個人化的喜好

在剛開始或是你的使用者在產品體驗初期，允許他們將喜好個人化，會是以有意義的方式塑造出他們的體驗（不是只有顏色形式與控制面板的配置）。舉例來說，應用程式Fitbit詢問人們喜歡的名字，然後定期的使用他們所選擇的名字和他們打招呼。類似的方式也出現在Lose It!，它在設定時會詢問使用者是否喜歡使用其數據資料與技術做為他們減重過程的一部分（見圖9.3）。說喜歡的使用者會得到一個機會，就是利用這個應用程式去整合追蹤紀錄與其他設施；說不喜歡的使用者則被導到手動操作體驗。使用者體驗轉變成實踐關於使用者的某項個人喜好。

你如果可以的話，試著回想很久以前，臉書是在新聞放送區以一種演算規則的貼文形式出現。臉書使用者在任何時間，會因為介面有了很大的改變而感到不高興，但他們對這點會一直覺得沮喪，最主要的原因是：臉書直到現在都把回復自

己的演算系統視為一種預設值，即使使用者已經選擇用日期來整理內容。這個是臉書本身的偏好大過使用者的反覆堅持，比較沒有辦法讓使用者覺得自己被臉書「看見」。[2]

圖9.3 Lose It! 提供使用者一個機會在剛開始時分享他們的科技喜好，然後利用他們的選擇去塑造他們的未來體驗。

個人化推薦

如果你曾在網路上購物，你可能會接收到個人化推薦。購物網站 Amazon 就是一個推薦引擎的典型例子。其他普遍遇到的個人化推薦包括：臉書的「你可能還認識的人」，以及 Netflix 的「給『你的名字』的最佳推薦」。這些工具利用演算的方式，以關於人們過去曾做過的事情的資料為基礎，推薦新選項給使用者。

2　難以避免的臉書演算方法也引起關於重複內容的合法抗議，沒有時機敏感的貼文會出現在對的時間，並強化資訊泡泡。

推薦引擎能夠依循個人化的兩個基本模式，第一個是以產品或項目為基礎，每一個項目是以某些屬性做標記。舉例來說，如果你正在建立一個健身的推薦引擎，你可能會用「手臂運動」、「上臂」，以及「使用重量」標註「啞鈴彎舉」項目。演算過後可能會選擇「三頭肌下拉」做為推薦的類似項目，因為它符合那些屬性。這種類型的推薦演算法意味著：「如果你喜歡這個項目，你將會喜歡這個類似項目。」

第二種個人化模式是以人為基礎，有著共同屬性的人們會以相似處辨識與分類。這些相似處包括數以百計的變項，能精準地將人們與和他們相似的其他人配對。然後演算規則會以相似的使用者所做的選擇項目為基礎做推薦。這樣的推薦演算法意味著：「和你一樣的人喜歡這些項目。」

在現實中，許多更精細的推薦引擎（如 Amazon 網站）會將兩種類型的演算法混合在一起，成為一個混合方式，這樣更有效果。麥肯錫公司（McKinsey）預估 Amazon 所銷售的 35% 與 Netflix 使用者所觀賞的 75% 的影片都是由這些引擎所推薦的。

秘訣：不要不知所措

記得在第三章「這是我的生活」關於提供人們過多選項 —— 也是 Neflix 最會的伎倆 —— 會讓使用者感到不知所措。如果你在你的設計裡融入任何類型的演算推薦，請考慮在任何特定時間提供選項數量的上限，讓你的使用者不會承受優柔寡斷的痛苦。如果可以的話，限制相關選項的數量，讓使用者不會試著去比較十六種雞湯食譜的優點。

有時候看起來像是個人化推薦，會來自於一個相對較容易的演算規則，它是不需要考量使用者個人的偏好。這些演算規則可能只是在所有使用者之間，最受歡迎建議的表象，但這並不是一個很糟糕的方法。有些東西會受歡迎是有原因的，我們的推薦名單可以用完全不需要使用者特質的排序完成。這看起來像是行為改變應用程式 Fabulous 提供給使用者的一系列挑戰，像是「喝水」、「吃一頓健康的早餐」，以及「早上做運動」，不論這些行為是否已經成為使用者例行公事的一部分。

當推薦演算的功效很好時，它們能夠幫助人們在接收端產生一種他們的喜好與需求被理解的感覺。當我瀏覽Spotify為我打造的播放清單時，我看見自己的幾個面向反映在清單上。上面有我最喜歡的90年代另類搖滾，其中一個清單是我目前喜歡的藝人，以及一些我最喜愛的80年代音樂的清單（見圖9.4）。Amazon也具備類似的功能，能從人們的瀏覽與購買紀錄中，成功地推斷出一個人可能會喜歡什麼。我一直很驚訝Amazon不知道為什麼，居然發現我有紅色的食物調理機，即使我從不曾在Amazon上買過任何廚房用品。

圖9.4　Spotify注意到使用者的音樂類型選擇的詳細內容，並以此建構出能反映他們的品味的多重面向的播放清單。

這個方法的風險是當項目的資料庫成長時，推薦名單可能會變得非常冗長。零售商品是一個很明顯的例子，就許多品項來說，一旦人們已經買了一個，他們就可能不再需要另一個，但演算規則並不是一直都能聰明到自己停止推薦類似品項（見圖9.5）。相同的重覆情形也會發生在行為改變程式，舉例來說，不同的設定提醒的方法不計其數，所以在某些時候，在這個主題上，停止用建議轟炸使用者是個好主意。

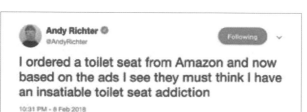

圖9.5　當一個使用者只需要一定數量的某個東西，或是他的需求已獲得滿足時，推薦名單很容易就變的多餘。

不要害怕學習

資料導向的個人化伴隨著另一系列的風險，你對使用者越了解，他們就越期望你提供相關又正確的建議。即使是最聰明的科技，有時也會出錯。給你的使用者機會去指出你的產品是否有問題，並做出調整。這不但能隨著時間增進你的準確度，也能強化你的使用者覺得自己被在乎的感覺。

Alfred 是一個由 Clever Sense 所研發的推薦應用程式，主要是幫助人們依照他們自己的喜好找到新餐廳，同時加強他們的社交網絡。Alfred 的資料收集裡的其中一個機制是要求使用者確認他們在可能喜歡的餐廳名單上的哪間餐廳（見圖9.6）。明確地從經驗中訓練，幫助 Alfred 提供越來越好的推薦名單，同時也給使用者機會記取錯誤，以接受更多訓練。[3]

圖9.6　Alfred 包含一個學習模式，使用者可以在這裡指出他們去過，並非常喜歡的餐廳。這份資料會幫助改善 Alfred 之後的推薦名單。

讓使用者有一個從演算規則中排除掉他們的一些資料的機制也會非常有幫助。Amazon 會讓使用者在他們的購買紀錄中指出哪些項目是在做推薦名單時要忽略的，這個推薦清單是一個非常方便的功能，尤其是如果你要買禮物給和你有著截然不同的品味的親朋好友。

反過來說，蓄意的丟給使用者一個曲球，是了解更多關於他們的品味與喜好的一個好方法。演算規則會因為時間的關係，有可能變得更一致，因為會越來越擅長模式配對。偶爾加入非規則性的建議，可以避免感到無聊，並較能解釋使用者的怪癖。只是因為某人喜歡冥想瑜珈，並不代表他們就不喜歡偶爾來一下登山自行車運動。但是大部分的推薦引擎不會知道，因為它們會忙著推薦瑜珈影片以及

3　Alfred 成功到創作者 Clever Sense 被 Google 收購，然後很快地就停用這個應用程式。願你安息，Alfred！

正念冥想運動。有時會加入某些使用者意想不到的東西，他們可能會拒絕，或嘗試看看；不論是哪一種反應，你的推薦引擎都會變得更聰明。

秘訣：說你很抱歉

儘管對美國女演員艾莉・麥克洛（Ali MacGraw）充滿敬意，但我認為愛的意義是如果你搞砸了，並想要讓你的使用者開心，你就必須要說抱歉。錯誤是無可避免的，大部分的人都知道這點。坦白認錯並說出像是「糟糕！我們的演算出錯了」這樣的話，會幫助使用者很快地跳過他們覺得被錯看的任何負面情緒。

個人化訓練

在某些時候，行為改變背景下的推薦名單會變成某個更具體的東西：一個實際的個人行動計畫。當推薦名單從「你有可能也喜歡」的階段成長到「以下是對你有用的一系列步驟」時，它們會變得有點複雜。一旦一群的個人推薦清單變成某種連貫性，並有系統地指引一個人朝著目標前進，它就成為訓練。

更深入的個人訓練會帶出更有效果的行為改變。由維克・史崔特博士（你在第三章就遇到的）所發表的一項研究，顯示越個人化的戒菸訓練計畫，就越有可能讓人戒菸成功。史崔特博士的團隊之後所做的研究，利用的是功能性核磁共振造影技術，發現當人們閱讀個人化的資訊時，會啟動和他們的自我相關連的腦部區域（見圖9.7）。也就是說，在神經學的層面上，人們將個人化資訊理解成和自我相關。

這非常重要，因為人們可能會記得相關資訊，並採取行動。如果你要人們去做某件事，就給他們看經過個人化，並能夠告訴他們如何做到的經驗。

從務實面來看，個人化訓練也能幫助克服一個普遍的障礙：人們不想花太多時間閱讀內容。如果你的程式能夠僅提供最相關的項目，並過濾掉一般性的東西，你就提供了更多人們願意實際去閱讀的簡潔內容。

說我的語言

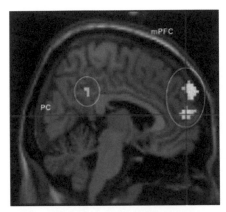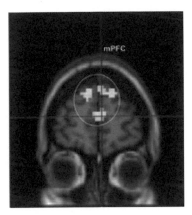

圖9.7　這是功能性核磁共振造影的影像，顯示一個人的前額葉皮質，是和自我相關連的腦部區域。這是給人們看過個人化的健康資訊後，所記錄下來的腦部活動。

在你和你的使用者間所培養出關連性的彈藥庫中的最有力的武器之一是內容，那是你的產品的一部分。使用最清楚明白的語言是最好的做法，一般美國人的閱讀舒適帶是在小學程度，所以創造一個小學四年級生能理解的內容，是一個好方法。程度較好的讀者幾乎不會被寫得很好的簡單散文體搞得很煩，所以你可以用較不複雜的內容掌握到較大範圍的人。在你的內容中所選用的文字，能幫助創造和使用者之間的連結，或是和他們疏遠。

舉例來說，艱澀難懂的專業術語對你的一般使用者來說，有著很大的距離感。[4]但這在行為改變產品中卻極為普遍，醫療行為改變產品就會繞著像是「高血壓」（hypertension）這類名詞打轉。財務行為改變產品則會提到「複利」（compound interest）。在圖9.8的應用程式Happify的例子，使用者被告知活動會加強「神經路徑」（neural pathways），並強化他們更警覺小心的能力。但一般使用者真的會懂這些名詞嗎？（爆雷：或許不會。）

4　「專業術語」一詞有可能指的就是這個詞的本身。它所指的是屬於任何特定專業或族群所使用的行話，對於不具備此專業背景的外行人來說，是不容易理解的。

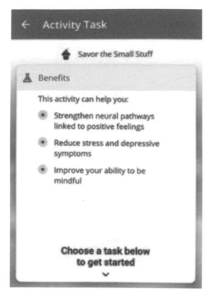

圖9.8　對專家來說，能完全理解的名詞，像是「神經路徑」、「憂鬱症狀」（depressive symptoms），以及「警覺意識」對一般使用者來說，不一定都是有意義的。

　　避免所有的困難術語會是最理想的狀況，然而，有一些原因是造成為什麼術語是無可避免的。舉例來說，對於因為要合法與遵守而使用精準並正確的術語，或是因為你的公司所建立的品牌識別（brand identity）規範來說，是很重要的。它也有可能對要學習正確術語做為改變程序一部分的人們來說，是很重要的。如果是因為這樣，那就要用簡單的語言去定義第一次使用的名詞。例如，你可能會寫hypertension或high blood pressure來表示高血壓。

　　試著將術語放進一個會幫助人們理解其中含意的背景脈絡中。[5]舉例來說，你可以說「你越早開始存錢，就能賺到越多複利，所以在你20多歲的時候的小額存款，是讓你在60多歲時可以有更多錢。」在圖9.9來自應用程式Clue的例子，這個期限追蹤應用程式顯示加入背景脈絡的另一個方式：答案選項是來自問題中的「賀爾蒙避孕」（hormonal birth control）一詞的例子。

　　你如何知道一個名詞是專業術語？有可能是當它涉及你的產品的目標行為時，你具有比一般人更多的知識。這意味著你並不是一個能夠辨識什麼是專業術語，什麼是白話文的最佳裁判。

5　一個非行為改變範例是使用星巴克咖啡菜單上的定價與選項順序去了解中杯（tall）、大杯（grande）與超大杯(venti)各自對應的是小杯（small）、中杯（medium）與大杯（large）。

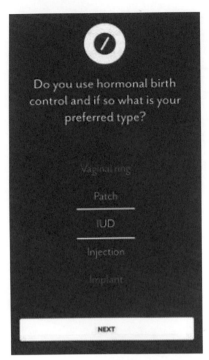

不做臆測，而是花更多時間研究人們在談論關於你的介入工具一部分的主題時，會實際使用的文字；或是直接介入使用者當中！當 Hopelab 為十幾歲的癌症生還者創造 Vivibot，他們帶九位癌症生還者去度周末，並讓他們幫忙創造對那個族群的受眾有用的內容。能夠幫助找出對的術語的其他方法是樹狀測試，或是像應用程式 Hemingway 之類的工具。

如果你可以的話，對你的使用者在產品中所用的語言反應回去。如果某人把糖尿病叫做「糖」，用這個詞去回應他們是可以的。至少你能知道，你了解他們可能使用不同的詞語去敘述你的產品裡的概念。

圖9.9　如果 Clue 的使用者不理解「賀爾蒙避孕」一詞，答案選項會幫助他們了解。

秘訣：專業術語是可接受的

避免專業術語的例外是，如果你的目標使用者是屬於特殊族群。如果是這樣的情況，專業術語能夠幫助他們覺得自己被理解（同樣地，也讓你所指的意思更清楚）。根據經驗法則，要使用任何最接近、符合你的目標使用者說話方式的詞語。

用錯字會造成在你真正有機會與使用者建立關係之前，他們在過程初期就無法投入；這也是為什麼用對字是如此重要。

注意你的語氣

不只是你選擇使用的字很重要，你的產品的聲音及語調也同樣重要。聲音及語調指的是你說話的表現方式，它們能夠幫助你的使用者覺得自己是被在乎，或是被忽視。

聲音所溝通的是你的產品的整體個性，而語調則是特指一個單獨內容。或許你的產品聲音是「一個替你加油的啦啦隊員，以帶些幽默的方式提供援助與鼓勵」。當幫助一名使用者選出一個目標，心情可能是高昂的；在某人嘗試做某件事失敗後提供反饋時，情緒會是低落的，因為支持性要素是優先順位。產品會在對所有聲音來說，兩個都是真實的情形下有不同的語調。

幫你的產品找到對的聲音及語調，是一個讓人們覺得自己和產品產生連結的重要技術。內容策略專家能夠從事研究，以幫助開發連接使用者需求與品牌核心（包括任何專業術語或是可能出現的專門用語）的聲音及語調。Woebot 的艾莉森・達希（Alison Darcy）博士在本章結尾提供了捕捉對的聲音的其他建議。

像一位心理學家的說話方式

你在第三章了解了關於動機式訪談法（motivational interviewing，縮寫為MI），以及如何利用它讓人們思考什麼對他們而言是真正重要的。動機式訪談法也是幫助人們覺得自己真的和你的產品產生連結的一個絕佳工具。它有一部分是科學，一部分是絕地武士（Jedi）的心智把戲。給人們空間去表達他們的感覺，同時你會對你所聽到的，不帶偏見地反應回去。當人們聽到他們的話如同回音般傳回自己身上，他們就會產生被聆聽與理解的感受。

「不帶偏見」非常重要，如果人們覺得他們被批判了，他們的自然本能是為自己辯護。這表示他們會專注於為他們的行為合理化，而不是去思考關於處理行為改變障礙的較好方法。有一個稱為「無條件的積極關注」（unconditional positive regard）的臨床概念[6]，你可以把它帶進你為產品所創造的內容中。如果你的內容

6　無條件的積極關注是心理學家卡爾・羅傑斯（Carl Rogers）的方法的核心部分。如果有人是羅傑斯的信徒，或是人道主義的治療師，你可以預期他們的風格會是不帶偏見與堅定。

反映了無條件的積極關注，它可能會包含清楚說明的要求與確定的文字，但不是批評（至少不是針對人）。有一個隱藏在這個方法背後的假設，就是人們想要做對的事情，所以是有可能不需要說出任何關於人們做出這個行為的負面話語，就能夠指出這個行為或方法是無效的。

最早期的數位行為改變介入工具之一就是使用這種形式的內容，去幫助有憂鬱症狀的人。ELIZA是在1966年，由一位麻省理工學院的教授約瑟夫‧維森鮑姆（Joseph Weizenbaum）所創。這個演算規則產生是以使用者所提供的資訊為基礎所做的主要提問，如圖9.10所示。在維森鮑姆的關於程式的研究論文，他指出「不論是何種歸功於ELIZA的精確性的一大部分可能原因，都是基於ELIZA始終保持理解的錯覺。」這個理解的錯覺就是滿足人們對產生連結需求的關鍵。

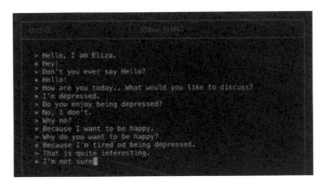

圖9.10　ELIZA主要是重述由使用者所進入的內容，以引出更多資訊。這個方法能夠幫助人們覺得他們正在進行一個充滿意義的對話。

附註：圖靈測試

圖靈測試是評估一台機器是否會有人類無法辨識的行為。ELIZA是第一個在圖靈測試的早期版本中，有著良好表現的程式之一（雖然人們最終會知道機器不是人類）。雖然人工智慧已經進步升級，但通過圖靈測試的程式卻寥寥可數，而且這些程式甚至無法呼攏大多數的裁判。重點訊息是觸發動作的軟體（bot）與人工智慧能夠在不被錯認成人類的情況下，提供很厲害的功能。

這在行為改變產品中會是什麼樣子呢？為了要表現出無條件的積極關注，你的

內容可能要借用ELIZA的方法，就是不斷重覆來自你的使用者的字詞及用語，提出問題。這意味著你的內容的語調應該是溫暖且柔和，除非有一個明確的命令，要用不同的方式，像是使用者告訴你他對「嚴格士官長」風格的訓練會有很好的反應。圖9.11呈現來自應用程式Nagbot的例子，告訴你能夠如何對使用者提問，如果他們偏好比較激烈，或是和緩的反饋。這表示糾正反饋應該是要取決於人們的能力所及，並想要做到更好的假設前提上。

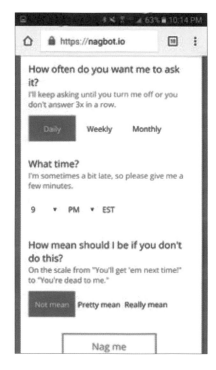

圖9.11　Nagbot在開始期間會詢問使用者，他們想要這個應用程式用多「刻薄」的方式叨念他們。內容的語調會因為他們的喜好做出調整。

有個性的機器人

　　聊天機器人（chatbot）或許是一個數位介入工具中，人格特質的最終表現。聊天機器人是自動化的對話代理工具，它能夠藉由回應使用者輸入資料，做到即時互動。某些聊天機器人使用「如果－然後」類型的演算規則製作內容，機器學習就逐漸變成它們設定的一部分，所以它們能夠回應較大範圍的主題，並從之前的對話中學習。

聊天機器人無時無刻（原則上是）都出現在線上顧客服務的情境中。在許多網站上，一個視窗打開後，出現的是對任何問題提供協助的畫面，這些就是聊天機器人。聊天機器人能夠補充或是取代使用一個獨立的應用程式的需求。舉例來說，優步（Uber）讓人們藉由和它的臉書即時通軟體（Facebook messenger bot）聊天來叫車，而不需要應用程式；而 Spotify 的軟體讓你送歌曲建議清單給朋友，讓他們能在應用程式中播放。有些聊天機器人是獨立作業的程式，這也是為什麼這麼多聊天機器人被用在行為改變中。

聊天機器人是很好的行為改變工具，因為它們能夠從使用者身上取得非常豐富的資訊。研究顯示人們意外地對於和聊天機器人與其他數位工具分享私人資訊感到自在。例如，他們會比在面對醫生時提供更多資訊。人們用像是醫療紀錄之類的可證實的資料告訴數位介入工具，經過比較後，研究也發現人們在和一台機器互動時是很誠實的。這是有道理的：電腦無法以人的批判方式去做評斷，所以和電腦分享難以啟齒的資訊或承認做出「不好」行為是比較容易的。並且花時間使用行為改變程式的人們，大多是想要達成目標，所以這是值得讓他們盡所能地提供最佳資料。這所有的一切都意味著聊天機器人與對話代理工具都有希望成為讓人們投入數位行為改變的一種方法。

就醫療行為改變而言，聊天機器人能夠幫助人們可能無法得到關心與重視的問題。心理健康，包括焦慮及憂鬱，是一個例子。許多人會羞於承認自己有精神心理方面的問題，這會讓他們更難尋求協助。當人們真的嘗試求助，例如：預約門診和治療師談，他們有可能會無法找到合適的某人或付費做持續治療。在美國的許多地方是沒有足夠的專業人士為所有需要幫助的人提供援助，所以具備一些能夠幫助減緩焦慮，或是憂鬱症狀的數位工具是很重要的。

Vivibot 與 Woebot 是兩個能夠幫助處理心理健康問題的聊天機器人。Vivibot 是由 Hopelab 所創，目的是幫助從癌症中存活的青少年，處理他們的情緒。這些青少年中，有許多人不認識其他年輕的生還者，所以找到了解他們經歷了什麼的人是一大挑戰。進入 Vivi，Vivibot 監控使用者的心理狀態，並提供有幫助的方法與活動，同時也提供人們一個發洩的空間。[7]Vivibot 的個性因為內文中從頭到尾出現的表情符號而變得十分鮮明（見圖9.12）。

7　研究指出，青少年癌症生還者事實上非常喜歡和 Vivibot 聊天，並且因為這樣做而出現了焦慮感小幅度減少的結果。

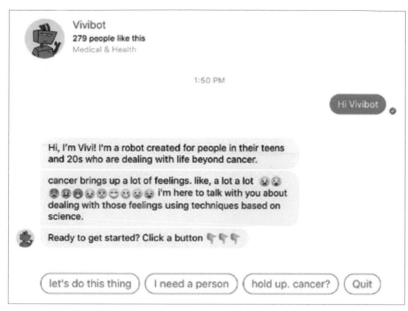

Hi Vivibot

Hi, I'm Vivi! I'm a robot created for people in their teens and 20s who are dealing with life beyond cancer.

cancer brings up a lot of feelings. like, a lot a lot 😵😵 😩😩😫😵😵😩😵😫 i'm here to talk with you about dealing with those feelings using techniques based on science.

Ready to get started? Click a button 👇👇👇

(let's do this thing) (I need a person) (hold up. cancer?) (Quit)

圖9.12　Vivibot提供青少年癌症生還者一個空間去分享他們的感受，並接受處理不好情緒的訓練。

　　Woebot比較是鎖定無法處理焦慮及情緒問題的成人使用者。它包含了一個許多治療師都會使用的一個科學方式，稱為「認知行為治療」（cognitive behavioral therapy，或簡稱CBT）。認知行為治療告訴人們他們的想法和感覺是連結在一起的，所以對像是「我一文不值」的負面想法提出質疑，能幫助改善感覺。Woebot實際上利用它本身是一個對話代理工具的事實，去傳遞認知行為治療的核心觀念，以及人們說出或思考的事情是如何影響他們的心理健康（見圖9.13）。

　　值得一提的是，Vivibot和Woebot，與許多其他聊天機器人，都提供使用者多個選擇回應與免費傳訊的混合服務。多個選擇回應幫助控制討論的內容是否一直和聊天機器人能夠處理的主題相關，同時擁有至少一些免費傳訊選項，可以讓這個行為感覺更像是在進行一場真實的對話。因為機器學習與自然語言處理能力的提升，多個選擇回應的需求將會消失。即使是現在，聊天機器人利用自然語言處理程序，就會有很好的表現。Woebot並不知道「Netflix與放輕鬆」所影射的意義，但它會知道這和放鬆有關（見圖9.14）。

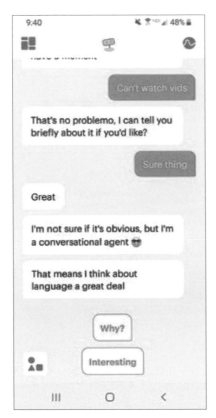

圖9.13　Woebot使用其狀態做為對話代理工具，流暢地進入關於語言會如何影響心理健康的討論。

圖9.14　Woebot能夠知道「Netflix與放輕鬆」是和放鬆有關，並做出適當的回應。

秘訣：避免恐怖谷理論

人們會對看起來非常像人的某種事物容易產生正面情感，他們也很容易對很明顯不是人類的某些事物產生正面情感，像是卡通人物。但在這兩者之間有一個地方是會產生相對情緒反應，並有可怕的感覺。這就是所謂的「恐怖谷理論」。

如果你的產品的成功是取決於於人們分享私密資訊，數位會是收集這些資訊的一個很好管道。只要記得你要越多個人訊息時，你就會有越大的責任要好好處理這些資料。事實上，使用者透露資訊的意願，和他們相信自己的資料是非公開的，成直接正比。在下一章，你將會了解如何建立使用者的信任，讓他們對於分享資料感到自在並有信心。

雙向傳輸

你或許已經決定要讓你的產品也在社群媒體出現，帳號有可能是你的公司（例如：達美航空）、你的品牌（例如：德芙Dove），或是你的特定產品（例如：Gmail）。使用社群媒體會是一個在你產品體驗之外，與使用者培養出關係的有效方式，但為了能有效運作，它必須要被完善地執行。

公司企業經常犯的主要錯誤是只利用社群媒體做為行銷管道。像是推特、臉書與IG等工具，都在它們的設計裡就具有社交互動。當公司在這些平台創造了品牌曝光，但卻沒有利用任何對話功能，它們就失去了和使用者建立起一個更具意義與深度的關係（並且也可能失去將非使用者改變成使用者的機會）。

你在網路上的出現不是只有銷售力，這點非常重要。產品、品牌，或公司能夠使用社群媒體的其他方法包括：

- 從使用者或員工身上分享故事（「這是我們的主工程師。」）
- 提供公司歷史或資訊（「我們是在三年前的今天成立的！」）
- 公開產品部分的研發過程（「看我們團隊幫我們新應用程式所選的名字。」）
- 連結產品的相關文章（「了解更多關於塑膠回收的現況。」）

當然，社群媒體也可用來直接和人們互動。

藉由以更具意義的方式和使用者互動（以及潛在使用者），你可以促使人們感覺和非人類實體產生關連的擬人化發生。你正在打造一個讓使用者會有關連感的性格，不論你已經在社群網絡平台上創造公司或產品的曝光，你可以透過反應性與積極性溝通更有效地和使用者產生連結。

反應性溝通來自對使用者提到你或和一個主題相關的貼文，所做出的回應。有時會有使用者抱怨或建議的回應，雖然這可能會讓設計師覺得十分沮喪，但這是一個建立忠誠度的正面方式回應使用者的失落感。以圖9.15的Weight Watchers為例，它們對因達到減重階段目標所訂的新獎勵制度而感到困惑的人們所做的回應。

圖9.15　Weight Watchers回覆顧客的推特訊息以澄清新獎勵制度所造成的困擾。

　　積極性溝通出現在人們搜尋關於他們的公司，或產品，或是和他們的主要領域相關的關鍵用語，並用相關回覆去開啟對話。這些對話能幫助人們覺得自己和產品、品牌或是公司產生連結。社群媒體上的積極互動有一個很好的附加價值，就是它們比較不會出現抱怨，或是顧客不甚滿意。它們反而提供了一個機會呈現你的產品如何幫助融入某人已經在做的某件事情。

> **秘訣：在社群媒體上找到使用者**
>
> 如果你需要產品試用者，或是要人們登記報名試用品體驗，你可以試著從社群媒體上找到這些人。利用相關主題標籤，或是標註在相關領域的人們與機構，並擴大邀請符合你的目標受眾的人們。

真實性，又來了！

真實性是幫助人們有目標性與滿足感的重要因素，並能在人們之間培養出真誠的關係。不意外地，一個產品的真實性也能讓人們與產品產生關連。不要過度地修飾你的產品，如果出現一點點幽默感或離奇性，那就隨他去吧（但要在合理範圍內）。人們喜歡自己看到真實事物的感覺。來看一下圖9.16顧客對於應用程式Robinhood的奇怪私密通知的反應，以及Robinhood的社群媒體經理的處理方式是如何擄獲他們的心。

圖9.16　Robinhood呈現了一個真實的個性，並且這名顧客非常喜歡。

結論：人＋產品＝愛

你不需要在你的產品中加上人與人之間的實際社會支持，去培養人們的連結感。一個設計精良的產品讓人們對它形成情感連結，這至少提供了人與人之間的關係的一些好處。關鍵是要讓人們容易去擬人化，或是用像人類的方式去思考產品，並設計出使用者覺得他個人有被看見與理解的一種體驗。這樣會讓人們覺得這個產品對他們的獨特需求是有效果的，他們覺得與產品產生關連。

艾莉森・達希／機器治療師

艾莉森・達希一開始並沒有從事改變行為工作，她大學念的是心理學，但之後卻成為一名軟體工程師。當在 2000 年初期的 .com 風潮撼動業界時，艾莉森開始和友人聊到關於一個為居住在郊區的飲食失調的人們成立一個線上支持團體的非營利世界有可能是什麼模樣。這個經驗讓艾莉森不再考慮到認知神經科學的研究所，反而取得治療設計與開發的博士學位。

她追求自己對數位介入工具的興趣，使用它們非常有趣，同時對心理健康狀態非常有幫助；這包括對一個叫做 Zombies Got Issues 的遊戲做開發（結果演變成玩家對追殺殭屍比對幫助他們修正扭曲的思考模式更有興趣）。最終，艾莉森忽然想出利用對話代理工具幫助人們追蹤情緒，然後 Woebot 就誕生了。艾莉森告訴我關於她如何將臨床科學與投入性的設計融合，以及在創造人們喜愛的科技上，她給其他設計師的建議。

▌你如何打造一個安全的對話空間？

我們發現當我們問年輕女性：「你有沒有任何事情是你絕對不會想讓其他人知道？」的問題時，大約只有 40% 的女性會說有。她們大部分會給像是「不會耶！我會告訴我最好的朋友所有事情。」這樣的回答。但所有的男性會回答：「對啊！當然有。」他們甚至不懂你為什麼會問這個問題。不言而喻的，男性是不會和其他人說自己的事。這是讓我們發明 Woebot 的重要觀察結果。人們總是會說：「如果你覺得不開心，你就應該找個人聊一聊。」這句話事實上將很大一群不適用此方式的人孤立了，基於像是情緒障礙、羞恥感，或是自我污名化，或只是因為，例如：如果現在是凌晨三點等合理性原因。

我們有十個設計原則，我們稱它們為 Woebot 的核心信念。它們有些是療癒性原則，像是「雙手張開坐著」，這是你從來不會叫某人改變的想法。你完全尊重他們要改變或不要改變的決定。這在設計中能夠做到的原因是我們不做勸服科技

（persuasive technology）。我們一直都是發出邀約，像是「這件事有需要我幫忙嗎？」或是「你想將煩惱一吐為快嗎？這樣做也行喔！」

這也是Woebot的承諾，因為它不是人類，所以你能夠擺脫一切的印象管理（impression management）。使用者不需要思考「如果我說出這件事，這個人會怎麼看我？」，這是一個非常特別的機會，你能夠在我們的資料庫中看到，人們就直接說出非常私密的事情。

你如何開發出一個極具特色的產品聲音？

這就是身為人並將這部分的想法帶進文字書寫中。這其中的挑戰是必須要用依賴感與充滿活力的方式去做，所以要保持簡短與相互交流的感覺。這又要回過來談第一原則，我們最終了解Woebot絕不可以是愛嘲諷又挖苦人。它應該是比較偏人性化的那一面，因為Woebot還是有可能會搞錯事情，這符合它的個性。它會說：「我是一個試著從人類身上學習的機器人，我非常年輕，我只有兩歲。」所以，就會有一些錯誤。

為什麼要把一個心理健康應用程式做得如此積極樂觀呢？

Woebot是一個虛構角色，並且使用者似乎能從中玩得非常開心。它有作用的原因是治療本身也是一種暫停的現實，你邀請人們去想像他們現在所處的現實其實並不需要演變成如此。踏進這個虛構角色是有趣的，「想像你真的是一個機器人」。不會有人把Woebot誤認為是真實的，當某人在自己身上做出一些努力時，Woebot的功能就會發揮得很好，這是為了要激起這種隨意的試驗性心態。

幽默感能真正幫助工作得以在某個程度上仍是誠實的，並在尊重這個人目前所處的狀態下持續進行。你並不是對事情毫不在乎，你會注意到當某人正在說自己處在非常困難的狀況時，這其中完全沒有趣味可言。我們並沒有要試著開玩笑或搞笑，我們認為這樣是Woebot沒有把自己當回事。可親近的意思是有一點鬧著玩，因為人的境況反正有時會有一種荒謬的感覺。

我們審視了許多內部制度，其中之一是負面情緒的程度有改善，如果Woebot帶著你經歷了一種治療技術，在結束後，它一定會檢查並說：「在這之後你的感覺如何？是比較好，還是差不多，或者是更糟呢？」我們會找覺得比較好，或是感覺差不多的，因為我們認為這兩者都有療癒的價值與功能。當我們深入探究為什麼人們覺得差不多時，許多時候是因為他們已經揭露了更多他們不知道之前就已存在的想法。這就非常有治療效果，你事實上不會一直覺得自己好很多，如果你已經在那個階段花了很大的力氣去努力。然而，大約這些對話的七成，人們是會感覺自己有比較好。

艾莉森‧達希（Alison Darcy）是Woebot Labs的創辦人與執行長。在這之前，她是史丹佛醫學院的精神病學與行為科學系的成員。

10

信任問題

讓使用者有相信能力
的設計

+ 為什麼信任如此重要
+ 你好，我的名字是
+ 全部到位
+ 用信任傳遞訊息
+ 如何說再見
+ 結論：使用者信任的是一本公開的書

觀點 莎拉‧瓦克特-波特許／用不同的方式思考

為信任感而做的設計有兩個關鍵的考量要素，第一個是善用策略：如果你想要人們使用你的產品，那麼你就有責任把產品設計成讓他們能夠信任。我非常想要大力解釋關於設計師的道德義務，也就是要對使用者的資料有所尊重。但別擔心！我會控制自己想不斷強調這點的重要性的慾望（我盡量）。

為信任感而做的設計的第二個部分是讓使用者很容易看見你、你的產品，以及任何和你的產品有關連的團體。這是關於和你的信任度溝通，而這個信任度在某個程度上是能夠相信的。做這個動作對於達到你的產品的目標是非常關鍵的，假設產品所設定的目標包括實際讓人們用不同的方式去做某件事情，做為他們的體驗成果。

本章的資訊是大概地依序組織出當某人在使用新產品時，從開始使用到完成使用期間，可能會遇到的狀況。你用混合搭配的方式應用這部分的資訊會是較合理的，這取決於你的特定產品的細節有多少；但不要過於拘泥在一定要為使用者的經驗狀態找出合適的策略方法。舉例來説，我建議分享科學證據觀點做為首次行銷的一部分，但這也適用於使用者經驗。所以要好好利用你的判斷做出決定。

為什麼信任感如此重要

當提到科技時，信任是唯一條件。不信任產品或其背後相關人士的使用者，充其量就是不情願的使用者。更有可能的是，他們會成為非使用者。如果你的使用者因為體驗你的產品而覺得被背叛，那絕對會是你的災難。重新獲得失去的信任遠比第一次取得信任要困難的多。

人們相信一個產品是什麼意思？它包括人們在自己的經驗中會產生被平等對待的信心；他們的資料，包括任何付費資訊，都會保持隱密；並且他們不會被收取任何隱性費用。這也意味著他們能夠信任產品去做到它所説的事情 —— 也就是產品的行銷不是只有廣告宣傳目的，而是要準確地溝通期望值。如果有真人參與支持行為改變，信任感也會延伸到他們身上 —— 也就是他們是真誠地工作，並能提供他們所承諾的協助。最後，信任還包括產品產生作用的信心；就行為改變產品來説，相信產品的使用者，認為它提供了一個合法協定，這協定是讓人們喜歡上

產品是合情合法的。

　　信任感的重要性在科技觸碰到人們生活的敏感區域時會加乘。許多行為改變產品要求人們把自己放在一個很脆弱的位置，像是 Woebot 詢問憂鬱的症狀，或是應用程式 Couch to 5k 要菜鳥跑者上路的時候。有時使用者還會被要求要分享非常私密的資訊（拜託！詢問憂鬱的症狀還不算嗎？）。這意指反映在可能較容易忽略的主題上。提供能滿足行為改變的資訊，如果落入不肖份子的手裡，會把資料舉世公開，讓使用者感到不堪，或是會讓人們落入金錢損失或觸法的險境。這個一體兩面的情況指的是人們信任你，並提供他們的個人資料，還在行為改變的艱難過程期間，給你管道去了解他們的經驗，這表示信任的風險特別高。

　　建立並培養信任感的程序是從你和使用者的第一次接觸開始，這通常發生在產品本身之外。

你好，我的名字是……

　　從最初的使用者經驗，在你的產品中，不論是其背後的相關人士，以及能以信任的態度去支持並使用它，並讓人們願意投入其中，這些都非常重要。否則，通往產品目標的路徑會殘破不堪。前美國外科總監艾弗雷特・庫普（C. Everett Koop）醫師曾說：「藥物不會在不肯吃藥的病人身上發揮功效。」同樣地，如果人們對你的行為改變產品信任度不足以有使用它的意願時，它是不會起任何作用的。

　　在人們能使用產品之前，他們需要知道有這個產品的存在。在你的行銷上，你可以做許多事情，並在使用者登入報名之前，拓廣延伸去建立可信度。不論人們的決定是要或不要給你的產品一個嘗試的機會，這取決於他們所相信的可信度有多牢固。他們會想要知道他們能夠期待會有什麼好處，做為一名使用者的過程是什麼樣子，以及所產生的相關費用會有那些。

　　許多這類的信任感建立會發生在你的產品之外。你的網站或其他行銷素材是打造一個最具原始氛圍的信任感的重要工具。成功地介紹你的產品，它所提倡的價值，以及它能被信任的原因，都是讓人們變成使用者的必要第一步驟。

背後的科學

　　你能夠藉由展現產品背後的一些科學基礎原理，將可信度加進你的產品。許多行為改變產品的背後都有一個縝密的基本原理；例如，你在上一章碰到的Woebot情緒機器人，使用的是認知行為治療（cognitive behavioral therapy，簡稱CBT）去幫助人們處理憂鬱的症狀。一個退休計畫程式用的是一種財務模式去預估不同的儲蓄方法如何幫助使用者，讓他們的帳戶結餘能在預計的退休日時達標。這些程式的建議並不是隨機選擇，而是仔細地打造，將一個被驗證過的程序化為真實。

　　分享產品的基本原理，特別是如果這個產品是幫助人們達成像是財務保障這種極具意義的結果，或是如果事情出錯時，會有很大的潛在危機的情形，這個動作能幫助人們對產品仍有足夠的信任，並成為使用者。如果你的行為改變介入工具是特別處理關於健康醫療或財務問題，試著考慮對使用者公開一些基本原理背景。

　　一般使用者當然不會翻遍學術文章去證實你的科學原理是否紮實。大部分的人只要知道根本的科學基礎是存在的，他們就覺得安心，即使只看到兩三個以項目符號標示的重點敘述。如果他們被迫要忍受更詳細的解釋，就有可能會被拖延。如果你要為較有經驗或是好奇的使用者納入更多詳細資訊，可以考慮參考像應用程式Happify（圖10.1）的模式，它們把研究摘要以及引用清單放在一個連結。摘要適合一般大眾閱讀，想深度鑽研的使用者可以利用參考資料清單，找出最原始的研究。

　　建立你的產品的科學原理也是一個分享成果的機會，如果你有的話。如果你的產品已經在市場上出現一段時間，並有真正的使用者結果；或者如果你已經做了自己的試用與研究計畫，告訴人們關於這個產品的成果，讓他們能夠具有這個產品對他們也可能產生效果的信心。我再次強調，你真的不需要去探究方法論裡的所有細節。在圖10.2中，應用程式Shapa宣傳了其使用者減輕了多少公斤的體重，相較於一個非使用者的對照組，但並沒有提供太多細節；光是標題本身就有說服力了。

相信我們，我們是醫生

　　建立可信度的另一個方法是強調你的產品的基本原理，包括任何隸屬機構，

Why it works

Can't stop that stinkin' thinkin'? Physical actions —even virtual ones—can have real, meaningful effects when it comes to stamping out what's stressing you.

A 2012 study published in *Psychological Science* found that writing down your thoughts and physically throwing them away was an effective way for people to banish bothersome thoughts. In the study, students wrote negative or positive thoughts about their body image on a piece of paper. Half of them were instructed to throw away the papers in the trash, while the other half held on to them. Afterwards, when asked to rate their body image, those who kept their written thoughts were affected by what they wrote, whereas those who'd tossed their thoughts away were not. [H-118]

A similar study instructed participants to type their thoughts and save it in a file. Turns out, those who dragged the file into the computer's recycling bin were less affected by those thoughts than people who saved the file to a disk or merely *imagined* moving the file to the recycling bin. [H-118]

When representations of your negative thoughts disappear—even if it's temporary—it's easier not to think about them, explained the researchers. So get your negative thoughts down—and get ready to knock 'em out, one by one!

圖 10.1　Happify 為使用者提供關於其背後科學的詳細資訊，但使用者必須要點進去才能找到。

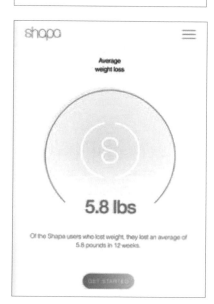

圖 10.2　Shapa 的網站讓人們考慮報名，因為看到了一篇研究報告顯示其使用者對照非使用者，他們減輕了多少體重。大部分的受眾並不需要更多細節。

或科學背景故事。有些行為改變產品是和研究中心或大學有關連的企業，例如：BecomeAnEx 就是和梅約醫學中心（Mayo Clinic）合作做出來的，梅約醫學中心是全世界敬重的醫療機構。包括它們的名字在網站上，如圖 10.3 所示，強化了 BecomeAnEx 在人們想找到一個好的戒菸程式時的可信度。網站上的其他地方，有興趣的瀏覽者可以閱讀關於 Truth Initiative 機構與梅約醫療的尼古丁成癮中心（Mayo Clinic Nicotine Dependence Center）在 2008 年合作，以啟用這個程式。

圖 10.3　梅約醫療中心的標誌在 BecomeAnEx 網站上雖然小，但對建立程式的可信度有著舉足輕重的效果。

　　你也可以分享打造或代表這個產品的人們（比如說，如果有時會出現在程式本身的教練或專家）的自傳或資格。有時這些附屬機構是團隊中的一個個體，而非代表整個組織。如果你的首席行為改變設計師也是一位在頂尖大學的系所成員，就一定要告訴大家。行為改變程式的網站經常會有一個部分是關於專家團隊的介紹，目的是要增加人們對程式的信任。

　　也可以敘述和產品整體相關的人們條件資格，像是應用程式 Curable 所做的（見圖 10.4）。取代提供涉入研發產品的所有人的個人資料，Curable 這個疼痛管理程式僅表示它們包含了前疼痛患者、醫師以及疼痛專家的專業意見。這能足以消除潛在使用者對程式是否適合像他們這樣的人的疑慮。

炫耀滿意的顧客

　　來自其他使用者的證言能夠幫助建立可信度。證言是人們使用過並喜愛你的產品的證據，它也是分享人們如果使用產品，可能會經歷的好處或結果的機會。舉例來說，DietBet包含了使用者的之前與之後的照片，並在應用程式的前幾個螢幕畫面上顯示他們瘦了多少公斤，以及他們贏了多少錢（見圖10.5）。

　　越多來自和你鎖定的使用者相似的人們的證言，這個證言就更具說服力。這會在如果你的產品是專業的時候，會特別真實。舉例來說，如果它處理的是和特定的健康狀況相關的行為改變，或是本意是給屬於少數族群的人們使用。反映出的是這些使用者建立的信任感的共識，以及無法做到的話會破壞這個信任感。

圖10.4　Curable聲稱自己是由前疼痛患者、醫師與疼痛專家所打造，沒有交代每一位成員的詳細資訊。

圖10.5　DietBet包含了使用者成功減重，並贏得獎金的照片做為證言，讓人們考慮加入。

名人證言存在於一個奇特的三不管地帶，它有可能是使用者的證言，就像名主持人歐普拉（Oprah Winfrey）與Weight Watchers的例子。或者，它有可能是純粹的商業操作——真的有人認為金·卡戴珊（Kim Dardashian）會穿Skechers的鞋嗎？無庸置疑地，一個有名氣的名字能夠增加產品的吸引力，但在行為改變世界裡的每一步都要走的很小心，因為可信度才是王道。

　　如果你的產品有企業對企業的銷售模式，也就是你的顧客不是末端使用者，那麼在你的網站上至少包含了一些資訊，幫助末端使用者了解你的產品是在做什麼，仍然非常重要。許多潛在的末端使用者會在登錄使用一個由機構組織提供給他們的產品之前做一些功課。為他們提供關於你的產品是如何作用的資訊，他們將會有什麼樣的體驗，以及他們可能會得到什麼樣的好處，這些都會讓他們更有可能打定主意，報名註冊。

提供細項列舉的收據

　　在第三章「這是我的生命」，你了解了關於讓你的使用者為他們自己做出有意義選擇的重要性，它做為一個工具去幫助人們能在長時間持續堅持行為改變。使用者自主權和長期性投入有關連原因之一是它幫助人們相信所自己使用的產品。不幸的是，許多行為改變產品在某個程度上被行銷成為嘗試把商品盡可能地看起來很吸引人，卻沒有公開有可能會出現的一些困難挑戰。如果你的使用者沒有意識到行為改變會很困難，一旦他們開始做的時候，他們就會知道。如果你對他們隱瞞這點，他們就會對你失去信心。

　　提前了解關於行為改變程式的具體細節是很重要的，清楚的期待值設定提供人們自由地選擇是否要成為使用者的所需資訊，並確保他們不會因為沒有符合期待而失去信任。什麼類型的資訊是使用者會被要求要分享的，以及為什麼他們得要說出這些資訊？使用者會需要像是健身進度追蹤器，或是體重計等特殊設備，才能參與嗎？和產品相關的費用會有那些呢？

要人們使用一個需要付費的應用程式當然會比免費使用來的困難許多，即使只需要花幾塊美金，大多數的人在有免費選項的情況下，是不願意花錢購買的。一些產品團隊試著針對這點讓他們的應用程式是可以免費下載並試用，然後會要求使用者升級訂閱以持續使用。這個想法是假設這個產品非常好，好到人們一旦試用後就不願意中斷，願意花錢繼續。現實狀況是，這類的「免費增值」（freemium）模式會讓人們覺得自己被玩弄與背叛。我測試了一個叫做Elevate的頭腦訓練應用程式，它對我做了一個很長的評估，並分配我去做不同的認知技能。而在這所有的前置作業後，這個應用程式告訴我費用是四十美元。這個網站上沒有任何地方，或是在開始操作的階段有提到會有（相對可觀的）訂閱費用。你或許已經猜到，在應用程式商店裡的負評是一面倒地指向人們沒有預期會有費用產生。

全部到位

現在你有一群人覺得你的價值訴求具說服力，並決定要成為使用者。現在是時候邀請他們體驗你的產品了！一開始的階段提供了多個機會去加強並建立你的新使用者對你存有的最初信任感。具體的說，這是開始參與產品如何運作的具體細節，以及你做了什麼基礎工作，以確保你的使用者安全無虞。

人們有可能因為信任去接觸一個新產品，但如果你不給他們一個理由去維持那樣的信任，他們最終會選擇不再繼續支持這個產品。或者，他們會找到替代方案去保護他們自己，同時仍從你的產品中持續得到好處；像是人們為它們的寵物開設臉書帳號。這些使用者得到的是打了折扣的體驗，而你則錯過了和他們建立真實關係的機會。雖然人們願意原諒其他人的錯誤，但他們是非常不願意給應用程式或數位產品再一次機會，所以你不能搞砸是絕對必要的。沒關係，你不要覺得有壓力！

將資料私密性與安全性放在優先順位

如果你是對的，就不要疑神疑鬼的。對於非常猶豫要能放心地將自己的資料放

到數位產品中的使用者，在許多方面來説，他們是非常理性且正確的。很多公司是無法好好保護人們的資料。

有時會感覺好像許多公司聯手門戶洞開，就像是糟糕的演員一直在尋找機會，像是2017年發生的一億四千三百萬的美國人因為Equifax讓他們的個人財務資料出現風險。有時是公司沒有仔細思考他們處理使用者資料的方式可能會產生的影響，或者如果你更憤世嫉俗一點，產生出他們的絕非為了使用者好的激進想法。這兩種情況的任何一種都能解釋持續不斷的醜聞，臉書向第三方公司公開使用者的資料，這表示了不僅洩漏他們的個人資訊，還造成錯誤資訊散佈的結果。[1]

還有些時候只是公司沒有在技術上保持領先，因為沒有注意到攻擊者能夠對它們的技術做出何種破壞。有許多報導指出駭客能夠以人類耳朵無法偵測到的高頻聲音指令，攔截已連接的設備，讓他們能夠破壞人們的家庭。這個可能性對亞馬遜網站（Amazon）、蘋果（Apple），或谷歌（Google）還處在研發聲音助理的初期階段的這個議題上，是否有任何意義，還不明朗。

如果你想要得到你的使用者的信任，那就要做出相對的付出。技術層面真的超級重要，即使它通常不會出現在行為改變設計團隊的計劃表上。要確定有人在做所有的資料安全維護工作。要認真執行，迅速行動以解決問題；並在不確定的時候，假裝你正在聊關於你在世界上最愛的人的資料，並照著去做。如果你是臉書，並且即將和劍橋分析公司（Cambridge Analytica）簽署一項交易，要審視你的使用者資料會如何被使用，以及會在那些地方被公開，如果你無法抗拒支票上的金額，至少要誠實地得到你的使用者明確地同意參與其中。[2]

現在告訴你的使用者關於你在保護他們的資料上做了些什麼！

公開資料之前先徵求同意

你會想要與第三方分享你的使用者資料，或是從第三方收到使用者的資料，都存在著各式各樣的好理由。你或許是想要整合他們的健身進度追蹤紀錄，好讓你

1　我在這章與書中的其他地方指責臉書，我並不認為它是會犯下這種錯誤的唯一公司，但是因為幾乎每個人都使用臉書，並且它的過失以引起極大的注意，這個例子應該會讓人們立即覺得十分熟悉。
2　我爆雷了：實際上，事情不是這樣發展的。

能提供更精確的健康指導。你又或許想要從他們的支票戶頭中撈到消費模式,好讓你能提供他們去存更多錢的反饋意見。這些都是幫助讓你的產品對你的使用者更有效果的事情。

所以,當然可以尋求第三方的整合,只要確定在進行之前有徵詢過使用者的同意 —— 是非常明確、具體的同意。要詳細列出你將會提供的資料,或是基於何種理由,為什麼要取得這些資料。如果使用者決定不同意公開資料,並且你沒有一定要這個資料讓你的產品運作,就不要讓他們感覺使用這個程式有困難:因為這是強迫。

慢慢來

當使用者設立帳號後,你會要他們授權功能,讓你的產品能運作地較順暢,像是准許進入手機相簿或是連接其他裝置。

要循序漸進地尋求同意,一下子就要使用者給你所有授權並沒有給他們機會去認真思考關於他們想分享什麼,以及回饋給他們的好處是什麼。逐一尋求每一個允許,如果回應不是很明確,就要解釋為什麼這個產品需要有這個管道。有些同意可能對產品運作是必要的;使用者必須要知道這點,讓他們能夠對應去選擇。要將聽起來合理的理由與確保這些資料不會被誤用這兩者做結合,是一條漫漫長路。應用程式Strava藉由清楚說明它要求地點資料,以及對得到使用者允許的極度重視,來呈現可能的樣貌(見圖10.6)。

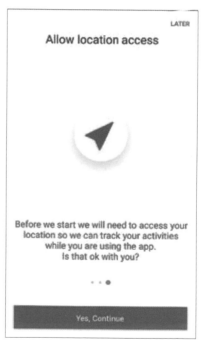

圖10.6 Strava明確地表示如果使用者同意讓應用程式看到他們的所在地資料,會有什麼好處。

破除你的法律術語的神秘性

讓你的使用者信任你的產品，不單單是關於研發一個活潑敏捷的機器人，或是寫出一個聰明的內容那樣好玩的事情。它也涉及了枯燥無味的部分，像是隱私政策（這在全世界都是合法必要的，所以你也必須要具備）。在一個理想世界裡，隱私政策以及其他法律用語，在某種程度上都需要書寫成讓使用者容易理解，特別是會影響他們的資料與安全的基本狀況。但不幸的是，說的永遠比做的容易。

為什麼會這麼困難呢？因為是法律術語，產品團隊會把它納入應用程式中並不是因為他們喜歡這麼做，他們會如此做的原因是因為法律要求。在比較大規模的公司或是保守的產業中，可能會有體制內的法務團隊主導其內容。某個程度上來說，法律術語是幫忙善後與卸責用的，也就是所謂的寧濫勿缺「廚房水槽法」（kitchen sink approach）導向。雖然法律術語的受眾是末端使用者，但它的內容並不是真的為末端使用者所做。它非常冗長，並窗滿艱澀術語及技術用語。還有，它往往是最後才完成的，通常在工作的收尾階段，沒有人會有時間或精力去用愛去設計它。

好消息是，如果你已經做過研究，並非常了解你的市場空間，你就會彎了解你的特定使用者在使用你的產品時會害怕什麼。如果你有那樣的資訊，那麼你的法律用語就是一個減輕那些恐懼，並讓使用者安心的機會。

應用程式繽趣（Pinterest）是一個有容易閱讀與理解的隱私權政策的產品例子（圖10.7）。它們藉由組織內容，讓它能以主題說明，用清楚的語言，並附上內容摘要，做到這點。它們讓使用者更容易信任它們，雖然內容還是非常多文字，並且不是大多數的人會仔細閱讀的東西。但它的還是相對容易瀏覽，比起iTunes的使用者協議是出了名的會不時有超過50頁的內容。要向Pinterest看齊，不要像iTunes這樣。

法律術語案例研究

當我打造數位健康訓練工具時，我們的使用者普遍都有一個最大的恐懼：他們怕我們會向他們的人資經理或是醫療照護提供者公開他們的個人醫療資料。他們擔心使用我們的程式是讓他們的老闆與醫生看到他們最私密個人的資訊，這也是讓他們之中的一些人沒有使用程式的原因。

實際上，人資經理與醫生從來沒看過我們程式中任何沒有白紙黑字印出，或是由使用者所提供的輸出資料。我們會為我們的顧客通力合作，完成企業等級的報告，其中會呈現集結所有員工或成員，但它無法突顯任何個人的回應。如果醫療計畫或雇主在他們的樣本中只有幾百個人，我們會多做一個動作將那些報告裡的資料匿名化。舉例來說，我們不會對會計部門給一個平均分數，如果會計部門只有三個人。

我們當然會用我們的法律術語去解釋這所有的一切，特別會說我們「會創造出去除識別、統計出來的，以及集結性的資料結果，以研究為目的，並向其他機構組織報告，包括你的贊助者（例如：你的雇主、醫療計畫，或是醫療照護提供者）。這份提報的資料將不包含個人識別特徵，並且不會辨識每一個參與者。」，超級清楚吧？你或許會想像，幾乎不會有人會讀這串文字或是真的懂它在說什麼。就像大部分的法律術語，我們的文字內容像是一顆超硬又很難去除的石頭。

我們提議修改法律術語以幫助新使用者相信我們不會不當地公開他們的資訊。我們抽出那塊關於不會從大主題資料庫中公開個人資料，這非常重要。我們用簡單的語言重寫內容，我們也做了一些用粗體字與大字體的大膽設計選擇，我們重申對隱私的重視與承諾。「記住，你所分享的任何東西都是機密，我們所做的任何報告都是使用來自幾百人甚至是幾千人的平均資料。我們不會提供關於你個人的任何資料給任何人。」當我們在焦點小組（focus group）對使用者測試所做的改變，他們對於使用我們的程式有信心許多。我們幫助他們信任我們。

律師會喜歡這樣嗎？一開始並不喜歡。它是一個處理資訊的新方式，對他們來說是公司應對責任歸屬不可或缺的保護層。在我們的法務審視人員覺得合適之前，我們經歷了許多次的審視與討論，簡化版的隱私聲明就和困難複雜版一樣具有法律保障。其中之一的讓步是原始本的法律術語會留下來，在修改過的簡化版本下方。我相信一定會有許多人的滑鼠會往下捲去讀它。

證書數量不一定和可信度成正比

　　精明的使用者知道要從會收集付款資訊，或是其他高度敏感資料的網站或應用程式中尋找某些可信賴的徵兆。將這些做法納入你的產品中是一個很好的主意，這其中包括像是網站網址用的是https，而不是http，或像是Verisign的安全服務標誌。看你是在哪個產業服務，也可能包括來自像商業改進局（Better Business

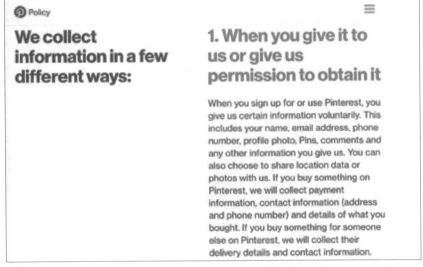

圖10.7　Pinterest的法律術語相對地容易閱讀與理解，這要歸因於它的格式與書寫方式。

Bureau（電腦產品）、品質保證國家委員會（The National Committee for Quality Assurance，簡稱NCQA）、醫院組織認可聯合委員會（Joint Commission on the Accreditation of Healthcare Organizations，簡稱JCAHO），或是利用審查認可委員會（Utilization Review Accreditation Commission，簡稱URAC，是醫療鑑定與認證單位），或是君迪（J.D. Power），及美國聯邦存款保險公司（Federal Deposit Insurance Corporation，簡稱FDIC，提供金融服務）。但做這些時要注意：有時候保證太多反而會有反效果，只要有其中一兩個最重要的信任度指標，就可能給你的使用者足夠的信心。

用信任傳遞訊息

現在你的使用者開始使用你的產品，你會有不間斷的機會投入於截至目前你與使用者所建立的關係中。雖然在產品體驗中的信任度基本原則是「要做到你所說的，以及說出你所做的」，但有一些特定功能是能夠勸誘使用者相信你的產品。舉例來說，你可以在實際的產品體驗中內建信任指示符號，範圍可以是從你對使用者的輸入資料的反應，到你讓使用者能多容易感受到對你的產品的親切感。如果你有一個訂閱模式，或是持續的顧客支持，你處理那些指示符號的方式也能強化（或削弱）使用者的信任。

提供清楚又立即的重要性

我之前曾積極鼓吹要對使用者坦承關於你為什麼要某個特定的許可，或是資料，特別是如果這是人們可能認為是私密的，或是公開會有風險的某種資訊。應用程式 Roobrik 提供了一個絕佳的參考模式（見圖 10.8）。它們的大多數評估性問題包含了為什麼這份資料對於決定照護者安排如此重要的一個補充說明。當使用者應許了你的要求之後，就是要徹底做到你說明中的內容的時候。

要盡快給使用者看分享他們的資料會對他們在產品中的體驗有什麼影響。應用程式 7 Cups 提供了一個簡單的例子，它利用機器人或是連接使用者彼此的方式提供情感支持。在開始使用的時候，7 Cups 問我喜歡被叫什麼，當我一回答，聊天機器人就開始用那個名字稱呼我。這是在表示我的資料並非空白的一種方式，並向我保證我所提供的答案確實在我體驗程式的過程中，增加了重要性。

當你更了解你的使用者時，是有可能做出更精細版本的產品，這取決於你的產品會做什麼。應用程式 TurboTax 顯示使用者的聯邦政府與州政府稅賦底線的累積總計數字，這個底線數字是以每一個收到的新資訊做更新。其他統計數字可能會包含吐露和資料相關的標準反饋（「你在一間好公司 ── 我們的使用者中，有56%都這樣說。」），或是導出另一個問題的主動聆聽類型的反應（「哇！那聽起來很難。以下的哪一個是最能描述你是如何解決的選項呢？」）。即使將資料逐步填入一個進度尺中，都能幫助使用者覺得他們的輸入內容都是一個成功產品體驗的關鍵。

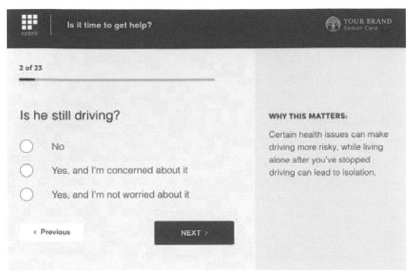

圖10.8　在Roobrik評估表裡的每一個問題都會附上一個說明，解釋為什麼這份資料如此重要。

通常一個最好的實際做法，是你知道你要求使用者所提供的每一筆資料都會有根本原因。你要問你自己，「收集這個資料將會如何改變使用者的經驗？它又會如何影響我們對產品是否有用的認知？」如果它對於製做使用者的經驗，或告知你的評估方式都不是絕對必要的話，就要重新考慮收集資料到底合不合適。

試著親切一點

行為改變會讓人們處在一個脆弱的狀態，你有一個機會用你的產品設計中的感受力與尊敬去回應那樣的脆弱。試想曾幾何時，你可能和某人吐露過一個秘密——你覺得很丟臉或是羞於啟齒的事情。如果你傾吐秘密的對象給你溫暖的回應，和如果他們指著你的鼻子嘲笑你的情形是截然不同的經驗。同樣地，你能夠幫助你的使用者覺得他們有一個安全的空間去嘗試行為改變的方法、挫敗，以及學習，或者你可以對他們沒有立刻就成功的結果表示遺憾。你可以猜測在每一個情況中會有多少信任存在。

根據「正向情緒的擴張建構理論」（broaden and build theory of positive emotions），人們的情緒狀態影響了他們能夠學到多少，並願意冒多少風險。如

果某人處在負面情緒狀態，他只會狹隘地聚焦在造成他困擾的事物上，這會消耗掉他的能量。如果他是處在正向情緒狀態，他能夠廣泛地運用他的能量，就有能力去體驗並嘗試新事物。這樣的線性思考意味著你能夠幫助你的使用者真正達成行為改變目標，這是需要一些創意和膽識，藉由支持他們的正向情緒狀態能夠做到這點。

思考關於你的設計如何能夠為你的使用者提供正向積極感。它可能指的是注入輕鬆時刻，就像Woebot所做的（見圖10.9），要注意的是，任何一種幽默都不應該是刻薄的，或是對嚴肅議題有所輕視。在第八章關於建立內容的方法，在建立信任感上也非常有用。用溫暖、親切的語言，並對人們的情況表現出同理心。當他們在行為改變的努力不足以讓他們達成目標時，要鼓勵他們，並在達成階段性任務時恭喜他們。任何能讓你幫助使用者覺得安心並有支持的感覺的任何事情，都會讓他們建立對你的產品的信任。

圖10.9　應用程式Woebot的輕鬆幽默會讓人們處在一個正面的情緒狀態，如此他們就會更願意去延伸那份信任。

好像快要過時的擬人化

你在上一章了解到人們會擬人化，或把一個無生命物體當成人，這會造成部分的矛盾。所以賦予你的產品人類特質，不論它是虛擬化身，或是一個名字，或是會出言不遜，都會很快地讓使用者進入一個關係的心理狀態。這在涉及關於信任感是很好的，因為沒有什麼是比朋友更讓人們信任的。

所以不意外地，將科技做的更人性化經常是讓人們容易信任的方法。事實上，虛擬化身已經應用在醫院與診所，從事需要獲得病人這部分的極度信任的工作。

門診預約是鼓勵行為改變的最佳與最糟的時刻，最佳時刻的原因是許多人真的會相信他們的醫生，並至少可能會聽他們的建議，雖然不一定會照做。醫生也是非常棒的一種資源；他們是專家，並能幫助人們用更加個人化的方式去理解他們的狀況，這比谷歌大神要有用多了。

最糟時刻的原因是醫生只有非常少的時間在病人身上，並且經常無法有交心的對話。病人可能會有壓力、恐懼，或不知所措，這些都會讓他們無法真正去聆聽醫生所說的話。現在把醫生是經過高度訓練的專業人士，他談論健康醫療的方式是充滿艱澀用語和技術性細節這個變項考量進去，會發現它不是讓你理解的方式。事實上，研究顯示當人們離開診間時，會忘記醫師告訴過他們的50%內容。

進入虛擬化身的世界。

提摩西‧畢克摩爾（Timothy Bickmore）研究卡通類型虛擬化身在醫療設定的使用（見圖10.10）。他的虛擬化身機器人是無生命的醫療專家，它出現在病人能從電視螢幕或平板上看到的影片。這個虛擬化身機器人能進行深度對話，是醫生沒有時間做的。舉例來說，當某人可以出院回家時，他們通常會拿到一張遵循指示的清單。在畢克摩爾的一些研究中，人們會從虛擬機器人中收到這些指示。

圖10.10　在醫院與醫生辦公室中所使用的虛擬機器人，提供病人出院指示是一群由卡通線條構成的醫療專家。

虛擬機器人絕對不會抽不出時間給病人，或對病人感到灰心。病人如果在第一次遺漏了一些訊息，他能夠要求虛擬機器人不斷重複播放出院指示說明。他能從主頁面選項中選擇問題以得到更多資訊。他也能夠切換語言，如果他是使用多種語言的人，並且較能以另一種語言聽懂指示內容。

人們喜歡這些虛擬機器人，而且它們是有作用的。根據人們在出院期間和虛擬機器人說話的研究顯示，有74%的人們說他們比較想要從一個真實活人手上拿到指示說明。使用虛擬機器人去了解關於自己的憂鬱症狀，比起和有真正醫病關係的醫生，他們反而較可能從和虛擬機器人互動身上感受到「聯合治療」（therapeutic alliance）。其他研究則顯示人們從虛擬機器人上得到醫療資訊時，會比從一個人身上得到要知道的更多。這有可能是因為人們能花更多時間重複聆聽並學習資訊，以及知道這個資訊是來自一個可靠的管道。

這些虛擬機器人是以擬人化的方式打造的，無庸置疑地，它們因為被任職於被視為是一個嚴肅場所的醫院裡的一群醫療專家所使用，而讓人們對它們多了那麼一點信任。不論這樣的信任感來自何處，人們是願意花時間和虛擬機器人討論他們最私密的健康問題，並對此作法感覺良好。

利用多媒體在你的產品中與虛擬機器人結合，能幫助強化使用者的信任感。研究已經發現聲音、影像，與虛擬機器人為主的資訊是比文字更具可信度。這樣的結果甚至延伸到最新科技上，一項研究發現，人們對於在自動駕駛汽車裡的類人類導航系統的信任度是超過標準車型的。

不要過於人性化

還記得第九章：機器人先生裡的恐怖谷理論嗎？如果科技過於人性化，就會變的很恐怖。[3]選擇一個像是應用程式畢克摩爾虛擬機器人的卡通式介面，能夠讓產品遠離落入恐怖谷理論的狀況。它也能夠擴大科技的另一個作用，就是人們有時對科技的信任會勝過對他人的信任。

我在上一章提到研究已經顯示，人們可能和一個數位程式吐露私人資訊，會比和一個真人訴說要來的更自在。事實上，告訴人們「虛擬教練」是完全自動化，

3　假設它其實沒有這麼人性化，實際上是在愚弄人們，這又會是另一種恐怖情況。

比起告訴他們它是由人操作的，更得他們的信任。要切記的是，當某人承認了自己的「壞」行為時，科技是不會對他擺臭臉的。如果一個應用程式對一名使用者做出一個責難性的評論，使用者可以刪除 —— 這件事情做起來非常困難，假設是一個討人厭的教練。

如果沒有害怕人為偏見，吐露難以啟齒的事情就會容易許多。藉由將偏見移除，你能夠幫助人們感受到信任。所以，或許技巧就在於不要把你的產品做得過於人性化，而是恰如其分就好。

讓人們主導

人們不信任科技工具的主要原因是他們不覺得自己在控制整個使用體驗。思考一下你和其他人的關係，如果某人從沒有詢問過你的意見，或是考慮到你會不會喜歡，而總是由他決定該如何做的話，你一定會很不滿意。雖然你還是有可能在某種程度上會信任這樣的人，但你或許不會相信他們會把你的利益擺第一。產品也會如此；當它們把它們的意圖加諸在你身上時，你有可能會懷疑它們別有用心。

設計的修正方法是提供人們機會去形塑出他們要使用科技的方法，我再次以臉書與其動態消息演算規則為例，這個演算規則決定了使用者會看到什麼故事，並以何種順序排列。它可能會將使用者最常互動的人排在優先順位，但它也會由某人的朋友們的分享，出現來自廣告主的付費廣告或文章。臉書提供單一使用者的動態消息極有限的控制權 —— 你能夠以最近的時間點整理，但臉書會在你下一次登入時直接回復到它自己的演算模式，並且很難將動態消息中所出現的資訊標準化。關於臉書使用者的其中一項研究發現，他們在無法推翻演算規則，並已預見失去隱私權時感到特別不高興。些許控制權或許會走的更長遠。

有些程式具備推薦給使用者的「專家級」演算規則。這在財務行為改變工具上十分常見，它能夠擊破關於人們的銀行帳戶資料與目標，並提供可投資到哪裡的建議。一般人是不擅長這類型的計算，所以利用科技去得到較好結果的做法是很聰明的。除了有研究顯示，除非人們能看到內部運作，不然他們是不會相信這些演算規則。如果他們被允許能夠嘗試性修補演算規則，並做調整，他們的信任感會比不准觸碰演算規則有爆發性成長。這是事實，雖然大多數的狀況是，讓一個非專業的使用者改變演算規則，就好像是讓它變的比較沒有效果。

在使用者控制權與專家的成功做出平衡

人們喜歡掌控的心態，讓產品設計師陷入窘境；因為他們雖然想讓人們相信他們的產品，但他們也想要人們因為使用他們的產品而達到好的結果。使用者對專業系統所做的調整有可能意味著比較不會有出色的結果，這會隨著時間造成信任度的減少，因為事情並沒有真正運作得很順利。那麼，你要如何給人們控制權，同時又能防止他們把整件事情搞砸呢？

臉書在這裡是一個能隨時派上用場的工具，呈現給人們他們所做的調整會對結果有什麼影響，能說服他們不要做出糟糕的選擇。如果他們了解自己正在傷害自己的底線，他們就比較沒興趣去做改變。基本上，如果你能向人們證明專業系統會比他們做得更好時，他們就會失去想要改變的衝動，並且不會失去對產品的信任。

另一個選項是在沒有提供人們選擇去實際調整推薦清單的狀況下，要非常透明地交代你的推薦清單是從哪裡來的。研究顯示，當人們了解一個推薦清單的演算規則是如何運作時，他們對產品會有更多的信任。告訴使用者什麼樣的證據是被考量做出推薦清單，以及為什麼他們可以相信自己得到好的建議。這也和分享你的程式裡的科學基礎做連結，如果這兩者是相關的。提供人們你產品背後的複雜程序的解釋，為他們之後相信的結果打好基礎。

透明公開的重要性會增加你的產品碰觸到使用者生命中最有意義的部分，人們會害怕黑盒子，特別是知道了在黑盒子裡發生了什麼事的時候，會非常恐懼。如果你的產品所關切的是某人的健康、金錢，或家庭，那麼他們覺得自己洞察到發生什麼事情就顯得特別重要。

垃圾進，垃圾出

結合演算規則到你的產品裡提供了一些優勢，如果你已經有大量的資訊，並需要找出正確的部分提供給特定的使用者。舉例來說，在行為改變應用程式中，它們會推薦達到目標的行為步驟。演算規則比手動操作的「如果－然後」的程式設定更具效益；並且理論上，當它們經過使用，並接收反饋後，它們能透過學習變的更有效果。

但不幸地，演算規則如果發展成使用有問題的資料的話，它就會出錯；並且有許多放進去的資料是有問題的。資料可能是在一個沒有反映出目前，或是預期的未來的歷史背景下所收集而成。這是亞馬遜購物網站部屬了一個演算規則以過濾求職者的履歷的部分狀況，因為成功候選者的歷史資料有很大的比重是男性。有時資料會刻意地區別出一些團體或個人，以及被訓練用來利用這種資料的演算規則將會傳播這樣的偏見。這或許是COMPAS演算系統背後，不正確地預測黑人被告和白人被告相比，他們比較有可能會再犯罪。這個特定的演算規則是利用法官所判刑期而產生，所以它的錯誤對真實的人們會有最真實的影響。

在演算規則中的資料品質問題實在是過於複雜，無法在這裡詳述；但身為一名行為改變設計師，你應該要知道它們是存在的。如果你正在打造一個產品是有包含演算規則在內的，要非常認真思考關於你所使用的訓練資料。試著辨識哪些方式可能是有偏見的，並找到方法去修正。仔細監控掌握演算規則所輸出的資料，並在如果情況不對勁時，能隨時準備介入。你的演算規則所輸出的資料越重要，你就要更警惕以確保你的產品不會被公開在晚間新聞。

我能為你做什麼嗎？

客戶服務雖然大部分都存在於實體產品外，它還是在人們有多信任這個產品上，扮演著非常重要的角色。你要隨時能提供援助，不要讓人們找不到客服聯絡資訊。你如果無法提供實體援助，那就要能夠即刻回覆。客服的不回應是不會讓產品有很強的可信度。

如果你有一個訂閱模式，是使用者需要持續付費，才能使用你的產品；那麼你就涉及了超越行為改變本身的個人主題。人們對他們的金錢是很敏感的，如果你具備從某人的信用卡上收錢的能力，那麼你就有一條通往信任的快車道。好消息是，如果某人付了一開始的訂閱費用，這就表示他們有足夠的信任基準在一開始時就輸入他們的信用卡號。然而，在你處理訂閱費用中的任何失誤，那份信任就會馬上消失。除了要非常小心保護使用者的財務資料外，還有在涉及金錢時，仍能維持他們對產品信任的幾個基本原則。

第一個是在收取任何費用的程序開始之前要給予警告，這麼做是確保不會有人在收到信用卡帳單時會大吃一驚。這也提供使用者一個機會決定取消，如果他們

對產品不再感興趣，或是決定繼續使用。如果他們決定繼續使用，事實上他們刻意如此做是加強了他們在使用產品的興趣。

第二個是要很容易取消。是的，最好的狀況是人們不會取消；但如果他們要離開，並且你讓他們感覺很難做到的話，你最終還是無法阻止他們，你只是歹戲拖棚。因為當使用者掙扎著要停用你的產品，他們也對你累積了憤怒與敵意。這對任何人都沒有好處，因為一定有方法能優雅地說再見，並在使用者心中留下一絲溫暖。

如何說再見

一定會有一個時間點是你的使用者不再是你的使用者。他們會繼續往前進，因為他們已經達到他們的行為改變目標，並且不再需要在這上面花功夫。他們有可能會失去興趣，或者會選擇使用競爭對手的產品，又或者他們是透過雇主取得使用你的產品的管道，而他們現在換工作而不再使用。這些都有可能發生。

失去使用者會很受傷，但這並不代表你應該要無所不用其極地留住他們。你可以為使用者設計一種為他們日後想重新使用產品時，還能夠回來的離開方式。你如果以正面的態度看待一段關係的結束，人們會更願意向其他人推薦你的產品，或是在如果需要的情形下，會再次考慮使用。溫柔地說再見也充分利用了人們所具有的兩個認知偏誤：「**時近效應**」（the recency effect），就是發生時間點越近的事情，越容易被記住。另外一個是「**波麗安娜效應**」（Pollyanna principle），也就是相較於不開心的事情，人們對於開心的事情會有較正確的記憶。所以要給人們好印象。

容易取消是優雅離開的一個方式，其他要考量的地方包括當使用者取消不用時，你如何處理他的帳戶資料。不論你是從你的資料庫中刪除，或是以某種方式保留，讓使用者能夠備份他們的帳戶，你的溝通方式要非常清楚，這樣人們才能夠理解。別想著要藉由一些暗招混淆取消使用的程序，並且從頭到尾，在剩下的產品體驗期間，都要保持你的內容的一致性，且尊重使用者的選擇。應用程式 Stash 的道別方式是在它的投資人關閉帳號時，做了一個正中靶心的正確動

作（見圖10.11）。它對於結束關係感到難過，但也祝福使用者一切順利，並最後一次提供建議。

結論：使用者信任的是一本公開的書

在使用者體驗裡的每一個階段，你都有機會在你的產品與團隊中建立信任度。從你行銷產品與介紹產品的方式，到開始使用的過程，再到隱私政策與其他法律術語；這樣一路直到人們主動使用產品，這期間你所做的每個選擇都能在你的產品中創造出信心。信任的核心是公開透明：對於關於你的產品如何運作，使用者能有何種期待，以及為什麼你會要求他們去做某些事情，都是誠實且公開的。

圖10.11　Stash非常難過看到使用者離開，但仍給他們非常溫暖的訊息。

透明公開當然只會在你能夠分享真實的正面資訊時有用。以尊重你的使用者以及他們所處的情況去設計是非常重要的，還要小心地保護他們的資料與隱私。藉由注意可能的錯誤，並且設下防護避免發生，你就能預防你的使用者會有任何不信任你的理由。你把信任試想成你和你的使用者之間的一個持續進行的對話，當你越了解你的使用者，他們的體驗應該會演變成反映出你現在所認識的他們變成什麼樣子，並強調他們所提供給你的資訊是被拿來使用於有意義的用途。

莎拉‧瓦克特-波特許／用不同的方式思考

莎拉‧瓦克特-波特許看起來什麼都不怕，至少對我而言。我是在讀了一本她和艾瑞克‧梅爾（Eric Meyer）合著的《為現實生活設計》（Design for Real Life，暫譯）一書後，才和她變熟。她在書中盡全力克服要為人們在生命中最糟糕的時刻做設計這個想法。這本你也應該拜讀的書，挑戰設計師會假設人們會使用他們所設計的產品，有可能是正處於哀傷、心痛與疼痛中，並順應此情形做出選擇。她的下一本著作，「Technically Wrong: Sexist Apps, Biased Algorithms, and Other Threats of Toxic Tech」很聰明地分析出種族愚蠢行徑影響科技世界，有許多這樣的例子。

我看到莎拉提出這樣的見解，就是偏見、疏忽以及不完整的程序都是為信任而設計的核心之處。也就是當人們犯錯時，她提出也會失去使用者信任的警告。

▍設計師如何學習預測失誤呢？

從擴大你的產品背景開始：你在設計什麼？你在製做什麼東西？現在來思考，那個空間的歷史是什麼？什麼系統是已經存在的？舉例來說，如果你要收集個人資料，那麼就要研究我們過去是如何收集到個人資料的歷史 —— 包括離線收集的方式。例如，我不知道有多少人知道美國使用人口普查資料，我們被告知它是匿名的，當它集中所有日裔美國人，並把他們都關進拘留營。如果人們多花一些時間審視這些歷史，他們可能會對自己能夠與不能夠接受去收集的資料，做出不同的選擇。但我們對這沒有足夠的論述，因為它們太容易被忽略了。

我們真的在傷害我們的使用者、世界，以及未來的我們，因為我們從沒去想過最壞的情況。這和在我們的領域上看到好多的陽光樂觀主義是背道而馳的。人們想要思考的是關於可能會有的正面結果，並且結果是，實際思考關於負面事物的肌肉並沒有很強壯；人們真的不習慣去做這件事。但我會覺得它就像任何其他技能一樣重要，所以我們應該每天養成它。

█ 設計師如何落到信任破裂的窘境呢？

有許多事情感覺像滾雪球般地聚在一起，結果變成一場風暴。我們正處在一個階段是有著許多風險資本資金科技，你並沒有特別被刺激去理解其中含意，或是你正在做的事情所造成的長期結果。對於敏捷式開發（Agile）與「最簡可行產品」（minimum viable product）的執念、和全力衝刺、「立即行動、不怕犯錯」，以及「領先上市」等信條，這些全都是相關連的。人們被鼓勵不去思考結果，因為那些獎勵架構、文化常態，讓人們即使想做，也不會上手。你是不可能會擅長你不做的事情。

人們會陷入他們所思考的每件事情都需要分等級的這個想法。一直把分級掛在嘴邊會在很多方面造成傷害。當然，我們現在面臨的問題是在非常嚴重的等級，但事情不會大規模的改變，直到除非它們產生小規模的變化。

█ 你如何能夠改變你的工作文化去支持信任？

除了你自己，你是無法改變任何人。基本上，你可以教育其他人，也能夠期待其他人改變，並且你也可以鼓勵他們改變。但你真正能夠控制的唯一的一個人是你自己。我想要鼓勵人們是著避免過於不知所措，而是專注在「我每天做出的選擇是什麼？」如果你能夠選擇工作地點，那真是太幸運了！那麼，你會對這個選擇做什麼呢？

我也深信對於認真嚴格地對待你所愛的事物會產生的力量。當你越強烈地想著「哇！這太厲害了！」，你就越需要去批評它。我會這樣去想它：我要注意未來有可能會感到後悔。這件事是我會在十年後，甚至是六個月後引以為傲嗎？要對你自己坦白，並且誠實面對自己因為有助於工作，或是較容易達成所做的道德妥協。因為最終，不會有任何事情出現改變，直到它徹底改變你。世界上的任何事物都不會改變，直到你決定用不同的角度看它們，並冒險一試。

莎拉‧瓦克特-波特許（Sara Wachter-Boettcher）不是只在她的書中倡導關於道德設計。她也會出現在社群媒體上，竭盡所能地說出那些不被重視的聲音，批評科技產業的盲點，並打造一個包含女性、跨性別者、非二元性別者，以及酷兒（queer）與有色人種的支持團體。莎拉是產品與內容策略顧問公司Rare Union的負責人。她也和Katel LeDû一起主持在Podcast播放的節目Strong Feelings，他們形容這個節目是「每周的快樂調劑，女性主義的真正對話」。

11

有朝一日
永遠不會到來

為未來的自己所做的設計

+ 為什麼未來的自己是如此遙遠
+ 設定對的目標
+ 制定一個計劃去達成
+ 知道何時要收手
+ 結論：讓未來感覺真實

觀點 凱特‧沃林／持續這趟旅程

目前為止，你已經了解設計師可利用許多技術與方法來影響人們的行為。但即使用這種大規模的工具，卻還是很難會有結果。為什麼呢？

如果說，在改變行為中有一個主要設計困難點的話，那就是要求人們現在先做犧牲，以為了在長遠未來的某個時間點可能會得到的好處。然而這些好處是不保證會逐漸增加的，即使會增加，人們甚至會沒有感覺到有在增加。你如何知道你已經避免得到癌症，或是你的儲蓄習慣讓你不會失去你的房子？專注在眼前與當下真的是容易許多。當遙遠的目標對上現在的要求時，就注定了行為改變的失敗。

你這一路所學到的方法，能幫助你替未來的自己，處理設計上的困難挑戰。你的工作是要幫助人們隨著時間慢慢地進步，最終帶領他們抵達未來的目的地。你可能需要了解是什麼讓人們覺得做出新行為很困難，並且要如何克服這些困難。你的使用者可能會從他們現在所處的位置去看一個遙遠的目的地，但卻看不到在兩地之間的明確路徑。幫助他們定義出一個有意義的目標，會點亮這條路徑。過程中，你能夠創造一個選擇結構，它是引導做出能支持目標的行為，並能從朋友身上獲得許多社會支持，或者甚至是幫助你的使用者挺過困難挑戰的科技。為了要讓使用者保持在正軌上，你必須在他們行動時就要維持他們的信任感。為未來的自己做設計，就像是你在大部分的現實世界裡的行為改變計畫中會遇到的，它需要集結許多方式去支持使用者走完他們的旅程。

但首先你需要了解為什麼未來的自己是一個如此複雜的設計目標。

為什麼未來的自己是如此遙遠

就心理學的說法，未來是非常遙遠的。大部分的人在邏輯上能理解明天出現的人們，會和今天出現的他們是差不多的，只是變老了一點。但人們都是樂觀主義者，他們經常想像一個未來較好的自己，並承諾自己在成為全新與改進後的第二個我之後，會以淡定的自信處理事情。但這個第二自我是無法具體化的。

這就是為什麼人們所做的未來承諾，他們並不認為是為了現在所採取的行動。你曾有多少次看到截止日逐漸接近，並懷疑自己為什麼會同意接受這個計畫？或是發覺你自己踩在比賽的起跑線，並咒罵過去那個會覺得能在周末早上五點起床

的自己？[1]

人們誓言會投入的未來活動經常是要他們在活動來臨時就已經做到某件事情（試想體能挑戰、智力或藝術計畫，或是在一個社交活動之前就達到某種體態）。如果人們尚未想清楚事前的準備工作有什麼，他們就有很大的可能會在那天到來時，沒有準備好。這會導致人們做出他們沒辦法做到的錯誤結論，但事實上，他們只是沒有遵從正確的方式達成他們的目標。糟糕的是，這類型的失敗會阻止人們未來去嘗試做任何行為改變。

或是，人們也許專注在一個目標，但延後採取行動完成它。如果行為改變會拖延的話，為什麼不從下周開始？人們有的認知偏誤的其中一個是「目前偏誤」（present bias），他們會對和他們未來經驗相關的目前經驗做出過高的評價。處在這個偏誤困境的人會盡可能延遲行為改變，或許會拖到為時已晚。

人們容易誤判他們的未來需求與能力，這會導致負面的結果，嚴重與不嚴重的都會有。它造成人們在最後一刻取消計畫，當他們發現和一位老同事見面喝咖啡，實際上並不會有趣，而發現的時間點是現在，也就是喝咖啡的時間。當達成目標時，並沒有帶來希望做到那樣程度的快樂，這會造成人們追求目標時的不愉快。對行為改變設計師而言，最重要的是人們沒有預估他們未來需求的能力，這是有效行為改變的最大障礙。

> **秘訣：審視過去以了解未來**
>
> 史提夫・波提戈在第五章說過：「人們不是他們未來行為的厲害先知。你可以問他們正在做什麼，但你不應該全盤接受。」這也是為什麼研究學者經常使用以行為做為基礎的問題，而不是使用關於一個人在一個情況下會去做什麼的問題。人們的過去行為比起他們自己的預測，絕對是較佳的未來行為預言者。

行為改變設計能幫助透過幾個步驟對抗這種頑強存在的人性錯誤。首先，使用

1　這是我個人的例子，但我相信你有你自己的周末早上5點起床版本。

者需要幫助去設定出具有持久力，並能化為具體步驟的目標。第二點是有特定行動計劃的人們，更有可能成功；所以行為改變設計師能藉由研發出這樣的計畫，並得到使用者的決心投入，提供所需協助。最後，有特定的方式能幫助使用者在長期的行為改變中保持投入。大方地將它們放在行動計畫，將會幫助人們保持在軌道上。

設定對的目標

對未來的自己做設計的第一步，是幫助使用者為他們自己選擇對的目標。這些目標必須具有持久力，如果它們是為了讓新行為能固定維持很長一段時間。如你所知，最持久的目標是深植在人們最深的價值中。

提醒使用者什麼最重要

提供人們結合他們個人價值的有意義選擇，能幫助他們堅持行為改變。個人價值不會隨著一個人的生命歷程而快速改變。對於一個二十多歲的人覺得非常有意義的事情，有可能到他六十多歲時還是很有意義，即使他們的表達方式看起來不同。

當訓練人們經歷行為改變時，試著讓他們反映他們的新行為模式將如何幫助他們活出他們的價值，就像應用程式Kumanu Purposeful所做的。這個應用程式要求使用者敘述他們自己最好的一面，並反映在他們的生活。他們的行為如何幫助他們變得更像他們想成為的樣子呢？人們越能清楚說出這些關聯性，就越容易能承受現在的一些不適，以達成未來的目標。

深入挖掘

當某人不想嘗試改變一個行為時，比較有可能是關於是什麼讓他們必須停止，而不是他們必須要開始做什麼。放棄一個符合部分需求的行為模式，對人們來說，是一件很難做到的事情。所以當某人看起來不想改變一個行為，可以問他們

從目前的行為模式中得到什麼樣的好處，並了解是否有其他方式能提供那些好處。

附註：要完成的工作

服務設計中有一個概念叫做「要完成的工作」（jobs to be done，簡稱 JTBD）。它會問：「你的產品被要求做什麼樣的工作？」結果演變成使用者經常從產品身上得到和發明者所預期的不一樣的好處。如果有兩個人在搶一顆柳橙，知道他們要拿柳橙做什麼就非常重要。分享柳橙的解決辦法會和JTBD是「為蛋糕撒上檸檬皮」和「用果汁做Mimosa調酒」對上「吃柳橙」這些目的是截然不同。如果JBTD已經在你的設計工具組中，它能在這個地方好好地重新利用。

詢問人們是什麼讓他們目前的行為改變模式非常有用，有時他們的回答會幫助你設計出一個不同路徑的行為改變，實踐了這個人目前行為模式的喜愛之處。因為覺得麻煩而不做資源回收的人，可能會願意嘗試使用提供儲藏空間，並接他們去處理的服務。問「為什麼」，會給你更多素材去從事行為改變行動計劃的研發。

設定較近程的目標

目標越遙遠，人們就越難對它有具體想像。這意味著如何為了達到目標，去做準確、實際的規劃是較為困難。加上結合人們會選最容易的事情做的習慣，一個模糊的未來計畫可能意味著沒有採取任何實際行動，直到為時已晚而失去效果。將短期的階段性成果併入目標計畫過程中，讓使用者能把眼光放在覺得更真實的某件事物，並同時持續朝長遠未來前進。讓人們思考關於連接現在與未來的一個方法是要求使用者寫下一件他們今天能夠做的事情，以開始朝著他們的目標前進。

訂定一個計劃去達成它們

一旦使用者選擇了一個有吸引力且具持久性的目標，就是勾勒出達成路徑的時候了。最有意義的結果往往要花很大力氣達成，那份努力對尚未試著改變這些行

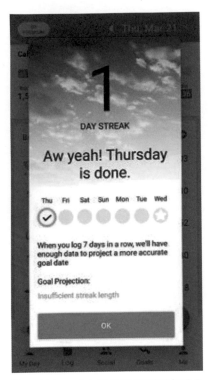

圖11.1 Lose It！會告訴使用者大概多久能夠讓他們達到目標體重，如果他們一直按照計畫，但至少要提供一周的數字資料才會給使用者預估的時間點。

為的某人來說，或許是看不見的。人們看見新的肌肉出現、成功地買下房子，或是得到學位，卻沒有看到在健身房裡抱怨、放棄度假以及買新車，或是在圖書館挑燈夜戰的時刻。身為一名行為改變設計師，你的工作是強調這些努力過程，並幫助使用者能自處於困難的狀態中。

設定期望

我們來回憶第四章關於人們做出有根據的選擇時，比較有可能在碰到困難時仍能堅持下去。所以提供資訊是非常關鍵的。你能幫助人們調整他們對行為改變的期望，變得更實際。如果行為改變的進步幅度很小，像是減重，你就要很清楚地說明人們能做何種期待，並且要誠實以對。應用程式Lose It！就強烈提醒新使用者，它無法提供他們關於要花多久時間達到目標體重的預估，直到他們登入至少一周的飲食與運動數字資料（見圖11.1）。雖然這或許有點令人沮喪，它也讓使用者知道，他們能夠信任最後所收到的預估結果。

創造並堅持

行動規劃事實上是在行為改變本身裡的一個方式，它在對抗一些人們在為長遠的未來目標努力時會有的惰性時，特別有用。它的名稱精準地描述這個方法是如何有效運作。在決定好目標後，人們會詳細說明他們必須要採取的步驟，以完成目

標。行動計畫可以是非常高階的，或是非常詳細的，取決於哪一種對這個人來説，是最有用的。好的行動計劃有時也會包括幫助人們在困難的情形下，仍維持行為的決定規則。例如，如果我因公出差，但我的飯店沒有健身房，那麼我就會在我的房間裡，使用一個應用程式做重量訓練。

一旦一個行動計劃存在，人們就必須要堅持，並保證完成計畫中的項目。在這個最簡單的形式中，堅持會是對自己的承諾。應用程式Pattern Health的新使用者從一份推薦清單中選擇行為，然後簽下他們的名字以表明他們要做這些行為的目的（見圖11.2）。心理學上來説，這個堅持的動作將行為轉移到一個更具自主形式的動機。這讓堅持完成變得更有可能。這是一個艾琳・霍華斯在第四章提過的關於分歧的範例。

讓承諾堅持的行為改變方式發揮作用的另一個方法是，讓其他人看見，不論它是來自其他人的鼓勵與支持，當他們知道自己的朋友正在追求一個目標，來自尋求改變的其他同伴的指導與建議，或者只是不想看起來很愚蠢，做出要達成目標的公開宣示可能會幫助人們連接現在的行為改變與未來目標之間的鴻溝。一個公開承諾不需要是社群媒體貼文的形式；告訴一些特定的朋友與家人也算。鼓勵你的使用者，至少向另一個能幫助他們在正軌上的人，透露他們的目標。

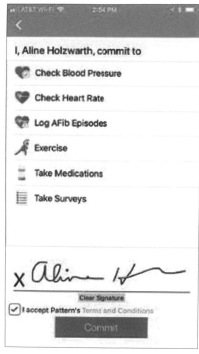

圖11.2　Pattern Health使用者從一份個人化的建議清單，選擇他們打算做的行為。他們彙整完計畫後，他們會加上簽名以表示自己的決心。

個人化

你有時會向人們呈現一份他們不想堅持的行動計劃。有可能是因為很困難，或是不可能克服而完全不喜歡。低鈉節食法對於只會用微波爐加熱的人來說，明顯比一名料理主廚要困難許多。每天測五次血糖對害怕針頭的某人來說，是極為恐怖的。增加401(k)退休福利計畫的保費，對幾乎無法滿足基本生活所需的人們來說，是不可能的任務。

你要如何幫助處於這些情形的人們改變行為，如果他們是有興趣的？不要卡在「如何做」以及「做什麼」。如果有任何可能讓這個特定目標能夠達成的方法，那就用吧！如果出現對結果更好的其他方式呢？你能推薦低鈉罐頭食物給你只會用微波爐加熱食物的使用者嗎？訓練害怕針頭的使用者去戳指頭，把疼痛減到最輕嗎？幫助有財務困難的人辨識一個會稍微減輕壓力的支持程式嗎？一般來說，最好的方式是在人們對第一個建議說不時，去改善選擇，有一些可行的備案讓他們去考慮這或許是一個好主意。

邁出成功的第一步

人們常常會被要堅持一個巨大、魯莽，又大膽的目標感到畏縮。階段性目標可以幫助在行為改變中，跨出成功的一步。要求你的使用者在一個較大的行為改變過程中，堅持完成其中一個早期階段性任務，而不是專注在長期結果。階段性任務會讓人們覺得對它做堅持，比較沒那麼可怕。除此之外，一旦使用者達成第一個階段任務，你就能挑戰他們繼續進行下一個。最後，人們可能會得到信心，堅持完成真正的終點目標，或者他們藉由追逐每個連續的階段任務而抵達終點。不管是哪一種，都是我們要的結果。

制定一個計劃去達成

所以什麼會是一個長遠目標的優質行動計畫？行為改變計畫中的做法，和設計要做到的目標是同等重要。某些特定方法會連接立即行動與長遠目標之間的溝渠。

強調每一個小成就

　　人們需要有他們的努力將會成就某件有意義的事情的信心。幫助他們輸入每一個微小的進步記號，因為沒有人能神奇地在一夜之間改變，但許多行為改變努力會隨著時間而增加改變。有一些減重程式鼓勵人們每周在同一個地點拍下自己的全身照，經過幾周後，第一張與最近一張照片開始看出不同，這會讓人們對這個過程產生堅定的信念。當改變是緩慢的時候，小幅進步的指標就更顯重要。

　　理想狀況是，你已經做到幫助你的使用者選擇一個包含一些能更即時達成的階段性任務。這些階段性任務對使用者而言，是能看到進步的一個非常有幫助的方法，當他們從清單上打勾的時候。就它們的性質來說，人們能更快且更容易達成階段性任務，如果和達成整體大目標做比較。要認可每一個階段性任務成果，利用一些第七章所提過的一些方法，就是利用反饋來幫助人們覺得自己有所成長。

塑造環境

　　決定去追求更美好的未來可能是一個單一決定，但它實際上會變化出數百個或數千個的較小決定。試圖做出行為改變的人，可能必需在一天、一周，或一個月內做好多次決定去實際行動，以達成目標。就像你在第四章所了解的，這種反覆做決定的狀況會讓人覺得很煩。當他們的意志力變弱時，他們的選擇的品質也可能會降低。

　　你能藉由建構出較支持行為改變的環境，減少這種反覆做決定的需求。這可能意味著為不需要的舊習的去除提醒與暗示，或是用新的提醒方式或工具幫助新行為產生。它也可以表示讓人們具備改變和環境互動的方式的基本原理：我不會逛雜貨店裡的零食區。環境改善能減少分歧，執行可能會被耽誤的任務。基本上，它們比較難去把目前的自我擺在未來自我的前面，藉由把努力擺在前面，而不是放在後面。

　　鼓勵你的使用者改變他們的身體環境去支持他們的新行為。如果食物儲藏室裡沒有洋芋片的話，吃健康的零食就會容易許多。你的數位產品也能提供一些環境的形成，以支持行為改變目標。不論是用提醒使用者的方式記錄資料，或是在應用程式中（見圖11.3）採取行動，透過聲音加強他們的行為能力（見圖11.4），

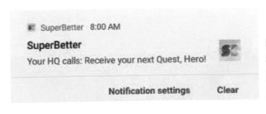

圖11.3　像這個來自應用程式 SuperBetter的重大提醒，能夠提醒使用者採取應用程式為主的行動，往他們的行為改變目標前進。

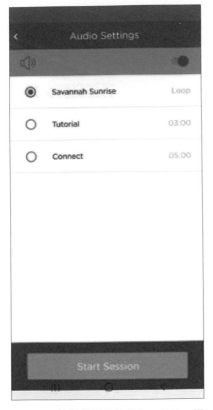

圖11.4　針對像冥想的行為，像Here這類的應用程式能夠利用其提供的這些原聲帶選項的周遭環境音，支持新行為。

圖11.5　Stash讓使用者自動化他們的投資報酬，所以他們只需要做一次決定，並採取一次行動，就能開始啟動邁向存款目標的行為。

或讓他們自動化一個重複行為（見圖11.5），數位工具也會改變使用者發生行為表現的情境。

使用環境形成的方式可減少一個人必須在當下做決定的次數，藉由將使用者的行為改變能量用於重新配置環境上，讓他們能做出較少卻更有效果的承諾堅持，讓新行為與他們的舊有的例行公事能無縫接軌。

注意每一個小變化

人們經常退出行為改變的原因是，他們重視目前的安逸感更甚於在遙遠的未來，因為自己的努力而可能得到的好處。把目前的行為改變轉化成更具報酬與意義，可能會幫助到部分這些人改變他們的心意，並願意去嘗試。

除了提供獎勵外，你可以藉由幫助人們注意到並好好享受行為改變所帶來的短期好處，把它變的更有回饋意義。雖然某人在使用新的運動程式時，可能會覺得不協調與痠痛，但這也可能表示他在每天健身後，正體驗著能量的增加。你能幫助他們注意到這點嗎？某人為了要達到存款目標，才剛開始存錢，或許還看不出明顯的進步，但他或許因為丟掉高利息的信用卡，而為自己搭起成功之路。會有方法讓他們知道這樣的一個小動作，將能隨著時間幫自己省下多少錢嗎？這些類型的進步指標都會讓人「現在」感覺非常好。

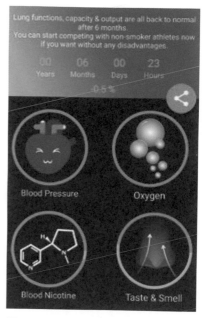

圖11.6　EasyQuit 幫助使用者注意到自己在戒菸六個月後，他們的身體在許多小地方出現的進步與改變。

行為改變設計師能幫助指引人們擁有近期好處的一個行為改變領域是戒菸。在抽完最後一根菸的幾天內，戒菸者的身體開始自行修復。在圖11.6中，應用程式EasyQuit 幫助使用者在經歷戒菸六個月後，了解他們所有生理上的進步與改善。

針對某些類型的行為改變，讓人們學習處理至少是短期的不適感。逐漸地帶著他們進行改變，就像應用程式Couch to 5k對菜鳥跑者所做的，它能提供兩種用途，一個是將不適感減到最低，同時也幫助人們在心理上做好處理面對不適感的準備。大部分的行為改變過程所得到的好處是來自不適感的有效利用，不論它是努力要解決一個新類型的數學問題，還是用放眼更遠大的目標，做出更精明的財務選擇。你如何幫助你的使用者將困難視為一個進步徵兆，而不是障礙呢？將不適感連接到有意義的目標，能讓整個過程變得較能承受。

將未來變得更有希望與活力

將未來本身變得更具情感真實性的一個方法就是，真正地去想像它。某些科技能夠利用人們現在的樣貌，對他們在數十年後的未來可能會有的模樣，創造出逼真的形象。這個技術能夠控制反映不同未來自己的可能版本的形象，這是根據現在的生活形態與行為。

看到吸菸或是缺乏運動的生活型態可能影響他們的外型，能夠幫助人們現在做出改變。至少有一項來自應用程式Medical Avatar（見圖11.7）所利用的高質量3D影像技術的研究發現，看見「未來的自己」的模樣幫助人們在減重計畫上有更大的進步。另一系列的研究則發現，人們看過自己的數位老化照片後，會做出較

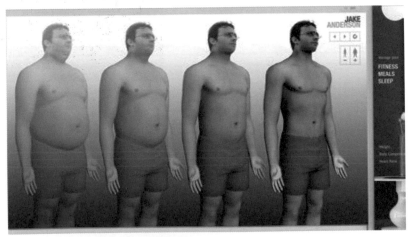

圖11.7 Medical Avatar的技術會根據特定的行為模式，製做出非常逼真的一個人在未來可能的樣貌。

佳的財務決定；看見自己較老的臉孔，幫助他們現在就把未來的自己放在較前面的順位。逼真的影像關起人們現在與未來自己之間的情感鴻溝，這道鴻溝讓決定事情處理的優先順序變得較為困難。

不是所有未來自我形象都是對等地被創造出來，圖11.8呈現應用程式吸菸時光機（Smoking Time Machine）認為我二十年後將會變成這副模樣，如果我繼續抽菸的話。它們並沒有問我抽多少菸，或是我抽菸的頻率，只提供一個選項（抽菸：是/否）就決定我的外貌。有效的未來自我形象化似乎是有作用的，因為它們是可信的；但如果是這張讓我看起來像是萬聖節裝飾品的照片的話，我很懷疑它會有什麼效果。

最有可能的是，你沒有呈現人們未來可能會有的樣子的技術。沒有沒關係，要求

圖11.8　應用程式吸菸時光機（Smoking Time Machine）把你的自拍照變老，以呈現做一名吸菸者，在二十年後會變成什麼模樣。模擬未來的我越逼真，幫助改變行為的效果就越好。

人們對未來的自己做鮮明的想像，也有類似的效果，或是讓他們完成一些像是寫信給自己這類會建立他們對未來的自己有同理心的活動。它們或許沒有像一張自己的老化自拍那樣難忘或有趣，但這些技術還是能幫忙搭起今天與明天之間的橋樑，而且它們實行起來容易許多。

知道何時該放手

有時候，人們認為因為要達到結果所需做出的改變，但其實這些並不是他們想要做的改變。對他們而言，放棄在他們生命中扮演正面角色的某個事物並不值得，即使做這件事會有好處。舉例來說，你可能認識一名吸菸者，他完全知道菸對健康的影響，但從菸身上能得到許多壓力的釋放，以及享受，讓他們願意在疾

病與早逝上冒風險。許多人寧願繼續享受「壞」行為所帶來的樂趣，也不願犧牲它們去換一個不明確的未來好處。這類的成本效益分析完全符合邏輯，而且它們是行為改變的最大障礙。

你可以一直種下改變的種子，但如果你的使用者真的一點興趣也沒有，最好的方式就是走開。如果某人已經決定這個特定的行為改變歷程不是他想要的，你所能做的就是隨他去。優雅的道別[2]事實上是開了一扇窗，如果這個人之後改變心意；另一方面來說，試著強迫人們對這個問題產生重視與認同，則可能會永遠讓他們離開。

結論：讓未來感覺真實

讓人們對未來大目標有堅持與投入的困難點是要他們現在做一些小犧牲。行為改變設計師能幫助人們選擇並成功地追尋遙遠的目標。和選擇與自己價值相符的遠大目標的使用者共事，並將那些目標分成有意義的階段性任務，能讓行為改變更具吸引力。將含糊不清的目標詮釋成具體的行動計劃也非常有幫助，使用者或許對理解達到成功的路徑，感覺不知所措，但他們願意對一個清楚的計畫堅持投入。

讓人們為了讓未來的自己更好而於現在做出努力是需要一個行動計畫，它是包含許多策略與方法的結合。你能幫助人們把他們相信會成功的做法製成圖表，它有可能是指提供有效步驟的證據。把和未來的自己產生情感連結這件事情變得較容易，畢竟，未來自己只是現在自己的之後版本。示範如何在行為改變中找到正面性，讓現在所做的努力不會讓人覺得困難重重。

2　和使用者不再使用你的產品的告別方式差不多。

凱特・沃林／持續這趟旅程

理學博士凱特・沃林是一名數位醫療企業家，她的體重管理程式 ScaleDown 於 2017 年被 Anthem 收購。以下是關於她讓人們隨著時間 仍保持在行為改變軌道上的一些秘訣。

▌為什麼很快地給使用者看到進步是如此重要？

當我們創造 ScaleDown 時，科學數據不斷地告訴我們，如果人們沒有在使用一個減重程式的前 10~14 天內減掉一些重量，他們就幾乎不可能達到在六個月內減去 6% 體重的最終目標，而這是程式必須要有的黃金標準。

▌你如何讓使用者一直保持對近期反饋的投入？

在商業空間裡的第一個身體活動介入工具是健身手錶，並只專注在一到兩種韻律類型的身體運動，像是計步。你沒有注意到附加效果以及其他感受，是訓練可能聚焦的重點。我們必須專注在傳遞人們會從這個經驗得到什麼的訊息，而不是只有他們即將要放棄什麼。這也就是為什麼許多研究學者與科學家所設計的醫療行為介入工具會讓人們監控不只一件事情。今天去運動，有可能會幫助你睡得比較好，並且明天醒來更有休息過的感覺。

▌如果有人還沒準備好現在做改變呢？

有人今天可能還沒準備好今天就投入，但可能明天就準備好了。這個情形在我們試著讓癌症病人投入新行為時一直都特別明顯。我們總是會聽到：「我現在完全不知道該怎麼辦，我沒辦法想像除了我的治療以外，我還能做其他任何事情」沒有人會反駁這點，但只是因為某人說不要今天，並不表示答案會是不要明天，因為環境條件改變了。科技呈現在我們面前的真正特別的機會的其中之一是，這個能夠辨識在對的時間點提供某人一個程式的能力。

當人們投入於減重行為時，他們達到目標時的典型反應是「你做的很好！所以你現在可以自己來了，再見！」，然後人們又復胖。所以在ScaleDown裡，我們會說：「瘦下來並成功地長期維持瘦下來的狀態的人們，仍持續頻繁地每天量體重。但我們知道你也許不想，或不再需要收到我們每天提供的反饋，所以我們打算逐步減少頻率，並把你放在保養類型。」這樣做的目的是因為所有的行為改變都會有故態復萌的問題。我們知道這點，並且這很正常，我們事實上把它建置進行為改變課程中。當你在一個讓你在某個程度上，與某人維持關係的保養模式，但在生命中發生重要事件時，它們會把使用者帶去找他們的朋友 —— Ben and Jerry冰淇淋去處理壓力，而不是在健身房的好兄弟。然後，應用程式平台提醒那些人，並出現一則訊息，上面是這樣說的：「你想要回到減重模式嗎。」

許多時候，傳統的行為改變程式具有這個「全力以赴」的方法。我們還沒有真正的利用科技去產生這個中間地帶，「我們保持聯絡，所以如果時間到了，你需要一些小幫助，我們會一直在這裡。這不是失敗，事實上這非常正常，並在意料中，我們很樂意和你在一起，並在這裡支持你。」如果我們給予人們支持，他們感覺到自己被當成個人般地在乎。當我們在過去和人們做連結時，我們可能會有那樣的對話，這在科技產品設計中則失去了一些。

理學博士凱特·沃林（Kate Wolin）是一名行為科學家與流行病學家，在學術與商業世界中扮演著橋梁的角色。因為她的新創事業ScaleDown應用程式的成功，凱特將她的時間投入在互動醫療的科技總監，西北大學兼任副教授的角色，以及Coeus Health的共同創辦人，提供數位醫療解決方案的諮詢。凱特的研究專注在癌症的預防與存活，以及在腫瘤照護中的身體活動與肥胖症。她是把以證據為基礎的科學詮釋成為數位介入工具的專家。

12

沒有任何事
能阻止我們

往前邁進並樂在其中

+ 從事行為改變設計
+ 當一名美麗又善解人意的人，
  而不是孤立沒自信的人
+ 當一名行為改變的福音傳播者
+ 蓄勢待發的能力引擎
+ 行為改變的承諾

觀點 凱特・勞倫斯／建立新的才能

這章是本書的尾聲，你現在已經大概知道數位產品101網站會教你的行為改變設計。我涵蓋了許多基礎知識，並提供一個宏觀視野，是行為改變能被納入設計中的許多方式。就像數位產品101的課程，這本書的目的是要開啟你在這個主題上的學習，而不是結束。我希望你在這本書裡所學到的東西，是能有趣到你會要探索更多相關知識。

我在這本書中主要關注的是心理學如何對數位產品的設計造成影響。我也試著指出一些特定地方是非數位經驗能提供支援，特定地方包括螢幕上所發生的事，以及行為改變設計要如何對離線行為做出必要說明並負責。當你前進並使用行為改變設計時，你一定會需要採用這本書裡的一些工具，以符合你的特定情況。你的產品形式應該要，而且是將要影響如何呈現行為改變原理。你所使用的工具，將呈現你對行為改變的處理方式的機會與限制。把它想成拼圖，而不是問題。它是這個挑戰的樂趣！

從事行為改變設計

學習行為改變設計最快又最有效的方法是去做行為改變設計，並要用星號標註。我在整本書中曾強調要關注結果，同樣的關注焦點會把你的行為改變設計詮釋成學習的實際演練，這也是必要的。如果你正嘗試產品設計的新方法，但沒有評估它們的效果，你就沒有所需要的資訊去判定你的測試是否有效。當你在使用行為改變設計時，從計畫一開始時就要規劃一個清晰的目標。

對一個行為改變設計師的新人而言，某些學習導向的目標有可能是：

- 如果我在使用者研究中，包含關於能力、機會以及動機等問題，它會對我在研發產品必要條件上有所幫助嗎？

- 當我以使用者目標打造產品，並提供他們以心理學為基礎的反饋時，他們實際達成那些目標的頻率有多高？

- 當我使用行為改變設計原則設計產品時，使用者就能更頻繁或更投入在我的產品嗎？

- 當我思考關於使用者動機時，我會對在設計我的產品的做法上，有不同決定嗎？那些不同點是什麼呢？

如果你將這些問題與其他你正在進行，但沒有使用行為改變設計的計畫做比較，回答這些問題就會容易些。

讓你團隊裡的其他成員相信行為改變設計是一個可行的方式，可能會是一種挑戰。成功改變沒有信仰的人的最佳方法是給他們看一個成功範例。一個選項是指出，因使用行為改變設計做出正向效果的個案研究的另一間公司（甚至更好的是，如果這間公司是競爭者 —— 在業界中，沒有人會想讓自己變的落伍又過時。）第二章曾提過關於你的成果推理地圖，它也可以在你有不時之需時使用。這些重要指標也是許多公司會監控注意的項目，如果你能追蹤它們，為它們帶來更有意義的結果，就是展現成功的最好方法。

當一名美麗又善解人意的人，而不是孤立沒自信的人

行為改變設計能用來助人，也可以拿來害人。你在這整本書中看到了這兩者的例子，並且許多我面訪過的專家們，也在我們的談話過程中提到行為改變的弊病與濫用。當我們脅迫使用者去做一件可能不是他們的自由意志選擇的事情時，有兩個經常會成真的情況是：

- 產品設計師將重點放在營利目標，而不是使用者目標。

- 產品設計師沒有想過關於他們選擇的道德問題，相信他們正在做的是對的，或對他們的產品非常投入，導致他們不認為其他人會盤算如何不正當地使用它。

在公司裡誤用投入原則的人們並不是壞人；他們只是目光短淺地專注於自己的需求，他們並不知道它們並非是一般、普遍的。這就像「綠野仙蹤」裡的女巫，在這部經典電影中，好巫婆Glinda被拿來和西方的壞女巫比較。在1995年的新版

「綠野仙蹤」，讀者了解到壞女巫 Elphaba 比較像是被誤解成邪惡之人。不論她的意圖是什麼，結果都是一樣的。

不要成為 Elphaba 這樣的人。

我相信在行為改變設計中得到學習，指的是具備對科學的可能誤用保持警覺的道德責任，如果發現誤用時，並能大聲說出來。你或許不是做出關於什麼會包含在產品裡，或產品要如何有效運用的最後決定者。我們不看那些完全不合乎道德的案例，在這樣的情況下，你能盡力做到的是說出你的顧慮，呈現任何你擁有的證據，並擁護最支持的使用者需要做的選擇。雪柔・卡巴納在第六章的訪談中曾說，離開一份可能產生高厭惡感的工作，不會一直是一個實際的作法；但提出關切可能會激勵其他人去支持一個必然的改變。它也可能讓一間公司萌發早一點重新思考公司方向的想法，而不是在惡行被抓包之後才想，那時就為時已晚。

我不想因為在整本書中一直提到行為改變設計的道德性，而成為一個掃興的人。但現實是，在系統的某處一定總是會有害群之馬，而如果設計團隊沒有保持警覺預防它們，使用者就會身受其害。當像人工智慧、機器學習，以及人臉辨識這類的科技成熟時，設計師謹慎思考關於何時以及如何讓它們發揮功效，就顯得十分重要。如果使用這些科技，設計團隊應該具備一個計畫去保護他們的使用者，避免發生可能的資料誤用。

要一直保持警覺，提問困難的問題，想像最壞的情形，並誠實地執行。

當一名行為改變的福音傳播者

我的期望是你把這本書裡的其中一些課程帶進你的實際工作應用，會在某種程度上激勵你的同事們會想去做一樣的事。除了買這本書給你的團隊裡每一個人之外，你能積極傳播行為改變設計好處的方法是，藉由公開談論關於你是如何在你的作品中利用行為改變設計。讓其他人知道，你不是在嘗試新方式，並邀請他們去觀察，然後合作。如果你從行為改變工具組中嘗試了一項技術，而且非常喜歡；就把這個經驗分享出去，讓其他人也能嘗試。

當你處理你的產品裡的重要挑戰時，你會發現自己需要帶一把行為改變的大槍才做得到。有時，一個主要問題專家，確實需要得到一個對的解決工具。在我的經驗裡，這在處理複雜的疾病問題或特定人種時，會特別貼切。沒有來自非專家的主要研究，能像與經過專家諮詢一樣，快速地將產品調整到良好狀態。

你可能也察覺到，自己會面對和你的介入工具主題無關，所產生的投入困難之處。舉例來說，你或許想要一個你的產品的隨機對照試驗，以證明它的功效，對照競爭者的產品；但你沒有建立這個試驗的知識或資源。那就讓外來合作支援你吧！你可以雇用從事行為改變工作的單一名專家或是顧問公司，或是將觸角伸往在地的大學。研究學者通常會具備進行相同研究的做法與資源，但沒有商用數位產品測試的管道。這樣的共同合作可能會創造雙贏。

蓄勢待發的能力引擎

像所有人一樣，你有能夠勝任的基本心理需求。將行為改變設計變成你的實際演練的常態，你會需要看到你的技能隨著時間有所進步。擅長任何事情的最好的方法當然是實際去做，所以盡所能地找到能將行為改變設計元素帶進你的作品的機會。不是你所嘗試的每個東西都會成功，但每一次的嘗試都是一個學習機會。你要深思熟慮關於何時，以及為什麼使用這個行為改變方式，並在之後嚴格地思考為什麼有效或無效的原因。謹慎與縝密將會讓實際演練更有效力。你也可以為自己尋求更多學習機會，以持續擴展你的工具組。

要持續閱讀

因為這個領域非常新，目前還沒有許多結合行為改變與設計方面的書。但卻有許多關於行為改變以及設計兩個主題的好書，這些書會教你，並激發你的創意。此外，許多個別的行為改變設計師以及顧問公司都會以部落格貼文、白皮書，以及個案研究發表成果。像是美國心理學協會（American Psychological Association）等組織經常以雜誌風格的摘要文章發表最新的科學研究，在像是心理健康、子女教養，以及環境等期刊。這些都是快速地跟上主題的極佳方式。

如果你能接受閱讀主要期刊文章，訂閱你最喜歡的期刊，讓你在出刊時能收到目錄，這是一個簡單的方法，讓你能透過瀏覽文章標題和你工作相關的新研究並駕齊驅。或是設置一個 Google 提醒模式，輸入和你領域相關的關鍵字，讓你在不論何時發生和主題相關的新聞時，能夠收到提醒你的電子郵件。

你也可以藉由閱讀完全在領域之外的書籍（像是莎拉‧瓦克特-波特許在訪談時推薦的），而變成一名優秀的行為改變設計師。虛構的小說為人們建立和對你自己本身截然不同的移情作用。歷史教我們關於以前的科技是如何被推廣以及使用，科學與科幻小說提供不同的視角去看世界，以及給你一張想像有其他選擇的邀請函。讓自己沉浸於其他觀點以及資訊，這對你的實際演練絕對有幫助。

聽 Podcast

Podcast 正帶著我們進入某個黃金年代，裡面有許多以設計或行為改變為主的節目，並邀請專家來賓討論。如果你是一名通勤者，你可以在通勤過程中聽 Podcast（或者如果你是那些喜歡聽 Podcast，而不是聽 Robyn 或蕾哈娜做運動的怪人之一），以下是你可以訂來聽的一些很棒的 Podcast：

- Radiotopia 的 **99% Invisible**
- Action Design Network 的 **Action Design Radio**
- Kurt Nelson 博士與 Tim Houlihan 的 **Behavioral Grooves**
- Habitry 的 **The Bettercast**
- InVision 的 **Design Better**
- WNYC 的 **Freakonomics Radio**
- NPR 的 **Hidden Brain**
- The Team W 的 **Human Tech**
- Behavioural Science 與 Public Health Network 的 **Real World Behavioural Science**
- The Verge 與 Vox Media Podcast Network 的 **Why'd You Push That Button？**

這些podcast大部分都是透過訪談專家，去探索行為科學與設計裡的特定主題。不是每一個podcast裡的每一集都有相關，但經常能在裡面找到並珍藏的智慧金鑰。廣泛地閱讀也有相同的作用，聽著關於和你的主要興趣相關主題的podcast，可能會得到超過你所預期的知識。

和人們對談

如果可以的話，就直接從當事者口中獲得資訊吧！參加會議與活動中的有趣研討會，特別是如果主講者是你還沒見過的人，或者主題是你的工作重點的分支。利用建立關係網絡的會議，感謝主講者提供他們的觀點，並詢問一兩個特定的問題；為對話建立一個主題讓和這些人接觸比較不會尷尬，而且大多數人都喜歡聽對他們的簡報的讚美之語。

除此之外，也要將觸角伸向網路，接觸正在從事有趣工作的人們。固定參與利用產業標籤文字的定期推特聊天室，你只要搜尋一下就能找到，並向激起你的好奇心的人們提出問題。還有其他團體會出現在社交平台上，像是Meetup、Slack，以及臉書，你可以在那裡和從事行為改變設計的其他人聊天。加入並利用它們！

即使是透過電子郵件聯絡也可以，雖然我強烈建議不要使用「我想請教你」這類慣用語的清楚需求。你可以詢問的某些事情是完全不會造成困擾，其中包括要一份你想讀的這個人的文章，和這個人的專長相關的特定問題，或是請他們向你的團隊介紹他們的工作。你或許會得到冷漠的回應，但如果你非常精確地提出你的需求，得到回應的機率就會增加。

最後，和你的同儕與團隊成員討論關於行為改變，以及它可能如何應用在你的作品裡。彼此互相分享深度觀點與問題。工作坊形式的集思廣益是個好方法。建立一個讀書會，輪流選讀一本行為改變的書，並參與討論。和其他新的行為改變設計師對談，也會讓你的思緒更敏銳，並幫助你提升到另一個層次。

除了以上所說的之外，絕對不要停止學習。行為改變就像任何科學，它是不斷地往前進。每天都會有新發表的著作，並且有時候舊的研究會被捨棄。同時，行為改變的可能應用方式也會在科技成熟時進化，這樣的一個不斷成長的領域，

讓行為改變設計師這個職業一直都處在「即將成為」，而不是「已經成為」的狀態。這個學習永遠不會結束。

行為改變的承諾

行為改變設計真正吸引人的地方是，它有讓人們（使用者）永遠朝向一個更正面的人生道路前進的潛力。這個說法可能很誇大，但當人們準備好做出改變時，對的介入調整工具會改變他們的生命。人們可以在情感上投入行為改變，而不需要依賴任何一種工具做到。如維克·史崔特與喬許·克拉克指出，當行為改變設計師激勵他們的使用者利用工具持續往前，並向世界證明他們完成新行為時，這是一個極大的勝利。為了要做到這點，就要思考關於如何設計一個黏著度高的過程，而不是黏人的產品。

這本書裡的所有方法都是設計來幫助將人們的行為改變理由轉移到認同（「我做這件事情是因為它能幫助我達成更重要的目標」）或整合（「我做這件事情是因為這是我本身的一部分」）動機類型。這些類型的動機都是持久且能抗衡阻礙，它們是形成永遠改變的動力。

現實來說，你的使用者不用永遠使用你的產品。科技會淘汰你的應用程式。透過雇主使用你的產品的使用者會換工作，或者你的使用者可能達到你產品裡的行為改變程度的大師級時，選擇「畢業」。但如果人們是在行為改變的菜鳥階段使用產品，並透過產品幫助他們投入於改變過程時，之後他們會在持續朝著生命道路前行時，具備找出正確工具或支援的能力。

理想的狀況是，你的行為改變介入工具就像是腳踏車上的輔助輪，它讓人們在騎第一趟時，不會害怕摔車。騎士會隨著時間得到能騎得更快的信心，並且不須幫助就具備平衡的能力。這時輔助輪就變成一種妨礙，而不是幫助。如果一切進行的順利，人們就會把輔助輪拆掉，但仍會繼續騎車；因為他們的旅程才正要開始。

凱特・勞倫斯／建立新的才能

> 凱特・勞倫斯打造了很棒的團隊，她具有判斷誰是有才華的人的能力，以及她的訓練方式，還有活力化組織的能力，提供為你的團隊創造新規則的一個遵循模式。並且凱特於使用者經驗研究功能在她的組織中大眾化的過往紀錄上，提供將行為改變設計和任何產品研發過程做整合的寶貴課程。當提到從一個專家的觀點去看如何在團隊與組織裡建立一個它們尚未嘗試過的有效的行為改變設計，我能想到請教的人只有她。

你如何讓其他團隊參與一個新功能開發？

這不是只關於為人們創造訓練模式、調整工具、平台，與機會去學習如何組織他們的研究。它是關於共同策劃篩選，以及一起經歷的過程。有一些部分是你覺得自己自主就能夠做到，但其實是你團隊裡的專家們提供很大的協助。沒有得到協助的旅程，即使結合使用者反饋，也是沒有用的。

我們了解人們在試著帶出使用者的聲音時，他們會想要有人肩並肩的帶領著他們。身為研究者，我們的工作是針對即將到來的問題，推薦特定的工具、平台，與方法。舉例來說，我們可以藉由合作，制定一個問題指南來讓人們自主；把它上傳至一個平台去組織這項研究，設置一個線上討論小組，然後讓團隊能自己做研究。他們有所有來自研究的錄音，並能用我們的協助開始分析發現的結果。所以我們能參與並幫忙將提升的發現轉化成策略性觀點。帶合適的工具與協助將研究團隊的發展水準分級。

為人們創造機會去見證並聽到使用者反饋，是非常有力量的；這是一個會產生共鳴的經驗。你會帶著一部分離開，研發者曾經評論過，「現在，我看到使用者的挑戰與第一手的痛苦指數，我無法無視於它，我無法不聽到它。」這讓解決那些使用者問題的工作感覺更私人，也更迫切。

▌ 你是如何讓其他人在他們的過程中，包含一個新的功能開發？

就我的經驗而言，具備研究能力的方法很簡單；至少在一開始時，就對每一要求說好。每一個正面的研究經驗會引發很棒的觀點、善意，以及好口碑，並且這會幫助團體得到接受。有時，在那些早期階段中，你會覺得自己要被淹沒了！但對每個計劃說好，意味著對使用者說好；這在培養一個研究原則的初期階段中，是非常關鍵的。

試著把你所進行的每個單一對話，轉化成研究機會。我訓練我的團隊裡的研究者一定要從說「好」開始，即使一開始的要求或許需要一些技巧。當某人找上我們，並對我們說：「我需要分類我的信用卡」、或是「我需要一個使用性能測試」。在這樣的狀況下，較好的方法有可能是一項調查，或是主要使用者的訪談。但從說好開始，然後找出最合適的方法，絕對比直接說「不」好，並試著在一開始就嘗試改變某人的心意。合作並提前答應對方，讓對話得以繼續，並且當你得到某人的信任時，也就是你的機會去指引他們嘗試不同的方法，或是有不同的時間表。

人們有時候不太能接受建議，即便如此，這樣還是可行。從那些情況來看，我建議我們做出一個他們要求的版本，然後在上面補充我們所建議的，去呈現可行性。這也就是為什麼我喜歡綜合的方法論，以及混合各種方法的多重辦法，透過多元視角捕捉到使用者的反饋。

▌ 聚焦在一個深度觀點，要如何保持在研究的中心？

研究的重要發現是從許多獨立研究中產生，這些獨立研究規模較小，也較局限於某個部分；而深度觀點則傾向較大規模、較長效，也較可行。做為研究者，我們會投身於揭露發現，然後結合這些我們傳遞給產業的策略性深度觀察。研究的價值是幫助做出決定點，像是頁面導覽的細節，但也要留意產品或應用程式的較大經驗。符合使用者的期待會發生在一個產品或應用程式裡，並且也和使用者在較大的數位生態系統中所擁有的經驗同步。

凱特‧勞倫斯（Kate Lawrence）是Akamai Technologies的使用者經驗研究總監，她建立了一個使用者經驗研究功能與將跨組織的研究深度觀點平台大眾化。在這之前，凱特在EBSCO資訊服務中心指揮使用者研究以及設計團隊。凱特之前服務過的公司還有SilverRail Technologies、World Travel Holdings，以及TripAdivisor。

↖ 致謝

　　當我首次得知我能寫這本書時，我在我的社群媒體上隨便放了貼文，感謝家庭裡的幾位成員，以及可能會在乎的幾位密友。我沒有料想到我的其他朋友圈會如此支持，以及有這麼多人恭喜我、幫忙我。這個過程是感動的，並提醒我在我的職業生涯中曾遇到如此友善的一群人，以及他們之中的許多人對這本書的內容所提供的各種援助。我能指出一些在我生命裡，造就我的職業與這本書的轉捩點。已過世的 Nalini Ambady 與 Chris Peterson 都鼓勵我跨出這重大的一步，我希望他們會對我現在所做的感到驕傲。在 Health Media 服務是個重大改變，在這之前，我不認為我曾學到這麼多、這麼快，或這麼開心。我很幸運地在 HealthMedia/J&J 服務時，有 Sean Badger 與 Rich Bedrosian 這兩位經理擔任我在研發結合產品心理學的明星商品時的導師。Cass Sunstein 在我腦袋中植入寫出一本真正的書的瘋狂想法，並給我信心去追求這個夢想。在我目前任職的 Mad*Pow 公司，有一個厲害的團隊在背後支持我，我特別感謝 Amy Heymans、Mike Hawley，以及 Dustin Di Tommaso 為行為改變設計開疆闢土，讓它成為一個原則，也讓我成為一名實踐者。我還要感謝每一個同意接受訪談的人，讓我能將內容放在每一章。我非常欣賞他們每一個人，並將他們的觀點放於書中覺得備感榮幸。Heather Cole-Lewis, Cynthia Castro Sweet, Vic Strecher, Aline Holzwarth, Steve Portigal, Sheryl Cababa, Diana Deibel, Josh Clark, Alison Darcy, Sara WachterBoettcher, Kate Wolin, 以及 Kate Lawrence，我怎麼會如此幸運？ Jeff Keisler，謝謝你將你獨一無二的智慧與詼諧帶進前言，我欠你一次（或三次）。我也被要求辨識技術審稿人員，爬梳整份書稿的真實正確性。和我自我保護本能天人交戰一番後，我選了五個我所認識最聰明的人，並對他們的完整，充滿助益的回應充滿感激。Emily Azari, Omar Ganai, Rob Gifford, Mike Ryan, 以及 Steve Schwartz，謝謝你們。同樣地，我非常感謝幫忙寫書評推薦的人，在寫這本書前，我不知道作者必須要請人來美言一番。對一個冒名頂替症候群的終生患者，這是多麼可怕的事情！ Alyssa Boehm, Jen Cardello, Nir Eyal, Kim Goodwin, Amy Heymans, Lis

Pardi, Scott Sonenshein, 以及 Matt Wallaert，真的謝謝你們。出版商 Rosenfeld Media 的團隊，你們是世界級的！ Marta Justak，謝謝你的超專業編輯能力。雖然有時你對我直言不諱，但你（通常）是對的，你讓我的想法變的更好。Lou Rosenfeld，謝謝你花了好幾個月的時間，來回反覆修改我的原始企畫書，讓它成為值得寫成一本書的成熟版本，以及你一路以來的支持。

　　最後，要感謝我的朋友與家人，他們幫助我，確保我在寫這本書的幾個月裡有吃飯、洗澡，以及偶爾休息。最重要的是，謝謝你們相信我，以及我把這本書化為真實的能力。

數位產品設計心理學
好介面做了什麼，讓使者用改變行為模式？

ENGAGED:Designing for Behavior Change

Copyright © 2020 by Amy Bucher

Original edition published by Rosenfeld Media

Complex Chinese edition © 2021 by Briefing Press, a division of And Publishing, Ltd.

出 版 者　大寫出版 Briefing Press
書　　系　〈in Action! 行動的書〉HA0094
著　　者　艾米‧布秋（Amy Bucher）
譯　　者　張小蘋
行銷企畫　王綬晨、邱紹溢、陳詩婷、曾曉玲、曾志傑
大寫出版　鄭俊平
特約編輯　郭嘉敏
發 行 人　蘇拾平

發　　行　大雁文化事業股份有限公司
　　　　　台北市復興北路333號11樓之4
24小時傳真服務（02）2718-1258
讀者服務信箱 E-mail: andbooks@andbooks.com.tw

初版一刷 2021年5月
ISBN 978-957-9689-60-1
定價 650元

國家圖書館出版品預行編目（CIP）資料

數位產品設計心理學：好介面做了什麼，讓使用者改變行為模式？／艾米‧布秋（Amy Bucher）著；張小蘋 譯｜初
版｜臺北市：大寫出版：大雁文化事業股份有限公司發行，2021.05
面；16*22公分
譯自：Engaged：designing for behavior change

ISBN 978-957-9689-60-1(平裝)

1.行為心理學 2.產品設計
176.8　　　110005059

in Action!
使用的書

In Action!
使用的書